KB050578

REDESIGN OF KOREAN POLICY & MANAGEMENT

잃어버린
한국행정

─ 한국행정의 재설계 ─

김정하

박영사

잃어버린 한국행정
— 한국행정의 재설계 —

책을 쓰면서

　이 세상에 변하지 않는 것이 없다는 말諸行無常은 불변의 진리인 것 같다. 필자가 공직을 시작한 1980년대와 요즈음을 비교해보면 세상은 변해도 너무나 많이 변했다. 개발연대의 공무원은 저개발국이었던 우리나라를 잘 사는 나라로 만들기 위하여 이리 뛰고 저리 뛰어 우리나라가 '한강의 기적'을 이루는 데 큰 기여를 하였다. 하지만 산업화라는 시대적 소명을 달성한 후 그동안 산업화를 위하여 유보된 민주화의 바람이 우리나라 전역을 뒤흔드는 소용돌이 속에서 공무원은 서야 할 자리를 잡지 못한 채 옛날의 당당했던 위상은 온데간데없게 되었고, 오히려 21세기 지구촌 정보화사회를 이끌고 있는 기업 등에 사회 경제의 주도권을 내주게 되었다.

　이런 현실에 더하여 요즈음은 공무원들이 세상 변한 것을 모르고 개발행정시대와 같이 경제에 무리하게 개입하여 국가발전의 발목을 잡고 있는가 하면, 하는 일 없이 세금을 축내고 있거나 '갑'의 지위를 이용하여 비리를 저지르는 집단이라는 빈축마저 받는 신세가 되었다. 이는 일부 공무원에 한정되는 일이기 때문에 억울한 면이 없는 것은 아니나, 세상의 변화에 선제적으로 대응하여 자기 혁신을 못한 공무원들에게도 일정 책임이 없다고만은 할 수 없는 실정이다. 그렇다고 이대로 주저앉아 책임 탓이나 하고 있을 정도로 우리나라의 상황은 녹록하지 않다.

우리나라가 선진국들과 어깨를 나란히 하며 나아갈 수 있기 위해서는 공무원들이 맡은 바 역할을 제대로 하여야 한다는 것은 더 이상 말할 필요가 없을 것이다. 문제는 오늘날의 공무원에게 주어진 역사적 소임이 무엇이냐에 대하여 국민적 합의가 이루어지지 않고 있어 공무원 자신들은 물론이며 국가적으로도 혼선을 빚고 있다는 사실이다. 한편에서는 공무원의 역할 강화가 자유·민주 사회의 발전에 장애가 된다고 보면서 그 역할을 축소시키려 하고, 다른 한편에서는 공무원의 역할을 강화하여 사회적 모순을 해결해 줄 것을 요구하고 있다. 그런데 우리의 현실은 이러한 모순을 갈등관계로만 보고 상대방의 말에 귀를 기울이지 않고 한편의 주장만을 일방적으로 밀어붙이고 있어 우리 사회를 더욱 혼란스럽게 하고 있다. 이러한 이분법적인 대립 논리에 우리가 갇혀 있게 된 것은 우리의 피와 땀으로 세운 우리 사회의 최고규범인 헌법을 외면하고 방치하였기 때문이라고 보고, 헌법의 입장에서 공무원이 나아가야 할 길을 찾고자 하는 것이 이 책을 쓰는 의도이다.

우리 헌법 제7조는 "공무원은 국민전체에 대한 봉사자이며, 국민에 대하여 책임을 진다"고 규정하여 우리 공무원들이 국민을 위한for the people 민주행정을 행하고 이를 제대로 하지 않았을 경우에는 국민에 대하여 책임을 지는 책임행정을 행할 것을 명하고 있다. 오늘날 행정의 문제점으로 공무원들이 국민을 위하지 않고 사리사욕에 빠져 비리를 저지르거나 무사안일하고 무책임하게 되었다는 것을 일반적으로 지적하고 있다. 이는 우리 공무원들이 헌법의 명령, 즉 민주행정과 책임행정을 아니하였기 때문이 아닌가 싶다. 짧은 헌정사에서 유난히 굴곡이 많았던 우리 헌법은 우리 세대가 지키지 않으면 우리는 역사로부터 지탄을 받을 수밖에 없다. 이러한 입장에서 필자는 그동안 일반 행정관련 이론서에서 제대로 다루어지지 않았던 민주행정과 책임행정이야말로 이 땅의 공무원들이 지향하여야 할 목표라고 보고 이를 이 책의 주요내용으로 하는 시도를 하였다. 민주행정을 행정의 최고 이념으로 삼고 책임행정을 우리 행정 깊숙이 뿌리내릴 수 있는 방법을 모색하는 것을 이 시대 행정인의 사명으로 보고 행정의 현장에서 고민하고 논의되는 것을 좀 더 체계적으로 학문의 세계에 전달하는 것이 필요하다고 보았기 때문이다. 한편으로는 경영학 등 인접학문과의 중복 문제 등으로 학문의 정체성 논란이 끊임없이 일어나고 있는 행정학에 민주행정과 책임행정을 연구의 주된 영역으로 제공하여 당당한 행정학으로 만들기 위한 시도이기도 하다.

행정의 일을 하면서, 그리고 그 일을 마친 이 시점에 '국민과 거리가 있는 행정이 아니 되도록 공무원과 학자를 비롯한 모든 국민이 힘을 합쳐야 한다'는 당연한 생각을 나만이 한 것은 아니라는 판단이 이 책을 쓰게 만들었다. 아무쪼록 이 작은 책자가 한국행정이 나아가야 할 바람직한 길을 놓고 다지는 데 쓸모 있게 써질 것을 소망하면서 펜을 가다듬는다.

2016. 5.
김정하 올림

잃어버린 한국행정
— 한국행정의 재설계 —
차 례

제 7 장 ___ 죽은 행정

1

한국행정에 부는
변화의 바람과
그 대응

현대 한국행정에 다가온 산업화, 민주화 그리고 정보
화의 물결은 한국행정의 패러다임을 개발행정에서
관리행정으로, 수직행정에서 수평행정으로, 타율행
정에서 자율행정으로 바꿀 것을 요구하고 있다. 이에
상응한 변화를 못하는 행정은 더 이상 필요하지 않다.

제1장
한국행정에 부는
변화의 바람과
그 대응

잘 변하는 사람을 카멜레온 같다고 비난하는 사람들이 있다. 카멜레온은 살기 위해 변하는데 왜 그것을 나쁘다고 보는 것인지 모르겠다. 주위환경에 맞춰 변하지 못하는 카멜레온은 죽을 수밖에 없다. 시대의 흐름에 역행하거나 뒤쳐지면 역사 속으로 사라지는 것이 이 세상의 운용법칙일지도 모르겠다. 1990년대까지만 해도 경제적으로 조금 산다는 집에서는 한 질씩 갖고 있던 브리태니커 백과사전이 인터넷의 등장으로 하루아침에 사라지는 세상이 되어버렸다. 역사의 흐름을 제대로 파악한다는 것이 이제는 생존의 문제가 된 것이다.

행정行政도 마찬가지이다. 사회는 변해만 가는데 구시대적 행정을 고수하고 있으면 주위환경에 맞춰 변하지 못해 죽어가는 카멜레온의 신세가 될 수밖에 없다. 하지만 변한다는 것은 결코 쉬운 일이 아니다. 그동안 행정은 수많은 개혁을 통하여 그 변화를 시도하였으나 소기의 성과를 보지 못하였다는 것이 중론이다. 이렇게 행정이 변하지 못하는 것에는 여러 가지 이유가 있겠지만 변화의 실체를 제대로 파악하지 못한 것이 가장 큰 원인이라고 생각한다. 실체를 운용하는 기본 축 자체가 바뀌어 가고 있는데 이를 인지하지 못하고 기존의 패러다임을 기본 축으로 알고 있기 때문이다.

6·25전쟁 후 절대적 빈곤 속에 있던 1960년대 저개발국가에게 있어 이를 벗어날 수 있는 최선의 선택은 행정이 앞장서 개발행정의 기치를 내걸고 국가건설에 나서는 것이었다. 그 당시 우리나라는 국가의 청사진을 그리고 국민을 독려하는 행정체제를 과감히 택하였는데 이 전략이 맞아떨어져 우리는 산업화의 문턱을 넘을 수 있었다. 개발도상국으로 도약^{take-off}한 우리는 발전을 거듭하여 기업 중에는 세계적인 기업이 나올 정도로 민간분야의 성장은 놀라웠다. 이에 따라 민간부문은 행정과 대등하거나 오히려 행정을 앞서게 되었고, 행정은 국가개발의 계획자이자 당사자로서 시장을 개발하는 자리에서 물러나 사적 분야가 공정한 경쟁을 할 수 있게 하는 심판의 역할을 수행하고 개발행정으로 이룩한 것들을 관리하는 관리행정으로 업무의 성격도 바뀌게 되었다.

이와 같이 산업화가 만족할 만큼 달성되자 그동안 산업화를 위하여 유보되었던 민주화의 물결이 지방자치제의 실시 등으로 대한민국 전역에 도도히 흐르는 변화의 시대를 맞이하게 되었다. 이에 최고권력자만을 향하고 있었다는 비난을 받아온 행정도 국민을 향하고 진정한 민중의 지팡이가 되기 위한 변신을 하고 있다.

한편 전 세계의 운용구조를 바꿔 놓고 있는 정보화의 물결은 우리 사회를 네트워크화하고 있어 과거 아날로그 시대의 밀어붙이기식 행정을 스마트 행정으로 변화시키고 있다.

지금 국민은 우리 공무원들이 우리 시대의 운용 축을 변경하게 하는 변화의 물결을 제대로 감지하여 선제적으로 대응하기를 요구한다. 이러한 국민의 요구를 받아들이지 못하고 낡은 사고에 갇힌 공무원은 더 이상 필요로 하지 않을 것이다.

여기서는 우리 행정을 변화시켜 오는 동인動因으로 산업화, 민주화 그리고 정보화를 들고 이 세 가지 물결을 중심으로 우리 행정이 어떻게 변하여 왔고, 또 어떻게 변하여야 하는지를 알아보자.

개발행정에서 관리행정으로

우리나라가 절대적 빈곤에 있던 1960년대는 한 번 잘 살아보는 것이 국민의 생존을 위한 소원이었다. 이를 위해서는 국민의 기본권도 일시적으로 제한하는 것을 양해하고 행정이 앞서서 국민을 이끌고 나가는 것에 묵시적인 국민적 합의가 존재했다고 할 수 있다. 이러한 상황에서 불균형 개발전략으로 무장한 우리의 개발행정또는 발전행정은 저개발상태에 있던 우리 경제를 단기간에 급속성장을 할 수 있는 이론적 틀을 제공함으로써 우리나라가 '한강의 기적'을 달성하는 데 큰 기여를 하였다. 그 덕분에 우리나라는 국제적 위상도 역시 높아져 선진국들의 모임이라는 G20 정상회의 참석 멤버가 되는 등 누가 봐도 후진국 또는 저개발국은 아닌 '아시아의 용'이 된 것은 사실이다.

이와 같이 우리의 국가적 위상과 역할이 달라졌는데 우리의 행정은 어떻게 변화하였을까? 새마을운동은 저개발국의 발전모델로 수출이 되고 IT기술을 활용한 서울의 도시행정이 세계의 도시로 수출되는 등 한국의 행정은 급속히 발전하는 모습을 보여주었다. 이런 국외의 평가와 달리 국내에서는 일부이지만 한국행정은 갈 길을 잃고 경제의 발목만 잡는 애물단지 취급을 받고 있다. 이러한 결과는 그동안 경제개발의 선봉에 섰던 개발행정이 경제개발의 성과가 남들이 부러워 할 정도까지 달성됨으로써 그 역사적 소임을 다한 데서 발생한 것이 아닌가 한다.

주지하다시피 개발연대$^{1960년\ 이후}$에는 발전 전략으로 중화학공업을 육성업종으로 선정하고 지역별 산업단지를 중심으로 하는 성장거점전략을 택하였다. 이러한 성장정책을 효율적으로 추진하기 위하여 행정조직을 중앙집권화하고 정부는 사私경제발전을 돕기 위하여 고속도로 건설, 택지개발, 수자원개발 등 기간산업을 육성하기 위하여 특별법으로 국가 공기업을 설립하는 등 국가경제를 끌고 갔다.

이런 범정부적 노력으로 구축된 국가기간산업은 사경제발전과 함께 시너지효과를 발휘하는 긍정적인 면이 있었다. 하지만 그로 인한 부정적인 면도 만만치 않았다. 고속도로를 더 건설할 공간이 부족할 뿐 아니라 이를 더 건설할 요인도 없어졌고, 무주택문제를 해결하기 위한 택지는 이미 포화되어 부동산 가격이 폭락하는 등 정부가 나서서 개발하여야 할 영역이 없어지거나 축소되고 있다. 또한 성수대교 붕괴, 삼풍백화점 붕괴 등 개발의 시대에 건설하고 구축한 시설들이 줄줄이 무너져 내리자 이제는 새로이 만드는 것보다 축조된 것을 안전하고 효율적으로 관리해야 한다는 목소리가 설득력을 얻고 있다.

한편 아파트 건축, 개발사업 등을 위한 임야·농지 등의 대규모 형질변경 사업으로 생태계의 파괴 등 새로운 문제점이 대두되기 시작하였다. 개발시대에는 당연시되었던 원자력발전소 건설사업 등도 주민의 반대로 무산되는 등 국가기간사업의 추진에 많은 어려움을 겪고 있다.

우리 사회는 지금 개발행정이 낳은 과실果實을 향유하면서도 그 부작용으로 인하여 많은 갈등과 혼란을 겪고 있다. 이렇게 우리 행정에 거세게 닥친 도전의 물결은 그동안 국가개발의 선봉에 선 공기업들이 그 역사적 소임을 다하여 설립목적고속도로건설, 주택공급 등을 달성한 경우에도 이를 그대로 두어야 하는지, 아니면 새로운 기능에 맞춰 규모를 축소하는 것이 타당한지를 결정하여야 하는 상황으로 몰아가고 있다.

이와 같이 우리는 그동안 행정이라고 하면 개발의 청사진을 만들고 이를 실현시키는 것을 행정의 임무라고 생각하였지만, 이제는 새로이 개발하는 것 보다는 개발해 놓은 것을 잘 관리하여 문제가 발생하지 않도록 하는 업무가 행정의 주된 영역이 되었다. 고속도로를 건설하기 위하여 설립한 도로공사의 업무는 그동안 만들어 놓은 고속도로를 관리하는 업무로 전환되어야 할 것이다. 따라서 건설사업 위주로 편성된 조직을 관리업무 위주로 대폭 축소·조정하여야 할 것이다. 물론 감독부서인 국토교통부의 명칭도 '건설·교통기반시설 관리부'와 같이 관리업무가 전면에 나서도록 바꾸고 그동안 건설 등 개발을 위한 조직과 업무도 관리 위주로 조정이 이루어져야 한다. 이러한 업무의 조정은 이들 부서만의 문제가 아니다. 우리나라의 현 공적 조직은 개발행정의 시대에 만들어진 것이 대부분이므로 관리행정의 시대를 맞아 조정·정리되어야 할 것이다.

우리가 여기서 유의해야 할 것은 종전의 행정의 영역이었던 개발업무는 시장부문에 맡기는 것이 중요한데도 이를 시장에 맡기지 않고 시장과 병행하는 방식을 택할 경우 시장질서를 망가뜨릴 수 있는 위험이 있다는 사실이다. 특히 종전의 공기업의 업무를 민간부문에서 효율적으로 수행할 수 있는데도 공기업에서 민간부문과 경쟁하면서 수행하게 할 경우 해당 공기업의 재정건전성을 악화시킬 뿐만 아니라, 시장경제의 '보이지 않는 손'이 침훼되어 경제에 부정적 영향을 미칠 수 있다는 것이다. 주택시장을 침체의 늪에 빠뜨리는 우를 범한 이명박정부의 '보금자리 주택건설사업'이 이를 증명해 준다고 할 수 있다.

이제 공무원은 '선수'로서 국가건설nation building에 앞장서 왔지만, 산업화로 전 분야가 골고루 발전해야 할 현 시점에서는 '선수'생활을 은퇴하고 공정한 관리자로서의 '심판'의 역할에 매진하여야 할 것이다.

최근에 발생한 세월호 침몰사건, 메르스 전염사태 등 국가적 재난을 당할 때마다 행정의 무능, 무사안일 등이 비난의 대상이 되고 있다. 이는 우리의 행정이 새로이 만드는 이른바 '개발업무'에는 익숙하고 잘하는데 만들어진 것들을 관리하는 업무는 해보지 않은 분야라 우왕좌왕 하는 데서 발생하는 현상이다. 우리가 '개발에서 관리'라는 행정의 큰 전환점을 제대로 돌지 못하면 한국행정은 발전을 못하고 동네북이 된다는 사실을 명심하여야 할 것이다.

이와 같이 개발행정에서 관리행정으로의 전환은 행정이념, 행정의 역할 등 행정의 기본 축을 변경시키고 있다. 개발행정의 시대에는 설정된 목표를 효과적으로 달성하는 효과성혹은 생산성·효율성이 행정의 주요 이념이 되고 근대국가의 삼권분립의 틀 안에서 집행기능을 충실히 이행하는 것이 행정의 임무였다. 이러한 소극적인 기능으로는 그동안 시장질서에서 배제되었던 국민의 생존권을 책임질 수 없어 행정이 적극적으로 정책형성기능을 수행하는 행정국가를 시대가 요청함에 따라 이제는 공정성이 행정의 주요 이념이 되고 있다.

수직행정에서 수평행정으로

1995년 민주주의의 꽃인 지방자치를 전면 재실시 함으로써 우리나라는 독립 후 50년 만에 산업화와 민주주의를 이룬 쾌거를 달성하였다. 산업화를 달성한 군사정권이 민주화세력에 권력을 이양한 것은 여러 가지 의미가 있겠지만 이를 행정의 시각에서 본다면 산업화에 큰 기여를 한 개발행정에서 민주행정으로의 전환을 알리는 것이다. '잘 살아보자'는 국민의 기본적 바람을 충족시키기 위하여 '일부 국민'을 위하여 일할 수밖에 없었던 행정이 헌법이 규정한 대로 '국민전체'를 위하여 봉사하게 된 것이다. 그동안의 행정이 능률성, 효과성, 생산성 등 행정 내부지향적이었다면 민주행정은 행정의 물꼬를 내부에서 국민으로 그 방향for the people을 바꾸어 놓은 것이다.

개발독재라는 표현이 나올 정도로 반反민주행정의 시대라고 할 수 있는 개발연대 행정의 특징인 '수직행정'이 민주주의의 학교라는 지방자치의 시대를 맞아 '수평행정'으로 전환되어야 진정한 민주행정이 우리 행정에 정착되었다고 할 수 있다. 그러나 오늘날의 행정현실을 보면 지방자치의 실시로 정치적, 제도적 민주화는 이루어졌다고 할 수 있겠으나 행정적 민주화는 달성하였다고 말하기는 어렵다. 문제는 민주행정은 행정문화가 수평적으로 형성될 때 달성되었다고 볼 수 있는데, 수직적 행정문화인 권위주의행정 시대의 행정문화가 민주주의 시대인 오늘날에도 여전히 성행하거나 변형되어 나타나고 있다는 사실이다.

　행정이 민간부문을 이끌고 나가는 개발행정의 시대에는 공무원의
판단에 따라 민간부분이 특혜를 보거나 희생이 되는 상황이었으므로
행정은 항상 민간부문보다 우위에 있었다. 국민의 재산권의 행사가
일방적으로 제한되는 경우도 다반사였고 국민의 목소리가 행정처리
에 전달되지 않는 경우도 허다하였다. 이런 행정우위의 문화는 권력
관계의 주요 특징이었는데 이는 정부와 관련 주민이 대등하여야 할
계약관계에서도 나타났다. 이것이 이른바 '갑甲' 문화로 권력관계건 계
약관계건 법으로 정한 정부와 국민의 관계와 상관없이 대민관계에서
엄연히 존재하여 왔다.

　주민이 주인인 민주행정의 시대에는 주민이 갑甲이 되지는 못할지
라도 정부와 대등한 당사자로서 취급받기를 원하고 있다. 하지만 투
명하여야 할 행정의사 결정절차는 권위주의행정의 시대와 다름없이
밀실에서 결정되는 경우가 허다하고, 발주관서의 사업을 추진해야
할 당사자는 발주관서에 잘 보여야 하는 관행이 별로 나아진 것이 없
는 현실에서 관서는 당연히 '갑甲'이고 민간 계약자는 '을乙'일 수밖에
없다. 민원봉사실의 공무원들이 인사를 백화점 직원 수준으로 한다
고 해서 민주행정이 되는 것은 아니다. 공무원들이 '내가 국민을 위
해서 무엇을 할 것인가'를 항상 생각하고 이를 행동으로 옮길 때 민주
행정의 길이 열리는 것이다.

　이런 권위주의 행정문화를 낳는 데 기여하는 반민주적 사고방식
중 하나는 규제일변도의 통제적 행정관이라 할 수 있다. 권위주의 행
정시대의 유물 중의 하나가 공무원이 개인, 기업 등이 하는 일을 규
제하겠다는 사고방식이다. 새로운 정권이 들어설 때마다 규제개혁을
국정의 최우선과제로 추진하여 오고 있으나 국민이 체감하는 성과는

미미하다. 그 이유는 공무원 사회의 수직적인 행정문화를 수평적인 문화로 바꾸어 놓는 문제를 도외시하고 말로만 행정규제개혁을 외치고 있기 때문이다. 나라의 문제를 해결할 수 있는 방법은 여러 가지인데도 불구하고 국민을 통제하고 억압하는 방식을 물리적 권력을 갖고 있는 정부가 손쉽게 택하고 있는 상황에서는 행정은 국민을 통제할 수 있고 그 통제를 풀 수도 있다는 안하무인의 행정 밖에 나올 수 없다.

대형사건이 있을 때마다 나오는 말이지만 우리 행정의 가장 큰 문제점은 '탁상행정'이다. 국민이 어떤 어려움을 갖고 있는지를 국민 속에서 해결하지 않고 공무원이 책상에 앉아서 공무원의 입장에서 정책을 만들고 있다. 이런 정책안을 국민에게는 물어보지 않고 기관장에게만 물어보는, 국민에게 일방적으로 시행하는 '품의제稟議制'의 업무시스템에 갇혀있는 것이 우리 민주행정의 현실이다. 공무원이 하는 일을 국민에게 일방적으로 시행施行한다는 권위주의행정 시대의 업무처리 방식에서 벗어나 공무원이 하는 모든 일을 국민에게 낱낱이 '보고'한다는 민주행정의 사고를 공무원들이 하루 빨리 가져야 한다.

위에서 언급한 권위주의 행정문화, '윗분'께 보고만을 위한 탁상행정은 행정 내부의 민주화가 되지 않은 데 기인하는 것으로 보아야 할 것이다. 행정조직이 지나치게 계층제로 되어 있어 의사소통이 원만하게 이루지지 않을 뿐더러 업무를 잘 아는 실무자의 의견보다는 높은 지위에 있는 자의 의견이 기관의 의견이 될 수 있다. 행정조직의 계층화는 당초 일사불란한 의사결정을 위하여 도입한 제도로 다양한 의견을 중시하는 민주행정과는 맞지 않는 제도이다.

타율행정에서 자율행정으로

우리는 추진력 있는 행정관료를 불도저식 행정을 한다 하여 높이 평가를 하던 시대가 있었다. 개발행정의 시대에는 행정이 목표를 설정하고 이를 달성하는 방식으로 일을 해왔기 때문에 이런 밀어붙이기식의 행정이 잘 통했던 것이 사실이다. 아직 정부의 관료제보다 나은 인적 자원을 갖고 있는 사적 분야가 없던 시대에는 불도저식 행정으로 국가기간산업을 구축하고 사경제부문을 독려하고 끌고 가는 방식이 필요했고 이는 능률적이었다. 이를 위해서 개발행정은 중앙집권적 체제를 갖추고 일사불란一絲不亂하게 행정을 펼쳐나갔다. 상층부의 말은 지시사항이 되어 이에 대하여 이의를 제기한다는 것은 생각하지도 못할 불충不忠이 되었다. 행정 내부에서는 협의라는 쌍방적 용어 대신 시달示達이라는 일방적 용어가 지배하였고 대국민관계에서도 금지, 통제 등 규제일변도였다.

하지만 사회가 전문화되고 복잡해지면서 이러한 일방적인 업무추진 방식은 여러 면에서 저항에 직면하는 등 문제점을 낳기 시작하자 불도저 방식의 능률지상주의 행정업무 처리방식에 대한 비난이 일기 시작하였다. 원자력발전소의 건립예정지가 발표되면 당해 지역주민은 물론 환경단체 등의 반대에 부딪혀 건립추진이 좌절되는 등의 사례가 여기저기에서 발생하고 있다. 이제 정부의 말이 곧 법인 시대는 지나갔다. 따라서 종전의 불도저식 업무 추진방식도 이젠 접고 현대사회에 걸맞는 새로운 업무 추진방식을 도입하여야 할 때가 된 것이다.

특히, 우리 사회가 정보화시대에 접어들면서 스마트폰 등 IT기술의 발달로 업무를 처리하는 방식에 종전에는 볼 수 없던 변화를 몰고 왔다. 정보화사회의 초기단계인 과거 정보결핍情報缺乏의 시대에서는 정보를 가진 자가 안 가진 자보다 유리한 위치에 있었다. 경제개발5개년 계획 등 국가발전 계획을 수립하고 집행하는 정부는 정보의 독점자로서의 특권을 만끽할 수 있었다. 민간부문은 접촉 가능한 인맥을 동원하여 정부가 어느 업종을 육성할 것인지, 어느 지역을 개발할 것인지 등의 정보를 알기 위하여 혈안이 되었다. 정부는 '갑'의 위치에서 정부의 의지에 따라 이리저리 편하게 업무처리를 할 수 있었다.

그러나 오늘날 인터넷의 발달은 일방적인 정보시달 방식을 쌍방적인 정보교류 방식으로 정보교류체계에 근본적인 변화를 일게 만들었다. 과거 정보의 독점자였던 정부는 포털사이트portal site에서 쏟아져 나오는 정보에 울고 웃는 정보화사회의 아웃사이더가 된 것이다. 이와 같은 IT기술의 발달은 우리 사회를 빠르게speedy 만들어 놓았다. 정부가 정책을 내보내자마자 정책의 문제점 등을 정부뿐만 아니라 온 세상에 퍼뜨려 '문제점 있는 정부'로 만들고 있다. 이에 행정실무자가 문제점 제기에 대하여 대응책을 만들어 이의 적정 여부를 단계별로 최고책임자에까지 가서 이른바 '결심決心'을 받아 이를 시행하는 것은 늦어도 너무 늦은 세상이 되었다. 스마트시대의 정부의 역할, 업무처리 방식을 재정립하는 데 우리가 노력하여야 하는 이유가 여기에 있다. 이러한 쌍방교류적인 초스피드 사회에서는 고층화된 조직을 낮추고 중앙집권적인 권한을 분권화하여 자율행정이 가능하도록 하여야 한다. 정치적으로는 지방자치제가 실시되는 등 자치의 시대를 맞았건만 행정적으로는 타율의 시대 속에 살고 있다. 행정개혁의 중점을 통제에서 자율로 바꾸지 않고 기존의 중앙집권적 통제행정에 무늬만 분권·자율로 덧칠만 해서는 행정의 미래를 기약할 수 없다.

행정이 분권화되고 공무원의 자율이 늘어났다 하여 공무원에게 마냥 좋은 일은 아니다. 오히려 위에서 시키는 일만 해도 되는 시대가 좋을 수 있다. 공무원 개개인에게 자유재량이란 이름으로 주어진 권한을 제대로 쓰기 위해서는 이에 상응하는 능력이 필요하고 이를 다하지 못할 때 모든 책임을 진다는 각오가 선행되어야 하기 때문이다.

권한을 분권화하고 자율적으로 업무를 수행하도록 하지 못하는 이유 중의 하나에는 자율화될 경우 무질서해지고 혼란이 가중된다는 데에 있다. 이는 지난 교복자율화 조치에서 보듯이 기우杞憂에 불과하다. 대신 책임행정을 강화하여 공무원들이 맡은 바 임무를 제대로 수행할 수 있는 조치가 선행되어야 할 것이다. 권한과 책임은 항상 함께 한다는 사고방식을 갖는다면 문제될 것이 없다.

2

한국행정의
위상

국민의 안위와 발전을 위해 뛰어야 할 공무원이 법 뒤에 숨어 꼼짝 않고 있다. 한국에 행정이 사라진 것이다. 국민 중심의 행정이 되도록 국가운영시스템을 근본적으로 바꾸지 않으면 행정도, 우리나라도 존재할 수 없는 상황에 놓였다.

제2장
한국행정의 위상

대한민국 공무원, 왜 이렇게까지 되었나?

국가적 수준의 재난이 발생하고 경제가 침체되면서 그 원인이 공직자의 근무행태에 있다고 보고 공직사회를 개혁하여야 한다는 목소리가 커지고 힘을 받고 있다. 종전의 비난은 철밥통이니, 복지부동 등 해야 할 일을 아니하고 있는 데에 대한 비난인데 반하여, 요즈음은 '관피아'라는 이름까지 붙여져 단순히 일을 하지 않는 것뿐만 아니라 자신의 이익을 챙기기 위하여 물불가리지 않는 모리배謀利輩가 된 데에 대한 비난이 주가 되었다. 공직은 국민의 세금으로 운영되는 직업인데 왜 적폐청산 대상인 공공의 적이 되어 온 국민의 지탄의 대상이 되는 것일까?

정부는 이런 적폐를 시정하고자 퇴직공무원의 재취업을 제한하고 계약직 공무원에 민간인 채용을 대폭 늘리는 등 반反공무원 조치를 계

속 발표하고 있다. 쉽게 말하면 공직자는 믿을 수 없다는 것이다. '인
사가 만사다'라는 말처럼 조직의 쇄신을 위해서는 인적 쇄신이 중요
하다. 현재의 공무원 조직은 세계환경의 변화에 능동적으로 대처하
는 데 뒤처지는 등 타 직군에 비하여 공직의 경쟁력은 뒤처진 것이
사실이다.

하지만 6, 70년대의 공무원은 발전행정의 기치를 내걸고 '보릿고
개'에 시달리던 가난을 극복하여 한강의 기적을 이루는 데 앞장을 선
자랑스러운 공무원이었다. 자원이 부족한 나라라는 약점을 잘 활용하
여 우리 상황에 맞는 경제개발계획을 수립하고 이를 수행하기 위하여
밤낮을 가리지 않고 특근하는 것을 당연한 것으로 여겨가며 일한 것
도 공무원이었다. 그런 공무원이 자기 할 일 조차 제대로 하지 않고 밥
값도 못하는 공무원이 되어 이권의 자리에 전전긍긍하는 집단으로 전
락한 것 같이 비춰지는 것은 무엇 때문일까?

20여 년 전인 1994년 서해 페리호의 침몰을 겪고도 선박침몰에 관
한 대비를 하지 않아 2014년 세월호 침몰을 그대로 당하였으니 공직
에 있는 자는 입이 열 개라도 할 말이 없다. 그런데 기존 공직자를 몰
아내고 새로운 민간인의 공직자가 들어선다고 그러한 상황이 달라질
까에 대한 질문에는 여전히 의문이 남는다. 단기적으로는 새로운 피
의 수혈로 일시적 개선효과를 볼 수 있을지 모르지만 그들도 현재의
공직시스템에 갇혀 있다면 똑같이 현재와 같은 공무원이 될 뿐이다.
우리의 행정이 발전하려면 문제의 초점을 잘못한 공직자를 비난하는
데 둘 것이 아니라, 공직자들이 일하는 시스템에 어떠한 문제가 있기
에 공무원이 비난 받을 일을 하고 있는지 알아내어 공직자들이 그 역
할을 다하도록 현재의 공직운영시스템을 개선시키는 데에 두어야 할

것이다.

현대 행정국가의 행정은 적극적으로 국가가 나가야 할 방향을 제시하고 국가를 발전시키기 위하여 국가구성원이 제대로 일을 할 수 있도록 지원하는 데 전력을 다하여야 한다. 최근 누가 이길까 궁금했던 알파고^{AlphaGo}와 인간 최고의 기사와 바둑 대결을 본 많은 사람들이 미래에 대하여 불안해하고 있다. 행정은 국민을 편안하게 하는 것을 목표로 하여야 한다. 인공지능의 발달이 인류에게 편리함을 주면서도 불안을 안기지 않도록 하는 것이 바로 행정의 역할이다. 그런데 현재 우리는 국민의 안위와 발전에 힘쓰기보다는 부정부패 척결이라는 사정의 칼날만을 두려워하고 몸을 사리는 자기 보신적·책임회피적 공무원을 양성하고 있다. 창의적인 능력을 겸비한 공직자가 국민을 옥죄는 규제를 풀려고 해도 그 의도를 의심받고 갖은 고초를 당할 수 있다는 생각이 앞서 규제개혁이라는 사서 하는 고생에 나서려고 하지 않는다. 또한 사회적 문제점에 대응하여 어떠한 조치를 하려고 하면 이해단체의 협박에 가까운 압박에 시달려야 한다. 특히 우리 사회에는 실정법상 허용되지 않는 것도 다수가 억지를 쓰면 된다는 '떼법' 문화가 특유의 성역을 이루고 있어 올바른 법집행이 어려운 분야가 많다. 경찰이 취객에게 맞는 세상이니 더 말해야 무엇하겠는가? 이러다보니 행정은 국민과 함께 살아 있어야 함에도 현재의 행정은 국민과 유리된 채 죽어가고 있다.

국민은 발로 뛰는 행정, 현장 중심의 행정이 되라고 촉구하는데 이를 하지 아니하고 윗분을 위한 보고서 만들기에 바쁜 '책상행정'을 하다가 일이 잘못되면 "나는 보고했으니 책임이 없다"며 뒷짐 지고 있는 격이다. 세월호 사건을 보면 우리의 행정시스템이 총체적으로 잘못되었음을 알 수 있다. 이는 안전업무에만 한정된 것이 아니다. 거의 모든 행정이 역할을 다하지 못하고 있는 것이다. 이미 우리 행정은 고질병에 걸려 이러지도 저러지도 못하는 상황이 되어 버렸는지도 모른다. 현재의 우리 공직운영시스템을 국가개조의 신호탄으로 하지 아니한다면 제2, 제3의 세월호 사고가 나지 않는다고 장담할 수 없는 상황에 이르게 되었다. 우리의 행정이 환경의 변화에 손 한번 쓰지 못하고 동네북이 되어 이리저리 치이는 신세가 된 이유는 무엇일까?

행정이 사라졌다

한국행정의 성쇠(盛衰)

현재 우리나라를 보면 근대국가로 회귀하는 것이 아닌가 하는 생각이 들 정도로 행정은 없어지고 사정활동이 국가운영의 중심부에 자리하고 있는 것 같다. 해방 이후 남한은 미국의 영향으로 자유국가체제를 택한 결과, 경제는 자본주의를 바탕으로 한 시장경제를 지향하고, 정부 형태는 대통령제를 채택하여 행정 우위의 행정국가체제를 갖고 출발하였다.

이러한 행정 우위의 대통령제가 독재와 독선을 낳자, 4·19 의거로 세워진 제2공화국은 제1공화국에 대한 반작용으로 의원내각제적 근대국가로 전향되는 과정을 겪었다. 그러나 독재의 단순한 반작용으로 나타난 자유주의의 내각제는 중심이 없이 혼란만 야기하자 안정을 명분으로 하는 군사정권에 그 자리를 힘없이 내어주고 말았다.

법적 정당성 없이 집권하게 된 군사정부는 자급자족을 할 수 없는 이 나라가 잘 살기 위해서는 경제를 발전시켜야 된다고 보고 이를 위해 모든 국가적 역량을 집중하였다. 행정부의 조직을 중앙집권적 조직으로 전환시켜 지방자치단체까지도 중앙행정기관의 말단기관으로 편입시켜 능력지상주의의 획일적인 체제를 갖추고, 국회는 해산의 대상이 될 수 있는 통법부로 전락시켰다. 이 당시의 행정국가는 현대행정의 전문화, 복잡화에 대한 능동적인 대응에서 나온 것이 아니라 자원의 부족, 지정학적 요인 등에서 나온 계획적, 전략적, 인위적으로 만든 행정국가라는 특성을 지니고 있다. 정부는 자유권을 위시한 기본권 보장을 유보한 채 정부 주도의 계획경제를 강하게 밀어붙였다.

이러한 행정부 주도의 경제성장정책은 잘 살아보자는 국민의 기본적 욕구를 충족시켰으나, 불균형성장이 낳은 분배의 문제를 해소하지 못함으로써 큰 위기에 직면하게 된다. 여기에다 유신정부의 출현으로 시작된 추진주체의 독재화는 국민을 잘 살게 한다는 새마을운동의 국민적 정당성마저 무너뜨리고 결국 민주화운동에 굴복하게 된다. 공직자 역시 밤낮을 가리지 않고 일한 덕분에 압축성장을 하여 한강의 기적을 이루는 데 일등공신이 되었으나, 민주화세력에 의하여 독재정부의 하수인으로 매도되고, 특히 불균형성장 추진 시 정경유착으로 떡고물만을 챙기는 부정부패의 집단이라는 점이 크게 부각되기 시작하였다. 이에 김영삼정권을 시작으로 공직의 사정이 국가의 주요 목표가 되고 공직자의 비리가 사정당국에 의하여 파헤쳐지자, 국민은 이에 박수를 보내고 수입한 드라마 속의 포청천은 정의의 사도로 국민의 영웅이 되었으며, 사정당국 책임자의 국민적 인기가 치솟는 현상이 발생하였다.

이러한 국민적 정서 속에서 정권을 잡은 정부는 공직사회의 개혁을 국정개혁의 주요 목표로 삼고, 국정의 초점을 사정에 맞추었다. 이러자 사정의 주체인 사법부의 역할이 커지고, 반대로 행정공직자는 점점 법 뒤에 숨어 일은 않고 국민의 혈세만 축내는 골치 아픈 존재가 되었다. 그러다보니 공직자의 복지부동은 극에 달하여 공공의 적을 없애야 할 공직자가 타도의 대상이 된 서글픈 세상이 되었다.

한편, 불균형성장정책의 최대수혜자인 대기업은 이제 세계적 기업과도 겨룰 수 있는 단계에 오르자, 그동안 보호막이 되었던 정부의 간섭이 거추장스럽다고 느끼고 정부가 경제의 발목을 잡고 있다며 정부를 시장에서 떼어내기 시작하였다. 이는 특히 글로벌 경제 하에서 치열한 경쟁을 하고 있는 경제현장에서 설득력을 갖게 되었다. 특히, IMF 외환위기 등 경제적 위난이 닥치자 규제개혁을 신호탄으로 하여 공직사회를 개혁하고 공직자의 부정부패를 뿌리 뽑자는 데 국민적 공감대가 이루어졌다.

이와 같은 움직임에 공직자가 적극 동참하여야 한다는 것에 공직자들도 일정 부분 공감을 하고 있으면서도 무엇을 어떻게 해야 할지 몰라 앞에 서지도 못하고 우물쭈물하는 형국을 맞고 있다. 하라는 규제개혁을 추진하고는 있으나 규제개혁의 효과는 미미하여 공직자, 국민할 것 없이 답답하기만 하다. 그렇다고 고양이가 쥐 몰듯 공무원을 몰아쳐서 될 일은 아니다. 이제 차분히 현대행정에 있어서의 공직자의 바람직한 역할을 알아보고 그 역할을 제대로 할 행정시스템을 만드는 데 힘을 모아야 공무원이 살고 나라가 살 수 있다.

행정 부재(不在)의 나라

여기서 먼저 검토할 것은 지금과 같이 현대 한국에서 행정이 사라질 경우 어떤 현상이 올 것이고 그 현상이 바람직한지 알아보는 것이다. 다음의 사례는 요즈음 자주 제기되는 민원과 이를 대하는 일부 공무원의 태도를 묘사한 것인데 이러한 상황에 처한 사람들이 의외로 많다는 점이 우리 행정의 문제점이다. 도시계획에 묶여 있어 재산권을 행사할 수 없는 민원인이 부당한 도시계획으로 자신의 재산권이 침해를 받고 있으니 이를 해결해 달라고 민원을 제기하면 공무원은 "우리는 법대로 했으니 억울하면 소송하면 될 것 아니냐"며 도리어 소리를 친다. 이에 "도시계획은 법원에서 만든 것이 아니고 당신 공무원들이 만들었으니 결자해지結者解之 차원에서 풀어주어야 할 것 아니냐"며 야무진 주장을 하면 법원에서 풀어주라고 하면 풀어줄테니 법원의 판결문을 가져오라는 친절한(?) 안내를 하고 의자를 돌린다. 분하기도 하지만 어쩔 수 없어 변호사를 찾아가 많은 돈과 시간을 들여 소송을 하는데 다행히 공무원이 법을 무시하고 도시계획을 수립하면 승소라는 행운을 얻는다. 그런데 계획이란 것은 본디 재량행위의 성격이 강하여 법하고는 아무 상관이 없고 상관이 있다하여도 계획의 전문성, 정책성으로 인하여 판사가 잘잘못을 가리기에 적절하지 아니한 경우가 허다하다. 법으로 해결이 나지 않자 민원인은 분통이 터져 다시 공직자에게 탄원서를 제출하는데 공무원은 법원의 판결도 계획이 잘못된 것이 없다고 하는데 무슨 소리냐며 민원인을 이상한 사람으로 만들어버린다. 이러니 민원인은 '내가 백과 돈이 없어 이렇게 됐다'고 하며 '이 나라는 정의가 없다'고 단정을 짓는다. 이렇게 행정공무원이 적극적으로 나서 민원인의 요구를 살피지 아니한 것이 이 나라를 정의가 없는 나쁜 나라로 만드는 것이다. 복지부동 공직자의 법대로의 행정 처리는 맡은 바 업무를 자기가 책임지지 아니하고 사법부의 판단에 미루는 태도라는 사실을 명심하여야 한다. 이러니 맡은 바 일을 안

하는 자에게 월급을 왜 주어야 하느냐는 문제제기가 당연히 나올 수 밖에 없다.

우리나라의 경제적 성장은 우리나라를 개발도상국에서 경제적 부국으로 발돋움할 수 있는 계기를 마련하였다. 그러나 그 부는 소수의 특정계층에 편중되었고 사회적 복지제도 역시 불충분하여 인간다운 생활을 할 수 없는 계층이 늘어났다. 대기업 중에는 세계 굴지의 기업까지 등장하였으나 우리 기업의 99%를 차지하는 중소기업은 자생적 생존이 어려워 정부의 지원을 절실히 필요로 하는 등 정부의 적극적인 역할이 필요하게 되었다. 이런 경제적인 면에서 뿐만 아니라 도시화, 산업화 등에서 일어나는 교통문제, 도시계획문제, 환경규제의 필요성 등은 더욱 커져가고 이익집단의 대두에 따른 갈등은 더욱 심해져 정부의 합리적 개입과 조정의 요구의 소리가 커져가고 있다. 여기서 정부가 국민생활에서 떨어져 강 건너 불구경하다가는 정부의 위기까지 초래할 수 있는 심각한 사회가 되었다. 행정이 맡은 바 일을 제대로 하지 않으면 나라의 재앙이 되는 세상이 된 것이다. 그런데도 우리의 공직사회 개혁의 방향이 행정을 살리는 쪽으로 가지 않고 공직사회를 더욱 더 통제하는 쪽으로 가는 것 같아 안타깝다.

국민의 종이 종노릇을 제대로 못하는 이유

공무원이 국민전체에 대한 봉사자라는 정체성을 가지고 맡은 바 업무를 제대로 처리하였다면 오늘날 공직개혁의 대상은 되지 않았을 것이다. 아무튼 역대 정권을 거치면서 공직개혁을 국정개혁의 주요 과제로 추진하고 있으나 국민이 체감하기에는 그 성과는 매우 미미하다는 점이 우리 사회의 문제점이다. 이와 같이 공직개혁이 제자리에 맴

돌고 있는 이유는 공직사회의 문제점이 공직 내부에 있다고 보고 공직 개혁의 대상을 공직자에 두고 있기 때문이 아닌가 생각한다. 물론 공직자가 부패하고 일을 하지 않는 것이 공직개혁의 이유가 될 수 있다. 하지만 그렇게 부패하고 무사안일한 공무원을 만드는 원인을 제쳐 놓고 공직자를 적폐의 대상으로 몰아붙이는 것은 미봉책에 불과하다. 암癌을 잘라 없앤다고 해서 암을 고칠 수 있는 것이 아니다. 암이 발생할 수 없는 체질을 갖췄을 때 암이 척결된 것이다.

여기서 우리는 이런 식의 국정운영의 방향이 제대로 되고 있는지 짚어 보아야 한다. 분명한 것은 공직자가 부정부패의 온상이고 국가의 발전을 막는 암적 존재라고 보고 공직자를 타도의 대상으로 몰아붙이는 것은 일의 해결방안이 아니라는 사실이다. 세계의 역사를 봐도 공직자를 공공의 적으로 보고 이를 타도의 대상으로 본 나라가 부흥한 적은 없다. 공직자는 국민의 종이고 지팡이다. 종이 일을 제대로 하지 않으면 질책만 할 것이 아니라 종이 제대로 일을 할 수 있도록 하는 것이 주인의 리더십이다. 주인은 종을 부릴 줄 알아야 한다. 일을 제대로 안하는 종은 종 나름대로의 이유가 있을 수도 있다. 그 이유가 종 자체가 아니라 일을 하는 여건, 즉 외부에 있다면 그것부터 바로잡아주어야 한다. 공무원이 맡은 바 일을 제대로 하지 않는 이유에는 여러 가지가 있겠지만 여기서는 공무원의 입장에서 그들의 변명을 들어준다는 입장에서 몇 가지를 언급하고자 한다.

첫째, 정치세력의 정치적 이해관계에 따라 공무원의 위치와 역할이 좌우되었다는 사실이다.

우리 헌법은 공무원의 정치적 중립성과 신분보장을 보장하고 있지만 실제의 공무원은 이런 헌법적 보장을 전혀 받지 못하였다고 보아야 한다. 국가운영체계를 결정하는 헌법은 그 국가문화의 산물이다. 그런데 우리의 국정운영체제는 국민의 합의라기보다는 외국의 영향과 특정 정치세력에 의하여 의도적으로 만들어졌다고 보여 진다. 특히 정권을 잡으려는 세력이 국민의 공감대를 형성하기 보다는 아전인수我田引水격으로 국민의 뜻을 끌고 다녀 갈등과 혼란만 부추기고 있다.

제1공화국은 미국의 영향을 받아 미국식 대통령제 하의 행정우위의 행정국가를 도입하였으나 이것이 독재의 도구가 되는 계기가 되었다는 비판을 면치 못하였다. 이런 교훈으로 제2공화국은 근대국가의 의회우위의 국가로 회귀하였으나 혼란만 야기하는 결과를 낳았다. 이에 제3공화국은 다시 강화된 중앙집권적 행정국가를 인위적으로 만들어 경제발전을 추구하였으나 이 역시 독선으로 흘러 6·10운동을 정점으로 하는 민주화운동의 영향으로 민주행정을 지향하면서 행정을 통제하는 쪽으로 국가정책을 틀기 시작하였다. 이렇게 한때는 정권을 잡은 세력이 공직자가 앞으로 나서야 한다고 하여 나섰는데, 독재의 하수인으로 비춰져 뒤로 물러서게 되고, 다시 국민을 위해 앞장서라고 하여 앞장서다 보니 결과적으로 영혼 없는 독재의 하수인과 부정부패의 장본인이 된 것이다. 이런 아픈 역사의 상처를 지닌 공무원에게 헌법이 공무원의 신분을 보장하고 있으니 소신을 가지고 국민을 위해 봉사하여야 한다고 하면 과연 이를 믿을 수 있겠는지 생각해 봐야 한다. 정치와 행정의 관계를 서양의 이론을 그대로 인용하는 학자들은 정치·행정일원론이니 이원론을 언급하고 있으나 우리에게는 이러한 이론을 논하는 것 자체가 사치라고 할 수 있다. 이제라도 헌법이 규정한 대로 공무원의 신분을 보장하는 것이 공무원들이 제대로 일할 수 있는 여건을 만들어 주는 것이라는 생각을 갖도록 해야 한다.

둘째, 공적 분야에 대한 국민적 합의가 안 됐다.

요즈음 공직자에 대한 비난은 공직자가 맡은 바 업무를 책임지고 수행하지 않는다는 데에 원인이 있다고 할 수 있다. 그런데 그 맡은 바 임무가 명확하게 정해져 있지 아니하면 일도 제대로 될 수 없고 이에 따른 책임도 물을 수 없다. 이와 같이 공직자의 업무와 그 역할을 명확히 하는 것은 국정운영 주체를 명확히 하는 중요한 일인데도 우리는 이를 소홀히 하고 있다. 개인은 말할 것도 없이 특히, 조직은 역할을 부여받고 그 역할을 수행하도록 되어 있다. 종을 제대로 부리려면 종의 업무, 즉 역할을 분명히 하고 사명감을 갖고 일을 하도록 하여야 한다.

오늘날 행정국가의 공무원의 역할은 그 어느 때보다도 중요하다. 행정환경의 변화속도는 무척 빨라 행정이 이를 따라가기 힘들어졌다. 그러다보니 어느 것이 행정의 영역이고 사적 영역인지 분간이 되지 않는 상황이 종종 발생하고 공직의 역할도 무엇인지 애매할 때가 허다하다. 공직의 업무분담이 제대로 되지 아니하면 이에 상응하는 책임을 물을 수 없는 상황이 온다. 경제에 관여하여야 하는지, 관여한다면 어느 정도 관여하여야 하는지 그 기준이 없다. 법치주의 원칙상 법으로 규정해 놓으면 확실한데 우리의 법은 이를 명확히 하는 것을 등한시 하고 있다. 국민의 입장에서 보면 '이 일은 공익에 관한 사항으로 공무원이 해줘야 한다'고 생각하는데 공무원은 '법적 근거가 없어서 일을 맡아 처리할 수 없다'며 뒤로 물러선다. 지금이라도 공복의 업무를 명확히 하여야 하는 이유이다.

공직자 역시 업무가 분명치 못하면 이것저것에 대한 책임을 떠안게 되어 자칫 동네북이 될 수 있어서 좋은 것만은 아니다. 세월호 사건과 같이 큰 사고가 발생하면 국민들은 정부가 규제를 강화하여 부실기업인이 발을 못 붙이도록 하여야지 뭘 하고 있었느냐고 몰아붙인다. 안 전문제가 잠잠해지고 경제가 어려우면 경제를 활성화하기 위해 경제의 발목을 잡고 있는 규제를 풀어야 하는데 공무원은 자기 밥그릇 챙기기 위하여 규제를 안 풀고 있다고 목소리를 높인다. "세상에 공무원이 밥그릇 챙기기 위하여 규제를 안 푼다고, 지금이 자유당정권의 공직사회인 줄 아느냐?"고 공직자는 볼멘소리를 한다. 섣불리 규제를 풀었다가 특정기업에 특혜를 줬다는 말을 들으며 신세 망칠 수 있으므로 그냥 월급이나 타고 있자며 뒤로 물러선다. 이제부터라도 공직자의 위치와 역할을 바로 잡아 이를 확실히 하지 않으면 공직자만 아니라 우리의 미래는 없다.

셋째, 행정의 전문화가 되지 못하고 있다.

어느 직군이든지 그 직군의 특성이 있다. 조직이 그 조직의 특성을 가질 때 그 조직의 정체성을 확보할 수 있다. 현대행정은 복잡하고 전문화되어 가고 있어 프로행정을 요구하는데 한국행정은 아무나 해도 되는 행정으로 전락하고 말았다.

군사정권에서는 한국행정을 한 단계 높인다는 명분 하에 군의 전력의 일부를 공무원 조직의 중간간부로 충원하기도 하였다. 그리고 개혁의 일환으로 행정에 새로운 피를 수혈한다는 명분 아래 행정을 개방화하였으나, 개방화의 동기가 행정의 전문화와 상관없거나, 미숙한 충원방식으로 인하여 행정을 전문화시키기는커녕 '아무나 해도 되는 곳이 행정'이라는 인식만 남기게 되었다. 한때 행정의 전문화를 위하여 직위분류제를 도입하였으나 이를 기술직 분야에만 도입하고 나머지 분야는 계층제를 그대로 두고 운용하고 있어 모처럼 조성된 행정의 전문화의 열기를 식게 하였다. 또한 부정부패를 막는 데 역점을 두

다보니 공무원과 관련 업체와의 유착을 막는다는 명분 하에 순환보직
을 시켜 행정을 제대로 아는 행정전문가를 찾아보기 어렵게 되었다.

이런 상황에서 행정의 바람직한 위치와 자세를 밝히는 데 주도적인
역할을 하여야 하는 학계조차도 행정의 개념 하나 확립하지 못하고
혼선만 주고 있어 우리의 행정이 어디로 가야 하는지 방향마저 잡지
못하고 있다. 같은 행정을 가지고 행정법학에서는 아직도 근대국가의
행정의 틀을 벗어나지 못하고 '특별권력관계'니 '공정력'이니 옛날이
야기만 들려주고 있고, 행정학은 미국의 행정을 도입하였으나 그 정
체성을 확립하지 못해 법치주의에 치이고 합리적 경영방식에 치여 이
것도 저것도 아닌 아마추어 행정인만 양성하고 있어 프로다운 행정을
보여주고 있지 못하는 것이 우리 행정의 현실이다.

방황하는 학문

공직자가 행하는 행정은 사회의 주요 현상으로 행정현상이 다른 사
회현상에 어떠한 영향을 미치고 다른 사회현상은 행정현상에 어떠한
영향을 미치는지를 연구하고 이에 대한 이론을 구축하는 것은 사회발
전을 위해 중요하다 하겠다. 현재 우리나라에는 이런 행정현상을 다
루는 학문으로 행정법과 행정학이 존재한다. 두 학문이 한 분야는 법
에, 한 분야는 사실에 초점을 맞추고 독자적인 이론 체계를 형성하고
있으나, 두 학문의 출발점인 행정의 개념을 정립하는 데서부터 혼선
을 빚고 있어 학문의 입장에서는 '정체성' 논란이 끊임없이 일어나고
실무의 입장에서는 '유용성'의 문제가 계속해서 제기되고 있는 실정
이다. 더구나 우리나라의 경우에는 이 학문이 우리나라에서 자생적으

로 나온 것이 아닌데다, 서로 다른 학문체계에서 서로 다른 목적과 계통으로 유입되다 보니 혼란의 정도가 심각하다. 이렇다보니 학문과 실무는 유리되어 행정은 발전하지 못하고 정체되거나 퇴보하는 악순환을 맞고 있다. 여기서는 두 학문이 마치 다르게 도입·운용되고 있는데 이것이 과연 맞는지, 이로 인한 문제점이 무엇인지를 알아보자.

행정학문의 정착 과정 분석

근대 행정의 개념틀에 빠진 행정법

행정법에서는 행정을 근대국가의 탄생으로 생긴 개념으로 보고 있다. 근대국가 이전의 군주국가에서는 군주의 통치행위 속에 근대의 입법행위, 사법행위, 행정행위가 모두 포함되어 있었으나, 시민혁명으로 촉발된 근대국가에서 군주의 자의적인 통치행위를 통제하기 위하여 만든 상황적 개념이 바로 행정이다. 시민혁명으로 군주를 굴복시킨 시민이 그들이 가진 부를 보호하고 성장시키기 위하여 정치적으로 삼권분립제도를 만들어 입법행위는 시민의 대표인 의회가 가져야 하며, 행정과 사법은 의회가 만든 법에 기속되어야 한다는 논리의 산물인 것이다. 따라서 군주가 갖고 있는 행정·사법권을 통제하기 위하여 행정은 법대로 행하여져야 하는 것이 원칙이다. 만약 시민의 신체와 재산을 법이 아닌 것으로 침해할 경우에는 행정법원에서 이를 심판하여 무효화하거나 그 배상을 하도록 하는 국가운영체제, 즉 법치국가를 성립시킴으로써 시민혁명을 마무리 하였는데, 그 성과물이 바로 대륙법체계의 행정법이다.

이러한 사고체계를 지닌 대륙적 행정법을 일본이 도입하고 우리가 사용하고 있는 것이다. 헌법 제66조 제4항, 제40조와 제101조 제1항이 권력을 3부에 귀속시키고, 헌법의 구체화법으로서의 행정법에 관한 이론서는 행정의 개념을 삼권분립의 개념으로 나누어 다른 두 가지 국가작용, 즉 입법과 사법과 어떻게 구별되는지에 온 힘을 쏟고 있다. 하지만 이런 근대적 개념을 가지고 현대행정을 정의내리려고 시도하려니 모순이 되는 것이 한두 가지가 아니라 고전을 면치 못하고 있다. 심지어는 공제설控除說이라 하여 국가작용 가운데 입법과 사법을 제외한 나머지 영역을 행정이라고 보고 이를 독일, 일본 등에서 유력한 설이라고 무책임하게 설명하다가, 행정은 정의가 불가능하다는 결론에 다다르자, 단지 행정의 특징적 요소로 구별할 수밖에 없다고 뒤로 물러선다.

물론 모든 현상을 정의내리는 것이 쉬운 작업이 아니다. 법학을 전공한 사람도 '법이 무엇인가?'라는 질문을 받으면 당황하지 않을 수 없을 정도로 개념화는 학자들에게는 영원한 숙제일지 모른다. 그런데 행정의 개념화를 위한 시도를 보면 이해가 안 되는 점이 너무 많다. 왜 현대국가에서의 현대행정을 근대국가에서의 근대행정의 패러다임을 가지고 개념화하려고 하는지 모르겠고, 교과서의 아까운 지면에 그 역사적 유물을 소개하는 데 모두 할애하고 정작 현대적 현상에 대해서는 우물쭈물하는 것이 학문의 태도인지도 모르겠다. 이러한 애매한 접근방식은 우리의 정치와 행정에 가이드라인을 주기는커녕 혼란을 초래하고 국가발전에 장애가 되고 있다는 사실을 알아야 한다.

근대국가의 탄생으로 시민혁명은 달성되었지만 그 시민혁명의 뿌리에는 17세기 계몽주의 철학자의 인간본위주의, 기계적 자연관, 합리주의가 시민의 철학적 기초를 만들고, 몽테스키외Montesquieu 등의 권력분립론, 법치주의로 이론적 기반을 갖추어, 애덤 스미스A. Smith를 중심으로 하는 자본주의, 시장경제 본위로 꽃을 피우게 하였던 것이다. 그러나 현대행정은 이런 역사적 배경과 철학과는 전혀 다른 기초를 가지고 등장하여 근대사상이 예측하지 아니한 길로 들어섰다. 따라서 우리는 21세기 대한민국이 어떤 철학적 기초를 가지고, 어떤 이론적 기반 하에, 무엇을 추구하는 것이 바람직한지를 명백히 하여야 제대로 된 국가운영의 법을 갖게 된다는 사실에 관심을 가질 필요가 있다.

실무와 멀어진 행정학

행정법이 독일, 프랑스 등 대륙법계 국가에서 도입된 반면 행정학은 미국에서 도입된 학문이다. 일반적으로 대륙의 성문법 중시 국가에서는 당위론을 중시하고 사고체계도 다분히 연역적이다. 그래서 무엇을 설명하는 데도 개념부터 시작하는 경향이 있다. 이에 반하여 영미법계에서는 현상을 중시하며 사고체계도 다분히 귀납적이다. 같은 법치주의라 할지라도 법에 대한 인식체계가 다르다. 대륙법계의 법은 입법기관인 의회가 만든 것이라 보고, 행정부, 사법부는 이를 잘 지켜야 하며, 행정이 이를 잘 지키도록 하는 업무를 사법에 맡기고 있다. 다이시^{Dicey}로 대표되는 영국의 법의 지배^{rule of law}는 법을 입법부, 행정부, 사법부 우위에 두고 행정부, 사법부는 말할 것도 없이 입법기관인 의회도 헌법에 따라 입법하여야 한다는 '법法 우위優位의 법치주의'이다. 이를 실질적 법치주의라 하여 대륙법계의 형식적 법치주의와 구별한다. 미국의 경우는 한 걸음 더 나아가 사법부가 의회가 만든 법률까지도 심사하여 이를 위헌으로 만들어 무효화 시키는 위헌법률심사제를 운용하고 있다.

영미법계는 사법부에 힘을 실어 법치주의를 이끌어가는 체계를 유지하고 있어 사법부의 판단, 결정이 사회를 지배하므로 **판례법**^{case law}이 중요한 역할을 한다. 미국에서의 지방법원의 판사가 하는 일을 보면 '판사가 재판만 해야지 왜 행정의 일을 하고 있나' 하는 의구심이 드는 때가 있는데 바로 이런 연유에 의한 것이다. 이런 실질적, 실용적 사고방식은 다른 학문에도 영향을 주었는데 행정학의 탄생이 바로 그것이다. 물론 행정법이 없는 것은 아니나 대륙법계와 같이 연역적 학문, 즉 이론을 기반으로 하는 총론과 각론의 구성체계가 아니고 행정분야별 케이스 스터디 학문이라 하겠다. 다시 말해 환경 등 행정과 관련하여 생기는 갈등과 조정을 사법적 관점에서 다룬 학문이 행정법인 것이다.

특히 대공황^{大恐慌}이라는 국가적 위기를 겪으면서 정부의 역할이 커지자 대통령제를 중심으로 적극적인 행정의 논리를 만들기 시작하였다. 대통령의 헌법수호의무에 국가의 위기를 극복하고 국민의 행복을 만들어야 한다는 국민의 소리를 포함시켜 대통령은 의회가 만들어 놓은 법만 집행하는 소극적인 자세에서 벗어나 시장경제에 적극 개입하여 이 나라를 구하여야 한다는 학문적 논리가 에스만^{M. J. Esman}을 중심으로 한 발전행정론의 기본 논리가 되었다. 루스벨트^{F. Roosevelt}의 뉴딜정책은 대공황에 빠진 국가를 구하는 중요한 역할을 하였을 뿐만 아니라, 경제질서를 시장경제에서 계획적 시장경제로 바꾸고, 국가의 성격을 자유국가에서 사회복지국가로 바꾸는 주요 역할을 하였다.

이와 같이 하나의 국가정책이 국가를 구할 뿐 아니라 국가의 기본질서, 나아가 세계의 질서를 바꿀 수 있다는 점은 앞으로 국가의 정책을 담당하는 공직자가 어떠한 자세와 능력을 가져야 하는지를 절실히 보여준다 하겠다. 제3공화국의 경제개발계획이 성공을 보인 것은 우리의 상황이 대공황에 빠진 미국의 상황과 비슷하다고 보고 뉴딜정책과 같이 정부가 주도적으로 경제에 개입하여 불균형성장이라는 발전전략을 세워 추진하였던 그 당시 정책담당자들의 정확한 판단과 열정에 기인하였다. 이러한 국내의 상황에서 뉴딜정책의 성공으로 경제적 부를 달성한 미국은 원조대상의 후진국을 개발시키는 전략으로 개발행정을 도입하였는데 당시 우리의 상황이 딱 맞아 들어가 미국의 유학생들이 귀국하여 만들기 시작한 학문이 바로 행정학이었다. 이런 점에서 우리 최초의 행정학은 발전 또는 개발행정이라는 특수목적 학문이라고 할 수 있다. 이 당시 행정학은 국가의 발전전략을 이론적으로 뒷받침하여 행정학 열풍이 불어 거의 모든 대학에 행정학과가 생겨나고 행정학자는 국가 요직에 등용되어 국가경영에 나서기도 하였으나, '영기준예산zero-based budgeting'과 같이 미국의 제도를 우리의 현실적 여건을 고려하지 아니한 채 그대로 도입하여 실시하는 아마추어 행정을 보이는 등 혼란을 야기하기도 하였다.

발전행정의 유용성이 우리나라의 경제발전으로 실증되자, 행정학은 계속하여 미국의 관리학문을 소개하는 학문으로 변하기 시작하였다. 특히 경제개발계획의 성공으로 외국이 부러워하는 경제성장을 할 수 있던 때에는 개발행정의 이론은 나름대로 설득력이 있었다. 그 후 경제가 급속한 성장을 멈추고 안정화 단계에 접어들고 경제성장의 과실과 그 파생효과로 경제 이외의 다른 분야의 발전도 이루어져 불균형성장론에 입각한 발전행정의 논리를 더 이상 써 먹을 수 없게 되자 행정학에도 새로운 패러다임이 요구되었다. 때마침 민주화의 바람으로 자치행정을 설명하는 균형이론이 크게 대두되었고, IMF의 경제위기는 정책의 중요성을 뼈저리게 느껴 그동안 정치학의 영역이었던 정책학이 행정의 주요 영역으로 들어오게 되어 각종의 정책기법들이 우후죽순으로 도입되기 시작하였다. 이렇게 행정학은 그때그때의 상황에 대처하다보니 '모자이크 학문'이 되어 여기저기에서 행정의 경계 또는 정체성에 의문이 제기되기 시작하였는데 이는 시대적 상황에서 불가피한 결과였는지도 모른다.

본래 이론은 사회현상을 과학적으로 설명하고 예측하는 것임에도 미국의 이론을 여과 없이 도입하여 한국현실에 도입하다 보니 학문은 학문대로, 실무는 실무대로 따로 놀기 시작한 것도 우리 행정학을 발전시키는 데 걸림돌이 되었다. 실무공무원은 학자의 이론을 뜬 구름 잡는 이야기로 치부하고, 학자는 왜 이론대로 안 하느냐며 공직사회를 개혁해야 한다고 소리를 높인지도 오래되었다. 현재의 학술용역제도를 살펴보면 이러한 문제점을 한 눈에 알 수 있다. 행정기관이 어떤 사업을 하려면 사업처리절차, 방법 등에 대하여 대학에 용역을 주는데 정작 용역을 납품받아서는 창고에 쌓아두는 결과가 벌어진다. 왜냐하면 발주기관에서 그 사업을 하는 데 아무런 도움이 되지 않는 논리, 기술로 가득 찬 용역을 당해 사업에 써 먹을 수가 없다는 이유에서이다. 그런데도 대학교수의 자문, 용역을 받았다고 하면 사업의 정당성 등에 대하여 이해관계인들에게 말하기가 편하므로 용역 발주를 하기는 하지만, 용역결과물을 실제로 적용할 수는 없다는 것이 실무자의 고충이다. 물론 대학교수에게 이를 물어보면 맞는 이야기이긴 한데 용역발주기관에서 통계 등 정보를 제공하지 아니하여 이론적으로 흐를 수밖에 없다고 그 이유를 설명한다. 아까운 돈만 낭비하고 있는데 누구 하나 이것이 잘못되었다고 말을 못한다. 본래 용역은 전문기관에게 맡겨 실무에 사용하기 위함인데 우리의 대학이 학문의 전당이기는 하나 선진국의 싱크탱크와 같이 정부정책 등을 연구하고 개발하는 전문기관이 아니라는 사실이 문제다. 행정을 깊이 연구하는 제대로 된 연구소 하나 없는 현실을 탓할 수밖에 없다는 것이 안타깝다. 이와 같이 가장 실용적이어야 할 행정학이 행정실무로부터 외면 받고 있어 행정이 앞으로 나가지 못하고 환경의 변화에 대응하지 못한다고 뭇매만 맞고 있는 것이 아닌가 하는 생각이다.

행정에 대한 학문의 대응 논리

통제적 행정관을 가진 행정법

행정법은 근대의 야경국가의 상황논리에서 나온 학문이라 다분히 행정통제적·규제적 성격을 지니고 있다. 이런 특성으로 인하여 행정법은 시민의 대표기관인 의회에서 만든 법을 엄격히 집행하도록 하고 이를 벗어났을 경우 사법적 통제를 하는 시스템 구조를 가지고 있다. '사람의 지배'에서 '법의 지배'로 전환시켜 군주의 힘을 제한시켜야 한다는 법치주의의 사고는 시민들이 생각한 법의 기능, 즉 시민의 권리와 재산을 군주로부터 보호해 줄 것이라는 기대에 부응하여 법에 전능^{Omni potenze}을 부여하였다. 그러나 이러한 법의 보호적 기능은 법에만 의하면 국민의 권리와 재산도 침범할 수 있다는 법만능주의적 실증주의론자에 의하여 변질되었다. 군주의 힘을 제한하기 위한 법의 지배가 군주독재의 도구가 된 것이다. 이와 같이 법치주의가 당초 예측하지 못한 상황이 벌어지자, 국민의 권리는 하늘이 부여하였다는 천부인권의 사상으로 실정법에 제한을 가하는 자연법 사상이 국민의 지지를 받게 되었다. 하지만 이 천부인권의 사상도 이 논리의 주체인 주권자가 조직과 힘을 가진 근대사회의 '시민'과 같이 조직화

되지 못한 추상적인 '국민'이라는 개념을 기반으로 하고 있어 현대민
주주의 역시 정치세력에 의하여 국민을 위한다는 미명 하에 이용당
할 처지에 있다는 문제점을 극복해야 하는 과제를 안고 있다.

우리의 행정법을 보면 이러한 복잡한 상황을 제대로 분석하여 우리
의 상황에 맞추지 못하고 당초의 '시민'의 행정법의 골격에서 현대행
정을 끌고 들어가려 하고 있다. 현대행정의 수단에는 법에 의존하였
던 근대행정과 달리 행정계획, 행정지도, 심지어 사실행위 등 법의 방
법이 아닌 행정수단을 동원하는데 이들에 무리하게 법에 의한 통제를
시도하고 있는 것이 그것이다. 하지만 이러한 논리는 근대사법국가의
논리인지라 대륙법계의 독일행정법에서도 이들 행위를 '판단여지설'
등으로 사법부의 판단으로부터 제외하고 있는 경향에 있는 것을 모르
고 우리 행정법에서는 이를 법에 가둬 두려고 애쓰고 있는 모습이 안
쓰러울 정도이다. 가뜩이나 행정법의 모자이크성으로 인하여 정체성
의 문제가 있는 상황에서 대륙법적 근대행정법의 논리에 현대 행정국
가의 행정행위를 끌고 들어와 뒤죽박죽인 행정을 만들고 있는 것이
다. 이러니 행정의 개념 정립부터 삼권분립의 틀을 벗어나지 못하고
논란만 벌이다가 행정은 정의가 불가능하니 행정현상을 서술하는 것
으로 대체하여야 한다는 '행정중표설'까지 등장하여 이론화를 포기할
수밖에 없게 된 것이다. 또한 행정을 서술하는 행정법의 근거가 근대
행정의 개념을 정립한 오토 마이어O. Mayer에서부터 출발하고 있어 현
대 행정국가의 행정인이 보기에는 정말 이해하기 힘들다.

행정법에서 가장 근간이 되어야 할 행정행위는 아예 학문적 개념과
실정법적 개념이 다르다는 것을 전제로 분류하고 내용을 기술하고 있
어 혼선을 주고 있다. 소위 통설이라는 최협의설에 의하면 행정행위

를 '행정청이 구체적 사실에 관한 법집행으로서 행하는 권력적·단독적 공법행위'라고 기술하고 있다. 이에 반해 행정심판법은 "처분이라 함은 행정청이 행하는 구체적 사실에 관한 법집행으로서의 공권력의 행사 또는 그 거부와 그 밖에 이에 준하는 행정작용을 말한다^{제2조 제1호}"라고 정의하고 있어 이를 어떻게 보아야 할지 여러 의견이 나뉘어 있다. 대다수의 이론서에서는 과연 행정행위와 처분이 같으냐, 다르냐를 두고 일원설^{一元說}, 이원설^{二元說}로 나뉘어 논쟁을 하고 있다. 학설이 반드시 실정법적 개념에 얽매일 필요는 없으나, 행정행위에 대한 통설을 보면 근대적 행정개념에 갇혀 구체적 사실에 관한 법집행으로 한정하고 있는 것이 아닌가 싶다. 학문이 현대행정을 근대행정으로 되돌려 놓고 있는 것이다. 이렇게 행정개념을 근대로 돌려놓고 현대행정을 바라보니 이를 설명할 길이 없어 '그 밖의 행정의 주요 행위형식'이라면서 행정계획, 행정지도, 행정확약 등 법집행과는 거리가 먼 행정행위를 설명하는 정말 이해할 수 없는 책을 만들고 있다.

미국의 뉴딜정책이나 우리나라의 경제개발5개년계획과 같이 현대행정국가는 법이 아닌 계획행위, 사실행위 등을 통하여 국가를 구하고 국가를 발전시키고 있는데 우리의 행정법학은 이를 도외시하고 있는 것이다.

이와 같이 우리 이론서들은 행정을 근대 야경국가적 개념에서 출발하다보니, 각종의 행정행위의 작용형식을 나열식으로 설명하고 이런 행정의 실효성 확보방안을 논한 후 행정구제로 끝을 맺는다. 이것이 21세기 한국의 행정의 조직과 작용에 관한 법인 행정법이다. 한국을 발전시키고 국민의 행복을 증진시키기 위하여 땀을 흘려야 할 일꾼으로서의 현대행정을 현재의 행정법에서 찾아볼 수 없다고 하면 너무나 지나친 말일까? 이러한 통제적 행정관을 배우고 실행하다 보니 공무원을 볼 때 이 사람들이 법을 어기나 안 어기나 보고 있다가 법에 저촉하는 일이 벌어지면 가차 없이 부정부패로 몰아붙인다. 이러한 이유로 공무원 역시 봉사의 대상인 국민을 대할 때 국민에게 적극적으로 도와주어야겠다는 생각보다는 통제하고 규제부터 하려고 하는지도 모른다. 공무원들이 적극적으로 맡은 바 일을 못하고 소극적으로 '법대로 해'라고 하면서 국민의 어려움을 강 건너 불구경하고 있는 이유가 있다는 것을 생각해 보아야 하는 대목이다.

물론 법이 우리의 모든 영역을 지배하는 것은 아니다. 가정이라는 사생활의 영역은 법이 침범해서도 안 되고 법의 논리보다는 사랑의 논리가 지배하는 것과 같이 행정고유의 영역은 법의 논리에서 벗어나 행정고유의 철학이 지배하여야 한다. 행정의 본질은 바로 이 행정 자체에 있는 것이고 여기에 행정의 묘미가 있는 것이다. 우리 행정이 행정 고유의 영역을 찾아 제대로 된 행정을 할 수 있도록 학자, 정치가, 공무원의 부단한 노력이 절실히 요구된다.

쓸 만한 무기가 없는 행정학

우리의 행정법이 근대적 통제논리에 사로 잡혀 행정이라고 하면 제일 먼저 규제가 생각날 정도로 행정이 국가발전의 견인차가 되기는커녕 걸림돌이 되게 하는 요인의 하나로 작용하고 있다면, 발전행정론을 기치로 생겨난 우리 행정학은 한강의 기적을 이루어 놓았다는 자부심만 갖고 있다가 전문화되고 복잡하게 전개되는 현대행정에 대응하지 못하고 행정인에게 도움을 주지 못하는 단순한 관리학 수준에 머물러 오도가도 못하고 있다.

　행정학을 초기에 연구한 학자 중에는 법학을 공부한 학자가 많아서 그런지 행정학을 설명할 때에도 행정의 개념부터 정립하는 연역논리로 시작하고 있으나, 복잡하고 다기한 행정현상의 속성을 포섭하다보니 행정법 분야와 같이 이것도 저것도 아닌 백화점식 개념정의를 해놓고 출발한다. 이러한 종합선물세트식 개념은 진정한 개념으로 볼 수 없다. 행정의 속성을 제대로 연구하지 아니하고 눈앞에 펼쳐지는 행정현상에 임시방편으로 대응하기 위하여 인근 학문의 기법, 특히 경영학, 정치학의 각종 기법, 개념을 차용, 적용하는 접근방법을 택하다보니 계속해서 행정학의 학문으로서의 정체성 논란이 끊임없이 제기되는 것이다.

　대다수의 행정학 이론서는 행정의 철학을 정립하려고 행정의 이념 정립에 많은 지면의 할애를 하면서 시작한다. 행정의 합법성, 능률성, 효율성, 민주성 등이 그것이다. 복잡한 행정현상을 규율하는 행정의 이념이 되기에는 너무 미흡하다고 생각해서인지 기존에 언급된 행정이념에다 가짓수만 늘리고 있어 어떤 이념을 따라야 하는지 판단하기 어렵고 이렇게 장님 코끼리 만지기식으로 행정이념을 만드는 것이 바람직한지 모르겠다. 그런데 이 이념들을 보면 일반적으로 널리 알려진 상식 등을 언급하고 있어 이를 학자들이 이념화하기에는 낯부끄럽지 않나 싶다. 법치국가에서 행정이 법을 지켜야 함은 당연한 일이고, 국민의 세금으로 운용되는 행정이 능률적이고 효율적이어야 함은 말할 필요도 없으며, 헌법에서 공무원은 국민 전체의 봉사자라고 규정하였는데 다시 또 행정학에서 추상적으로 민주성이라는 것을 행정이념으로 정립하는 것은 동어반복tautology이다. 이는 공부만 잘하면 좋은 대학에 갈 수 있다는 말과 같이 하나마나한 이야기다. 우리에게 필요한 것은 공무원들이 각자의 책상에 써놓고 이를 향해 뛰어가게 할 수 있는 캐치프레이즈이다.

이론서들의 체계는 극히 일률적으로 행정이념을 설명한 후에는 행정학의 방법론을 설명하는데 이는 고전적 방법론부터 온갖 방법론을 나열식으로 설명하고 있어 마치 서양의 행정학사를 보는 것 같다. 물론 연구방법론의 변천사를 보는 것도 어떤 의미는 있을 수 있겠으나 연구방법론은 기술의 발전과 같이 계속해서 발전되어 오고 있어 최신의 방법을 사용하여 연구하는 것이 연구의 성과를 높일 수 있다는 점은 자명하다. 특히, 21세기 현재 벌어지는 행정을 연구하는 데 19세기적 방법까지 설명하고 있는 이유는 이해할 수 없다. 방법론과 관련해서 우리가 유념해야 할 것은 방법론이라는 것은 특정되지 않으면 의미가 없다는 것이다. 당해 행정학 이론서가 행태론적 접근방법에 입각한 것인지, 체제론적 방법으로 접근한 것인지 아니면 다른 방법으로 연구를 진행하고 있는지, 구체적으로 사용한 방법을 알아야 연구를 이해하는 데 도움이 되는 것이다. 이 세상에 존재하는 모든 방법을 설명해 놓고는 알아서 쓰라고 하는 말인지 몰라도 현대행정에는 어느 방법이 효율적인지 언급조차 없다면 어떻게 하라는 말인가? 이러한 현상은 외국의 특정 논문이 쓰는 방법론을 의미도 모르고 베껴 소개하는 데 급급하고 있기 때문이 아닌가 한다. 이런 학문적 분위기 탓인지 행정학을 배워 공무원이 된 사람들이 특정 정책의 필요성을 기안하는 것을 보면, 생태론적으로 '급변하는 국내외 환경에 대응하고'부터 시작하는 일반적인 행정환경을 언급하고선, 뜬금없이 투입^{input}, 전환^{transform}, 산출^{out}이라는 극히 초보적 체제모형에 맞추어 정책을 설명하느라 애를 쓰고 있다. 정책의 내용이 무엇이고,

그 정책이 현시점에서 왜 필요한지, 그 정책이 국민에게 어떤 영향을 미치는지, 그 정책을 집행하기 위한 조건이 무엇인지를 알고 싶은데, 유능한 행정학도 출신인 기안책임자는 행정현실에서 떠나 '화성의 행정이야기'만 하고 있다. 문제를 해결하기 위해서는 어떤 방법론을 선택하느냐가 중요하다. 여러 가지 방법 중에서 어떤 방법론이 행정의 문제점을 제대로 다룰 수 있는가를 다루는 학문이 행정학이다. 행정학이 잡학雜學이라는 비난을 받는 이유 중의 하나가 잡다한 방법론을 모아놓았기 때문일 수 있다.

행정에 있어서 방법론은 행정의 문제점을 해결할 수 있는 '해결사 solution'이다. 행정학자들이 행정현장의 문제점을 해결할 수 있는 방안을 만들어 행정실무자에게 제공할 때 행정학은 '쓸모 있는' 학문이 될 것이다.

기존의 행정학에서는 그 연구의 영역이 인사행정론, 조직론, 재무행정론을 주된 내용으로 하고 있다. 제목만 보면 행정의 모든 면을 커버한 듯이 보이지만 그 내용을 보면 인사행정론과 조직론은 옛날 총무처의 인사, 조직을 다루는 공무원들, 재무행정론은 옛날 경제기획원의 예산 담당들이 외국, 특히 미국의 제도를 참고하는 정도로만 활용할 수밖에 없는 수준이었다. 그러니 대다수 공무원들에게는 '쓸 데가 별로 없는' 이론일 뿐이었다. 그러다가 지방자치제가 실시됨에 따라 지방행정론이 등장하더니, 도시문제를 다루는 도시행정론이 도입되면서 행정학의 각론화 현상을 보이고 있다. 하지만 이 역시 앞의 총론적 문제점인 행정학의 방법론적 문제점을 그대로 안고 행정현상을 제도적으로 설명하는 수준에 머무르고 있는 실정이다. 위에서 언급한 사정 등으로 총론적 행정학의 존재 위기를 느끼던 중, 외환위기가 발생하자 정책의 중요성을 깨닫고 이제는 정책론을 앞 다투어 소개하고 있다. 하지만 국적불명의 각종 정책결정기법을 현실적 검증 없이 이를 모르면 큰일난다는 식으로 도입하여 설명하는 등 학자들만 '화성의 행정학'을 외치고 있다. 이렇게 학문으로서의 행정학이 실제 행정에 쓰일 수 있는 행정모델을 정립하기 보다는 각종 기법을 소개하는 학문으로 전락하고 있는 것이다. 최근에는 행정을 거버넌스^{governance}의 개념으로 접근하는 방법을 앞 다투어 도입하고 있는데 그 실체가 불분명함에도 이에 대한 검증도 없이 이를 마치 현대적 방법으로 소개하고 있는 현실이 우리의 현실이라니 참으로 답답할 따름이다.

3

대한민국
공무원의 역할

대한민국 정부의 공무원이 헌법에서 규정하는 가치와 질서를 실현시키는 데 전념을 다하여야 하는 것은 헌법의 엄숙한 명령이며 이를 이행하지 아니한 것은 민주주의국가 공무원의 직무유기이다.

제3장
대한민국
공무원의 역할

헌법의 수호자로서의 공무원

헌법과 공무원의 관계

공무원의 등대로서의 헌법

일부 공무원에 대한 이야기를 크게 부풀려 말하는 측면도 있어 조심스럽지만, 공무원 하면 무소신, 무사안일, 부정부패 등 부정적인 면이 먼저 떠오르는 것은 일차적으로 공무원에게 그 책임이 있겠지만 공무원에게 나아갈 방향을 제시하여야 할 학자들의 책임도 없다고는 할 수 없다. 앞서 언급한대로 행정법학자들과 행정학자들은 하나의 행정을 둘로 나누어 놓고 근대적 행정 개념에서 떠나지 못한 채, 현대 행정의 핵심에서 벗어나 여기저기 짜깁기로 행정을 만들고 있는 실정이다. 학자들까지 방향을 제대로 잡지 못하고 있으니 대한민국의 행정이 갈 길을 몰라 헤매고 있는 것은 당연한 것이 아닌가?

이런 상황에서 경제를 살리는 데 앞장서야 할 공무원들은 온갖 규제로 경제의 발목을 잡고 있으니 이 발목을 놓으라고 하지만, 이를 봐야 하는지 아니면 잘 잡고 있어야 하는지조차 모르는 처지에 있는 사람들이 바로 우리의 공무원이라며 비난하기 좋아하는 사람들은 목소리를 높인다. 할 일이 태산같이 많아야 할 공무원이 일을 해야 하는지 안 해야 하는지도 모르고 어찌해야 할지도 모른다면 공무원도, 국민도 답답하기만 할 것이다. 그러면 어디서 우리 공무원의 갈 길을 찾아 주어야 하는가? 그것은 바로 헌법이다.

우리 헌법은 "모든 국민은 인간으로서의 존엄과 가치를 가지며 행복을 추구할 권리를 가진다. 국가는 개인이 가지는 불가침의 권리를 확인하고 이를 보장할 책임이 있다"^{헌법 제10조}고 포괄적으로 국민의 권리와 이에 대한 국가의 책임을 명시하고 있다. 그리고 헌법상의 개별 조항을 통하여 대한민국 공무원이 해야 할 일을 명백히 정하여 놓고 일을 할 수 있는 권한과 이에 상응하는 책임을 같이 부여하고 있다. 여기에서 우리는 공무원은 다른 직업의 사람들과 달리 헌법에서 일할 수 있는 권한을 부여한 특별한 사람이라는 사실을 눈여겨보아야 한다. 그런데 이러한 헌법의 엄숙한 명령을 이행하지 않고 있다면 이는 "국민 전체에 대한 책임을 져야" 할 큰 죄를 국민에게 짓고 있는 것이다.

공무원이 헌법의 수호자가 되어야 하는 이유

헌법이 우리의 실정법체계상 최고의 규범이라는 점에 이의가 있을 수 없으나, 과연 국민 전체의 생활 속에서의 실질적 규범성 면에서 볼 때도 최고규범이라고 말할 수 있는지는 의문이 들지 않을 수 없다. 법의 강제성은 도덕 등 다른 사회규범과 구별되는 주된 요소이므로 우리 헌법이 최고규범이라 함은 우리 사회를 강제적으로 규율할 수 있는 최고규범이어야 할 것이다. 그러나 현실을 보면 우리가 헌법을 단지 상징적인 어른의 법으로만 취급하는 것이 아닌가 하는 생각이 드는 것은 왜일까? 쉽게 말하면 말로만 최고의 법으로 치켜세워두고 실제는 뒷방에 있는 원로元老법으로 취급하고 있는 것이 아닌가하는 우려이다.

그런데 헌법을 이렇게 보는 사람들이 많다면 그 문제점은 심각하다고 볼 수 있다. 애써서 우리가 반드시 지키고 이뤄나갈 국가의 법적 기본질서를 국민적 합의로 정해 놓고 이를 지켜도 되고 안 지켜도 되는 것으로 여긴다면 우리 사회가 갈등과 혼란 속에 빠질 수 있는 '무질서의 위험'이 있다는 것은 자명하다. 헌법의 글자 하나하나는 전체 국민이 국민적 합의를 내린 소중한 가치로 우리가 소중히 존속시켜야 할 최고규범이다. 헌법을 국가에서 명목상으로나 실질적으로나 최고의 규범으로 규율할 수 있도록 하려면 헌법의 내용에 따라 국가기관에 의한 법적용의 절차와 방법을 정하고, 국가기관의 구성원으로서 제반 법령을 운용하는 사람, 즉 공무원이 헌법의 가치를 우리나라에 실현시키겠다는 확고한 신념과 이에 상응하는 능력을 갖도록 하여야 한다. 따라서 헌법을 지켜도 되고 안 지켜도 되는 명목상의 법으로 만든 것은 정치인을 포함한 이 나라 공무원의 무지와 방임에 근거한 것이라고 보아야 한다.

우리의 헌법 이론서는 저항권抵抗權을 헌법수호의 최후의 보루로서 일정한 요건 하에 보충적으로 인정하여야 한다는 데 의견의 합치를 보고 있는 것 같다. 이러한 초실정법적인 저항권의 행사가 가져올 무질서를 예견할 수 있음에도 이를 인정하는 것은 헌법적 가치질서가 무너지는 것은 곧 나라가 무너지는 것이므로 헌법을 구하고 나라를 구하여야 한다는 고육지책에서 나온 것이다. 다시 말하면 공무원이 헌법의 가치질서를 이 땅에 실현시키지 못하고 우리나라가 혼돈의 시대로 빠져드는 것을 산 넘어 불 보듯 방관할 때 국민 자신이 헌법을 지키기 위해, 나라를 지키기 위해 나설 수밖에 없지 않느냐는 것이다.

우리 헌법은 저항권 행사라는 극단적이고 초헌법적인 상황을 막아보기 위해 제7조를 통하여 국민이 쟁취한 권리장전인 헌법을 잘 지켜나가는 것이 국민 전체에 대한 봉사자인 공무원의 의무라는 것을 천명하고, 이를 제대로 이행하지 못할 때 국민에 대하여 책임을 져야 함을 명백히 하였다. 이러한 의무를 제대로 이행하도록 헌법은 특별히 "공무원의 신분과 정치적 중립은 법률이 정하는 바에 의하여 보장"하고 있는데^{헌법 제7조} 현재 공무원은 그 의무를 다하고 있다고 말할 수 있을까?

요즈음 우리 공무원의 지침서를 들라고 한다면 다산^{茶山}의 목민심서^{牧民心書}를 압도적으로 들 것이다. 왕정시대인 조선시대 삼정^{三政─전정·군정·환정}의 문란 등 부정부패로 조선이 썩어 들어가고 있을 때 목민인 공직자가 어떠한 자세로 직무에 임하여야 하는지를 다룬 목민심서가 21세기 현대 대한민국 공직사회의 금과옥조의 지침서가 되었다는 사실은 오늘날 공직자의 속살을 본 것 같아 가슴이 아프다. 부정부패는 공직자의 잘못된 마음가짐에서 나오는 것이므로 공직자가 크게 각성하여야 함은 말할 필요가 없다. 그런데 공직자가 청렴하여야 한다는 것은 공직자뿐만 아니라 모든 국민이 가져야 할 도덕률이다. 그런데 이것이 어쩌다 공직자의 지침서가 되었다는 것인가?

우리가 국민의 혈세로 공직자의 월급을 주는 것은 공직자가 단순히 청렴하라는 것이 아니라 공무원이 국민을 위해서 맡은 바 일을 제대로 하라는 것이다. 일을 하는 데에 대한 대가를 혈세로 주는 것이다.

그러면 공직자에게 무슨 일을 어떻게 하라는 '작업지시서'가 있어야 할 것이다. 목민심서는 근대적 의미의 헌법이 없던 왕정시절 재야의 학자였던 다산 선생이 공직자에게 제시한 지침서이지 현대 민주공화국의 공직자의 지침서로 보기에는 상황적으로 적합한 것은 아닌 것 같다. 이미 민주정체인 공화국에서 살고 있는 상황에서 목민심서에서 강조한 위민, 애민사상을 다시 현대에 맞춰 재구성하여 공직자에게 다시 강조하는 것보다는 우리 성현들이 설파한 공직자의 자세를 잘 받들라고 하는 것이 더 낫지 않을까하는 생각이 든다.

우리 헌법은 헌법에 보장된 국민의 기본권을 보장하기 위하여 공무원에게 국민전체의 봉사자로 일할 것을 명하면서 공무원이 해야 할 일을 자세히 말해주고 있다. 국민은 그들이 직접 뽑은 대통령에게 헌법수호의무^{헌법 제66조 제2항}를 부여하고, 국민의 자유와 복리의 증진을 위해 노력할 것을 천명^{헌법 제69조}하도록 함으로써 국정운영의 책임자인 대통령에게 권한과 임무를 부여하는 방법을 택하고 있다. 뿐만 아니라 국민의 또 다른 대표기관인 국회에 입법권 등을 주어 법치주의를 실현토록 하고, 헌법에 반하는 국가활동은 무력화하기 위하여 헌법재판소와 법원에 사법권을 부여하였다. 특히 헌법 제119조 제1항에서 "국가는 균형 있는 국민경제의 성장 및 안정과 적정한 분배를 유지하고, 시장의 지배와 경제력의 남용을 방지하며, 경제주체간의 조화를 통한 경제의 민주화를 위하여 경제에 관한 규제와 조정을 할 수 있다"고 규정한 것 등과 같이 국가의 임무와 권한을 행사하는 기준까지 마련해 놓고 있다.

따라서 대한민국 정부의 공무원이 헌법의 규정하는 가치와 질서를 실현시키는 데 전념을 다하여야 하는 것은 헌법의 엄숙한 명령이며,

이를 이행하지 아니한 것은 민주주의국가의 공무원이 아니며 헌법에 반하는 것이다. 이와 같이 헌법이 공무원의 업무의 기준 내지 지침서가 되어 우리 헌법이 명목상의 헌법nominal constitution이 되지 않고 규범적 헌법normative constitution이 되도록 하는 것이 왕정 아닌 공화정의 공무원이 해야 할 임무이다.

이와 같이 헌법은 공무원이 지향하여야 할 가치와 질서를 명백히 밝혔는데도 공무원이 이를 기준으로 하지 않고 정치적 세력에 의하여 휩쓸리다보니 동네북이 되어 이리저리 휘둘리고 있다. 심지어는 혈세로 봉급을 주는 공무원이 한 일이 헌법소원의 대상이 되고 헌법에 반하여 무효가 되는 어처구니없는 일도 일어나는 것이 현실이다. 헌법은 전체 국민의 합의이며, 약속이기 때문에 공무원을 포함한 모든 국민이 지켜나가야 한다. 헌법은 국가의 법적 기본질서로 공무원의 행동기준이 될 뿐더러 국민의 행동기준이 되어야 함은 당연하다. 이렇게 되어야 헌법의 가치와 질서를 무시하는 사람들에 의해서 우리 사회가 혼란스러워지는 것을 막을 수 있다. 이러한 사실을 다시 깨달아야 할 시점에 우리가 있다. 우리가 헌법을 국민의 행동기준, 특히 공무원의 행동기준으로 삼지 못하고 방황하고 있기 때문에 우리 사회는 보수, 진보로 갈라 패를 만들어 헌법상의 가치와 질서는 아랑곳하지 않고 대립하고 있는 것이다. 우리는 왜 헌법을 그토록 어렵게 만들어 놓았는가를 다시 한 번 새겨보아야 한다. 이와 같이 헌법이 국민의 생활 속에 뿌리내리지 못하면 가치관의 혼란으로 우리 사회가 어려워질 수가 있다는 사실을 명심하고, 대통령뿐만 아니라 모든 공무원들이 헌법에 따라 일하고 헌법을 지켜내는 일에 앞장서야 우리 헌법이 최고규범으로 자리매김을 확실히 할 수 있고, 그래야만 국가도 바로 설

수 있다.

헌법의 최고 공직규범화에로의 애로

헌법의 집행법으로서의 행정법의 노력이 아쉽다

요즈음 헌법재판의 판례가 축적되면서 헌법을 공부하기가 힘들어
졌다는 말을 자주 듣게 된다. 현대행정이 점점 전문화되고 복잡화되
면서 이에 대응하는 법, 즉 행정법 역시 전문적이고 복잡해지는 경향
에 있다. 이런 속성과 경향 때문에 행정 관련법은 국회의원에 의하여
입안되기보다는 전문가인 공무원에 의하여 입안되는 경우가 많다. 여
기서 행정법이 헌법의 집행법으로 제대로 기능한다면 행정법 교과서
가 행정업무의 지침서가 되어 실무를 통하여 헌법적 가치와 질서가
제대로 법에 반영될 수 있을 터인데 우리의 행정법 교과서는 이에 대
한 관심은 별로 없는 것 같다. 실무상으로 관련 판례 및 평석 등을 행
정법에서 찾아보려고 하나 어려운 이론들만 나열되어 있고 필요한 실
무적 사례 등은 찾아볼 수가 없다. 이러한 실정에서 헌법 교과서에서
는 전문적이고 기술적인 행정관련 판례를 그대로 나열하고 있으니 일
반인이 이를 어떻게 알 수 있겠는가? 행정법학자들은 행정법을 '헌법
의 집행법'이라고 써놓기만 하고는 헌법을 구체화하기 위한 시도를 찾
아보기는 힘들다. 예를 들면 헌법에서 '이에 대하여는 법률로 정한다'
고 규정하고 있다면 이를 근거로 제정된 법률이 헌법적 가치와 질서
에 부합하는지 여부를 논하여야 할 터인데 우리의 행정법 교과서에서
는 법을 단순히 소개만 할 뿐 이에 대한 논의는 찾을 수가 없다. 헌법
을 구체화하는 과정에서 헌법의 가치와 의도가 잘 구현되고 있는지를
지켜보고 분석 · 연구하는 것이 헌법의 구체화법으로서의 행정법의 임

무임에도 우리는 이를 소홀히 하는 것이다.

한편, 우리의 경우 헌법 문제는 헌법재판소에서 주로 문제가 되고 법원에서는 위헌법률심판 제청과 관련해서만 문제가 되는 데 반하여, 미국에서는 지방법원 단위에서도 상당수의 문제해결을 수정헌법에 의하고 있는 경우가 많다. 이론적 행정법이 따로 없고 판례를 가지고 행정법을 연구하는 미국식 접근방법의 이런 태도가 헌법을 실생활에 접목시키고 있다는 점을 주목할 필요가 있다. 이와 함께 행정법이론이 발달한 대륙법계의 국가들이 행정재판소의 판례를 분석하고 이에 방향을 제시하는 것도 학문이 실무에 유리되지 않게 함이라는 사실도 유의해서 우리 행정법의 정립방향을 정하여야 할 것이다.

헌법가치의 구현학문으로서의 행정학의 실천이 아쉽다

행정학 역시 마찬가지이다. 현대 행정국가라는 거대한 조직의 원리를 제공하여야 할 행정학이 경영학이나 정치학에서 사용하는 기법이나 논리를 차용하고는 그 임무를 다했다고 할 수는 없을 것이다. 21세기 대한민국의 공무원은 헌법적 가치와 질서를 구현하기 위하여 법을 입안하기도 하고, 사경제질서에 개입하여 경제에 대한 규제와 조정을 하여야 하는 막중한 업무를 부여받고 있다.

그런데 인사, 조직, 예산 관리기법 등만 다루고 검증되지 아니한 정책결정기법 등을 다루는 행정학이 실무에 얼마나 도움이 되겠는가? 이런 상황에서 법치행정의 원리에 따라 "법 → 시행령 → 시행규칙 → 훈령, 지침"의 업무순서로 융통성 없이 일을 하여야 하고, 예산 역시 품목별 예산편성지침에 따라 재량의 여지 없이 옛날의 방식대로 그대로 집행하여야 하니 일하는 공무원도, 이를 지켜보는 국민도 답답하기만 하다. 그러다가 "공무원이 하는 일이 다 그렇지" 하고 동네북식 핀잔을 받고 나서 새로운 각오로 행정학을 쳐다보면 화성의 나라 이야기만 '구름잡는' 식으로 서술하고 있으니 괜히 시간만 낭비한 결과가 된다. 이래선 안 된다.

우리 헌법은 제32조에서 "국가는 사회적·경제적 방법으로 근로자의 고용의 증진과 적정임금의 보장에 노력하여야" 한다고 규정하는 등 여러 규정을 통하여 행정 각 부처의 공무원들에게 구체적으로 어떤 정책을 수행하여야 하고 그 정책방향은 전체 국민의 행복에 두어야 함을 명백히 하고 있다. 이렇게 헌법이 공무원에게 부여한 임무를 제대로 수행하도록 그 방법을 알려주고 독려를 하여야 할 학문이 바로 행정학이다. 따라서 우리의 행정학은 우리의 헌법이 공무원에게 무엇을 요구하는지를 제대로 파악하여 이를 어떻게 달성할 수 있는지 그 방법론 개발에 총력을 기울여야 공무원에게 필요하고 국민에게 도움이 되는 행정학이 될 수 있다고 강력히 말하고 싶다.

헌법의 구현자로서 공무원의 역할

정부조직법과 공무원의 임무

헌법은 국가 내에서 헌법적 가치를 실현하고 헌법질서를 구축할 수 있도록 국가작용을 체계화하기 위하여 이를 담당할 조직을 구성하고 절차를 형성한다. 이러한 조직과 절차를 구축하면서 헌법이 규정하고 있는 추상적이고 포괄적인 공무원의 임무가 구체화되고 실현되는 것이다. 우리 헌법 제96조에서 "행정각부의 설치·조직과 직무범위는 법률로 정한다"고 규정하고 이를 근거로 정부조직법을 두고 있는 것이 바로 그 이유이다. 따라서 정부조직법이 헌법이 예정하는 정부조직과 직무범위를 제대로 정하고 있느냐에 따라 헌법의 제반 가치가 실현될 수도 있고 왜곡되거나 명목상 규정으로 남을 수 있다는 점에서 정부조직법의 중요성은 말할 필요가 없다.

우리의 경우 정부수립 이후 50여 차례의 정부조직 개편이 있어 왔는데, 정권이 바뀔 때면 으레 정부조직이 바뀌어야 하는 것으로 알고 있을 정도로 그 개편의 빈도가 잦았다. 물론 새로운 정부가 들어서면 새로운 정책을 수립하고 집행할 조직이 필요하므로 정부조직을 개편할 수는 있다. 그러나 정부조직은 헌법이 헌법상의 가치와 질서를 실현시키기 위한 국가작용의 체계화를 목적으로 만들어지는 것이므로 헌법이 예정하는 틀에서 만들어져야지 정부의 계획에 따라 좌지우지돼서는 안 된다. 새로이 당선된 대통령은 헌법이 만들어준 정부조직에서 정부정책을 수립하고 집행해야지 정부조직의 근간을 바꿔서 정부의 일을 하는 것은 헌법이 예정한 것이 아니다. 물론 정부조직이라는 것이 행정환경의 변화를 무시하고 고정불변의 조직으로 남아있어서는 안 된다. 정부조직을 변경할 경우에도 헌법이 갖고 있는 가치와 질서 실현에 도움이 되고 그런 연유로 헌법이 허용하고 있다는 전제하에 변경하여야 할 것이다. 이런 점에서 우리가 정부조직법을 개정하고 운용하는 하는 데 있어서 제1의 원칙은 정부조직법이 헌법의 구체화법으로서 기능하여야 한다는 것이다. 따라서 우리 정부조직법은 민주적인 내용과 절차를 거쳐 제정, 개정되어야 하고, 정부조직법은 조직에 관한 문제이므로 체계적이고 능률적, 즉 효율적이어야 한다. 그러한 입장에서 우리의 정부조직법의 운용실태를 살펴보자.

첫째, 정부조직의 민주성과 관련하여 우리의 경우 대통령선거가 끝난 후 정부조직법을 개정하는 작업을 하다 보니 시간부족 등으로 각계의 의견이 충분히 반영되지 아니한 채 정부조직이 결정되는 경우가 허다하였다. 신중하게 만들어야 할 정부조직이 깜짝쇼 하듯이 밀실에서 일시적으로 단행되고 있으니 국민의 공감대를 받을 수 없다는 것은 당연하다. 그러다가 문제가 생기면 정부조직을 개편하여 처리하여야 한다며 땜질식 봉합, 개정만 해오고 있는 실정이다. 이러한 일이 반복되지 않으려면 시간을 갖고 각계의 의견을 반영하여 헌법이 예정한 정부조직을 민주적으로 만들어야 한다.

둘째, 정부조직의 효율성과 관련하여 정부조직 간의 대립, 갈등에 대한 조정이 제대로 이루어질 수 있게끔 조직의 직무범위가 정해져야 한다는 것이다. 부처이기주의가 주는 문제점이 최소화될 수 있도록 부처 간 합리적인 권한배분이 이루어지고, 업무의 사각이 발생할 수 없도록 하여야 한다. 현재는 총리실^{국무조정실}에 업무의 조정기능을 부여하고 있는데, 이 문제는 업무의 컨트롤타워 문제로 해결하여야 한다. 어떤 특정부처에 조정권을 두는 것은 부처이기주의로 인하여 유야무야될 수 있으므로 업무별로 업무가 제대로 흘러갈 수 있도록 업무를 체계화 시키는 것이 훨씬 효율적이라는 사실을 명심하고 이를 정부조직법에 반영하려는 노력이 필요하다.

셋째, 정부조직을 자주 개편하는 것은 개인의 이름을 자주 바꾸는 것과 같이 국민들에게 혼선을 줄 수 있으므로 정부조직을 신중하고 체계적으로 만들어야 한다. 예를 들면, 18대 정부는 17대 정부의 15부 2처 18청에서 17부 3처 17청으로 그 체제를 바꾸면서 미래창조과학부, 해양수산부를 신설하고 지식경제부 등 7개 부서의 성격을 바꿔 업무를 기관 간 이관하는 것으로 변경하였다. 그 중에는 행정안전부를 안전을 강조하는 차원에서 안전행정부로 명칭의 순서만 바꾼 것이 있는데, 그것이 헌법의 관점에서 이루어진 것인지 아니면 단순한 정책의 우선순위에 의한 것인지 검토가 이루어져야 할 것이다. 정부조직법 개정 후 얼마 되지 않아 세월호 침몰사건이 발생하자 안전 중시를 위하여 정부조직법을 다시 개정하게 되었는데, 단순한 명칭변경으로는 정부조직법에 헌법의 혼, 즉 정신을 불어 넣을 수 없다는 것을 보여준 단적인 예이다.

마지막으로 그동안 정부조직은 법령의 규정과 달리 운용되는 경우가 많았다. 헌법의 조직규범성과 그 실효성 확보차원에서 변칙적인 제도 운용을 방지하는 조치를 정부조직법 내에 갖춰놓아야 한다. 예를 들면, 우리 헌법은 국무총리가 대통령의 명을 받아 행정각부를 통할하도록 규정하고 있는데, 행정각부의 실질적인 통할부서를 국무총리가 아닌 대통령비서실로 인식하고 있다면 그 운용은 잘못된 것이다. 이렇게 자문기관이 실질적인 집행기관의 역할을 하는 등 정부조직법이 규정한 업무범위를 넘는 부서의 행위에 대한 조치사항도 정부조직법에 마련해 놓아야 헌법과 법률이 제자리를 찾을 수 있을 것이다.

행정의 영역 문제(정부의 개입의 범위와 정도)

작은 정부, 큰 정부

앞서 언급한 정부조직의 개편문제는 정부조직의 명칭을 정하고 직무를 배당하는 문제가 아니고 그 선제적 이슈로서 당해 정부가 '작은 정부'인지 큰 정부, 즉 '빅 브라더Big brother 정부'인지의 문제이다. 이는 행정철학의 문제로서 근대 야경국가에서 현대 행정국가로 오면서 끊임없이 제기되어 온 문제라 할 수 있다.

시민혁명으로 절대왕정을 타파한 시민계급은 그들의 재산과 자유를 지키기 위하여 애덤 스미스[A. Smith]의 국부론 등의 고전학파의 이론 틀로 자유시장경제체제를 만들고 정부는 안보와 치안만 다루는 작은 정부로 그 활동범위를 축소시켰다. 몽테스키외 등 계몽주의 철학자의 도움을 받아 정부가 그 범위를 넘어 시장 등에 개입하거나 시민의 재산과 권리를 침해하지 못하도록 권력을 분리시키고 행정부는 의회의 법률만을 집행하는 부서로 전락시킨 것이다. 시민계급은 개인의 자유를 '국가로부터의 자유'로 보고 가능한 국가권력에 제한을 가하여 개인의 권리를 확대하고자 하였던 것이다. 이와 같이 국가를 필요악으로 보고 국가의 임무를 대외적인 국방과 대내적인 치안유지의 확보 및 최소한도의 공공사업에 국한하고, 나머지는 개인의 자유에 방임하라는 소극적 국가관이 독일의 사회주의자인 라살레[F. Lassalle]가 말한 야경국가론이다.

시장은 수요와 공급의 변동에 의하여 '보이지 않는 손'으로 합리적이고 완벽하게 움직이므로 정부에 인위적인 개입이 있어서는 안 된다는 자본주의 시장경제는 산업혁명을 통한 대량생산을 능률적으로 소화시켜 150년간 지속되었다. 그런데 자본주의의 발달과 함께 여러 가지 사회경제적 문제가 나타나기 시작하였는데, 특히 합리적이라고 믿었던 시장에서 주식이 대폭락하는 세계 대공황을 맞게 되자 세계는 큰 충격과 혼란에 빠지게 되었다. 이에 시장을 움직이는 이자율은 유동성 함정에 빠져 있으니 정부가 적극 개입하여 균형에 벗어난 시장을 제자리에 돌려놔야 한다는 케인스의 처방이 먹혀들어가기 시작하였다. 정부는 뉴딜정책으로 그동안 터부시된 시장에 적극 개입하여 세계를 대공황에서 구출하는 큰 성과를 이루어 냈다. 우리 정부도 발전행정의 기치를 내걸고 경제개발5개년계획을 수립하여 외국의 차관을 들여와 노동집약적 산업에 집중 투자한 결과 압축성장이라는 놀라운 성과를 내는 데 큰 기여를 한다. 이른바 '큰 정부'의 세상이 된 것이다. 우리나라에서 행정학이라는 학문이 태동하여 발전한 것도 바로 이 시점이었다.

그런데 1970년대 들어 불경기 속에서도 석유가격의 폭등oil shock 등으로 인하여 물가가 오르는 스태그플레이션 현상이 새로운 국가적 문제점으로 등장하는데 이에 대한 정부개입 또는 대응은 상황을 더 악화시키는 결과만 야기하였다. 더욱이 무거운 세금과 관료집단의 부정부패, 정부의 근시안적 규제 등이 정부의 무능을 더욱 노출시켰다. 이에 '개인은 확보가능한 모든 정보를 수집하여 합리적인 결정을 내린다'는 합리적 기대가능성 이론을 내세운 프리드만을 중심으로 하는 신고전학파에 의하여 정부의 비합리적인 규제를 완화하고, 공기업의 민영화를 도모하는 '작은 정부론'이 설득력을 얻게 된다.

우리나라 역시 1970년대 극심한 인플레이션, 관료집단의 이기주의, 과도한 정부규제 등이 문제되어 정부주도의 성장정책을 재고할 필요성이 있었으나, 유신정권의 정치적 의도 때문에 오히려 대통령 권력을 강화하는 방향으로 나가게 되는 우를 범하게 된다. 당시 비상국무회의라는 비정상적인 제도에 의해 진행된 정부조직법 개정은 자주국방, 대통령의 권력 강화와 중화학공업화의 관점에서 이루어져 세계의 흐름과 달리 큰 정부를 택하게 되었다. 그 후 유신정권의 몰락 등 정치적 변혁기를 거쳐 1993년 문민정부를 수립한 것을 계기로 작은 정부의 슬로건을 내걸고 정부기구의 축소와 통폐합, 공무원 인원의 감축, 규제완화 등을 정권을 달리하면서 추진하였지만 큰 성과를 거

두지 못하고 오늘날에 이르고 있다. 이 과정에서 2008년 금융위기는 시장의 합리성에 의문을 갖게 되어 케인스의 재발견에 초점이 맞춰지고 있다.

이와 같이 세계경제는 시장을 보는 입장에 따라 정부의 개입의 범위와 정도가 결정되었음을 알 수 있다. 즉 신고전학파는 시장의 합리성과 회복성을 믿고 시장을 왜곡시키는 정부의 개입을 줄이는 작은 정부를 주장한 반면, 케인스학파는 시장의 합리성에 주목하여 시장이 균형을 벗어나면 자체적으로 회복하지 못하기 때문에 정부가 시장에 적극적으로 개입하여야 확장적인 재정정책을 써야 하기 때문에 큰 정부의 논리에 입각하고 있다.

여기서 우리가 주목할 것은 세계가 경제상황에 어떻게 대처하느냐에 따라 정부의 역할론이 달라졌다는 것인데, 우리나라는 이런 경제적 논리보다는 장기집권이냐 민주화냐라는 정치논리에 따라 정부의 성격, 역할이 달라졌다는 사실이다. 이제 우리도 행정의 진정한 역할이 무엇인지를 정치논리에 왔다갔다 할 것이 아니고 헌법적 시각에서 이를 제대로 정립하여야 할 때가 왔다. 이것이 행정철학의 문제이다.

헌법이 예정하는 국가의 작용: 공무원의 행동원리

헌법의 원리가 곧 공무원의 행동기준

헌법은 국가조직과 그 작용의 원칙을 규정하여 국가 공동생활 질서의 골격을 형성하고 있다. 즉, 우리 헌법은 국가조직에 관하여는 정부조직법과 같이 법률로 정하도록 규정하고, 그 작용에 관하여는 구체적으로 명시하지 아니하고 개별조항에서 일반적으로 규정하고 있다. 국가조직은 그 작용을 위하여 존재하는 것이므로 국가조직과 국가작용은 밀접한 관계에 있다. 국가작용에 관하여는 국가조직과 같은 일반법이 없으나, 국가의 작용은 국민의 안위와 행복에 직결된다는 점에서 헌법의 원리와 규정에 따라 이루어져야 한다는 점에는 이견이 있을 수 없다. 따라서 국가작용이 헌법의 의도대로 구현되도록 국가작용의 기본원칙, 기준 등을 정립하는 것은 입헌주의를 수호하는 입장에서는 당연한데도 아직 이에 대한 학문적 연구가 이루어지지 않는 것은 유감이다. 여기서는 이런 시각에서 국가작용의 원리를 알아보고자 한다.

헌법에는 헌법질서의 전체적 형성에 있어서 그 기반이 되는 원리인 헌법의 기본원리가 있다. 헌법재판소는 헌법의 핵이라고 불리는 헌법의 기본원리는 국가질서를 형성하고 국가과제 수행의 준거가 되는 지도원리라는 점에서 "입법이나 정책결정의 방향을 제시하며 공무원을 비롯한 모든 국민·국가기관의 지침"헌재 1996. 4. 25. 92헌바47으로서 기능을 한다고 판시한 바 있다. 이와 같은 헌법재판소의 결정이 없었더라도 헌법의 원리는 국가작용의 기본원칙이라는 점에서 국가작용의 실현자인 공무원이 헌법의 원리를 업무수행의 지도원리로 삼아야 한다는 것은 우리의 최고규범인 헌법의 지위로 볼 때 당연한 것이다.

그런데도 공무원이 업무를 수행함에 있어서 이 원칙을 따르지 아니한 것이 문제가 되어 공무원의 행위가 종종 위헌 논란에 휩싸이는 것을 보면 답답한 생각이 든다. 이는 우리 헌법이 공무원을 포함한 전 국민의 생활규범으로 작용하지 못한 데에도 그 원인이 있다고 할 수 있겠지만, 헌법의 수호자가 되어야 할 공무원마저 헌법을 공직생활의 기준으로 삼지 않은 데에 더 큰 원인이 있다고 할 수 있다. 지금부터라도 헌법재판소의 결정처럼 헌법의 기본원리가 모든 국민·국가기관의 지침이 되도록 하는 작업을 서두르는 것이 무엇보다 절실하다.

우리 헌법은 헌법의 기본원리를 분명히 규정하지 아니하고, 헌법전문, 헌법규정 속에 이를 간접적으로 표현하고 있어 이를 해석하는 바에 따라 학자 간에 다소간 이견이 있다. 하지만 헌법의 명시적 규정과 헌법의 해석원리에 따르면 국민주권주의, 자유민주주의, 법치주의, 사회국가원리, 문화국가원리, 평화국가원리 등이 우리 헌법의 기본원리라는 점에는 의견이 일치해 있는 것 같다. 문제는 이러한 헌법의 기본원리 하나하나가 공무원 업무수행의 지도원리가 될 수 있어야 한다는 데에 있다. 이를 위해서는 공무원이 업무를 바라볼 때 헌법의 기본원리에서 바라보고, 공무원을 평가할 때도 헌법의 기본원리가 평가기준이 되어야 한다. 이와 같이 헌법의 기본원리가 공무원의 행동원리로 체화體化되었을 때 공무원은 헌법이 예정한 진정한 국민의 공무원이 되는 것이다.

헌법의 명령과 이행

다음에 살펴볼 것은 헌법이 각각의 규정을 통하여 공무원에게 어떻게 업무를 수행하도록 규정하고 있는지이다. 우리 헌법은 국민의 기본권을 보장제2장하고 국가기관을 구성제3장~제8장하면서 경제질서를 구축제9장하는 체제를 유지하고 있다.

헌법은 국민의 기본권을 보장하기 위하여 국가에 (자유권의 보호를 위하여) 금지하거나, (사회권을 보장하기 위하여) 명령하는 체제를 형성하고 있다. 고전적 기본권이라 할 수 있는 자유권은 국가로부터의 자유를 의미하기 때문에 국가의 소극적인 행위를 요구하나, 생존적인 기본권인 사회권은 국가의 적극적인 개입에 의하여 이루어진다는 점에서 국가행위가 작위作爲냐 부작위不作爲냐의 차이가 있다고 볼 수 있다. 그러나 이는 기본권으로서의 자유권과 사회권이 헌법에 보장된 당시의 상황에 의하여 국가의 보장행태를 나타낸 것일 뿐이다. 자유권은 절대왕정으로부터의 보장을 받아내야 한다는 시대적 필요에서, 생존권은 시장실패가 낳은 약자를 국가가 부조하여야 한다는 시대적 상황에서 나오다보니 국가의 보장행태가 달라졌을 뿐이다.

하지만 자유권과 사회권 양자가 기본권으로 보장된 오늘날의 헌법은 양 기본권의 조화와 균형을 강조하고 있다. 즉, 자유와 평등은 동전의 양면과 같아서 양자가 균형을 이룰 때 진정한 자유와 평등이 보장된다는 점에서 국가는 국민의 자유권과 사회권이 극대화 되도록 노력하여야 한다는 것이다.

국민의 사회권의 보장을 위한 국가에 대한 관계에 있어서 국민의 권리의 성격과 관련하여 사회권의 법적 성격에 대하여 프로그램적 규정설, 추상적 권리설, 구체적 권리설 등으로 나뉘고 있다. 이렇게 학설이 나뉘는 것은 정부에서 사회권의 법적 성격을 어떻게 생각하느냐에 따라 사회권을 실현시켜야 하는 정부의 임무와 입장이 달라질 수 있을 수 있다는 것을 보여주는 것이다. 앞서 언급한 우리 헌법의 기본원리와 함께 우리 정부의 성격을 보여주는 문제이기도 하므로 이에 대한 우리 정부의 입장이 무엇인지 명확한 결론이 나야 이로 생기는 혼란을 막을 수 있다. 우리나라가 자유민주국가인지, 사회국가인지가 헌법상으로 애매하고, 사회권이 단순한 국가의무의 선언인지, 아니면 법적 권리인지 학자들 간에도 논란이 있다 보니, 국민들도 하나로 정리되지 아니하고 대립하고 갈등을 보이지 않나 하는 생각이 든다. 특히 우리의 지정학적 상황과 남과 북의 상이한 이념체제와 맞물려 상황이 더 어렵게 되는 것 같다. 아무튼 이에 대한 논의가 양 가치를 넘어 우리의 승화된 가치로 새롭게 거듭나야 할 것이다.

현재로서는 사회권의 법적 성격은 헌법의 규정태도, 헌법의 기본원리, 자유와 평등과의 관계에 따라 합리적으로 결정되어야 할 것이라고 애매하게 말할 수밖에 없지만, 그래도 중요한 것이 헌법의 규정이므로 헌법 제31조에서 제36조의 규정을 엄밀하게 해석하여 헌법이 하고자 하는 말을 제대로 들어 국가의 역할, 더 직접적으로는 공무원의 역할을 정하여야 할 것이다. 다시 말해서 헌법이 규정하는 바를 공무원이 어떻게 대응하느냐에 따라 사회권의 보장정도가 달라진다는 점에서, 더 정확하게는 우리나라가 정의로운 사회를 지향하고 있는지가 결정된다는 점에서 이의 해석과 대응을 각별히 하여야 할 필요가 있다.

예를 들면, 헌법은 제32조에서 "모든 국민은 근로의 권리를 가진다"고 규정하고 "국가는 사회적·경제적 방법으로 근로자의 고용의 증진과 적정임금의 보장에 노력하여야" 한다고 규정하고 있다. 모든 국민은 근로의 권리를 가지므로 '비자발적 실업에 처한 사람을 국가가 고용해 줄 것을 요구할 수 있는 권리가 있는가?'라는 문제가 제기될 수 있다. 이를 법적인 권리로 보고 이를 소송으로 강제할 수 있는 권리라고 보는 것은 아무래도 현실을 무시한 의견으로 보아야 할 것이다. 이를 법적인 권리로 보지 않는다면 사회적 약자인 근로자를 위하여 국가가 어떻게 하여야 하는지가 문제될 수 있는데, 헌법은 국가는 사회적·경제적 방법으로 근로자의 고용의 증진과 적정임금의 보장에 "노력하여야" 한다고 규정하고 있다. 그러면 이런 국가의 고용증진노력 의무는 국가가 해도 되고 안 해도 되는 의무인가? 이러한 논란을 우려하여 헌법은 "사회적·경제적 방법으로" 고용의 증진을 노력하도록

명命하고 있다. 이와 같이 노력의 방법을 구체적으로 명시한 것은 국가가 고용을 증진하기 위한 사회적·경제적인 제반 방법을 다 써보라는 헌법의 명령이다. 이렇게 공무원이 고용증진을 위하여 머리를 다 짜낼 때 공무원으로서의 역할을 다하는 것이므로 주인인 국민으로부터 잘한다고 찬사를 받는 것이고, 이를 제대로 해내지 못하면 국민의 비난을 받는다는 것이다.

　이와 같이 공무원의 잘잘못은 헌법의 명을 제대로 수행하였느냐 못하였느냐에 따라 가려져야 할 것이다. 그런데 공무원의 이러한 엄숙한 헌법의 명령이행의무를 현행 공무원법에서는 "모든 공무원은 법령을 준수하며 직무를 성실히 수행하여야 한다"국가공무원법 제56조, 지방공무원법 제48조고 막연히 '성실의무'를 부여하고 있는 것은 이해가 되질 않는다. 이를 공무원법상 법적 책임으로 규정하면서도 이를 제대로 이행하지 않았을 때 그 책임을 묻는 기준을 만들어 놓지 않는 것은 이를 지켜도 되고 안 지켜도 되는 선언적 책임으로 만들어 놓은 것으로 헌법의 명목화를 촉진시키는 심각한 문제이다. 공무원의 성실의무를 세분화시켜 이를 강제할 수 있는 기준을 만들어야 할 것이다. 앞의 예인 국민의 근로의 권리와 관련하여 담당 공무원이 고용증진을 위하여 어떠한 일을 하였나를 점검, 평가하여 이에 상응하는 보상과 책임을 과하는 조치를 행할 때 헌법이 공무원에게 명한 고용증진을 위한 노력을 다할 수 있게 되는 것이다.

　이렇게 공무원의 행동기준을 헌법상의 명령에서 찾을 때 민주주의가 이 땅에 뿌리내릴 수 있다는 사실을 알아야 한다. 공무원의 무사안일, 복지부동은 헌법이 공무원에게 내린 명령을 이행하지 않으면서도 공무원의 신분을 보유하는 헌법에 반하는 행동으로 이에 대해서는 엄한 법적 책임을 물어 이들 행태를 공무원 사회에서 뿌리뽑아야 할 것이다.

이와 함께 우리가 주시할 것은 헌법에서 "사회적·경제적 방법으로"와 같이 구체적 방법을 제시한 것은 공무원이 자기가 가지고 있는 능력을 최대한 발휘하라는 간절한 요구를 하고 있다는 사실이다. 헌법상의 공무원의 의무를 제대로 실현시키기 위해서는 이런 법적 책임을 묻는 데서 한 걸음 나아가 공무원에게 공익구현에 대한 열정과 지혜를 가지고 업무에 임하도록 하여야 한다. 소극적으로 치안, 안전과 국방만을 담당하던 근대적 국가의 공무원과 달리 현대의 공무원은 국민이 인간답게 살도록 모든 방법을 다 동원하여야 그 의무를 다하는 것이라 할 수 있다. 이는 공무원의 열정과 지혜가 없으면 불가능하다. 특히 우리 국민들이 자유와 평등을 조화롭게 누리게 하려면 국민 간 갈등을 합리적으로 조정할 수 있는 능력도 요구된다 할 것이다.

사회적 기본권 분야^{헌법 제31조~제36조} 중에는 "국가는 평생교육을 진흥하여야 한다"와 같이 기속적인 의무가 있으나, 대부분은 국가의 능력 등을 감안하여 국가는 "노력하여야 한다"고 하여 당위론적 의무를 선언하는 방법으로 정치적인 책임을 부과하고 있다. 이에 반하여 경제에 대하여는 제119조 제2항과 같이 국가는 "경제에 관한 규제와 조정을 할 수 있다"라고 규정함으로써 국가에 재량을 부여하고 있다. 시장경제에 개입할 수도 있고 개입 안 할 수 있는 여지를 준 것이다. 따라서 정부가 어떤 경제관, 즉 시장의 합리성과 회복성에 대하여 어떤 시각을 갖고 있느냐에 따라 작은 정부가 될 수 있고, 큰 정부가 될 수 있다. 특히 정부의 시장개입은 기본권의 양대 축인 자유권과 사회권의 보장과도 직결된 문제이기 때문에 이에 대한 철저한 연구와 토론이 있어야 할 부분이다. 우리의 경우 재정학에서 이를 다루고 있는데, 이 문제는 헌법과 우리나라의 기본질서와 밀접한 정책적인 문제이므로 행정학 등에서 재정학의 논의를 포함하여 다루는 것이 합리적일 것이라고 생각한다. 그렇게 하는 것이 예산제도 등만 다루고 있는 현행 재무행정론이 공무원에게 한 발짝 다가가는 학문이 되는 방법일 것이다.

오늘날 공무원은 자기 보신을 위하여 규제만 하고 있어 경제의 걸림돌이 된다는 비난에 오도가도 못하고 있는데 이는 헌법을 도외시한 업무관행 때문이라고 할 수 있다. 헌법은 제119조 제1항에서 "대한민국의 경제질서는 개인과 기업의 경제상의 자유와 창의를 존중함을 기본으로 한다"고 규정함으로써 우리나라는 자유시장경제를 지향하고 있음을 천명하고 있다. 따라서 정부는 시장에 개입하지 아니하는 것이 원칙이다. 헌법이 우리나라의 기본질서가 자유시장경제임을 선포한 이상 공무원은 이 자유시장경제를 공고히 되는 방향으로 업무를 수행하여야 한다. 이와 같이 시장경제 불개입의 원칙을 천명한 헌법은 예외적으로 개입할 수 있는 근거를 만들었는데, 같은 조 제2항의 "국가는 균형 있는 국민경제의 성장 및 안정과 적정한 소득의 분배를 유지하고 시장의 지배와 경제력의 남용을 방지하며 경제주체간의 조화를 통한 경제의 민주화를 위하여 경제에 관한 규제와 조정을 할 수 있다"는 규정이 바로 그것이다. 포괄적인 경제개입권을 상당히 조심성 있게 부여하고 있음을 알 수 있는 대목이다. 이것이야 말로 행정의 묘미를 보여주는 것으로 공무원이 시장경제에 어떻게 개입·조정하느냐에 따라 우리 국민 모두가 잘살 수 있는 안정적 성장을 할 수 있느냐가 달려있음을 보여주는 것이라 하겠다. 문제는 '정부가 언제, 어떻게 경제에 개입하느냐'인데, 이는 고도의 전문가적 정책판단에 따라 이루어져야 하므로 개입의 정당성^{균형성장, 적정소득분배, 독과점방지, 경제민주화}이 있어도 곧바로 개입하지 말고

여러 경제 상황을 고려하여 개입"할 수 있다"는 재량의 여지를 남겨두
었다.

이와 같이 행정의 운용에 재량의 여지를 둔 것은 종전의 행정과 같
이 법에서 규정한대로 집행만 하면 될 정도로 행정환경이 단순하지
않기 때문이다. 우리 헌법은 법이 예정하지 못한 복잡하고 기술적인
사항을 공무원이 전문가의 식견과 능력으로 처리해 줄 것을 요구하고
있는 것이다. 즉, 공무원이 현대행정을 제대로 운용하려면 아마추어
가 아닌 프로의 열정과 능력이 있어야 함을 헌법이 강조하고 있는 것
이다.

4

국가개조의 길

시장주의적 개혁시도가 관료제의 포로가 되어 성과를
내지 못하는 것은 조직개혁 없이 사람만 바꾸는 어설
픈 개혁이었기 때문이다. 권위적인 조직을 민주조직으
로, 타율적인 조직을 자율적으로 만드는 유기적 조직
설계원칙에 입각한 행정개혁이 필요하다.

제4장
국가개조의 길

행정개혁, 제대로 하자

우리나라만큼 행정개혁을 단기간에 여러 차례 시도한 나라도 드물 것이다. 역대 정부에서 행정개혁을 국정의 최우선순위에 두고 범정부적으로 추진하였지만 정권이 바뀔 때마다 정부가 들고 나온 것 역시 행정개혁이었다. 이는 그간의 행정개혁이 제대로 이루지지 않았다는 것을 방증하는 것이기도 하여 행정개혁을 통하여 국가발전의 토대를 다지는 것을 염원하는 국민들로서는 안타깝기 짝이 없다. 그렇게 행정개혁을 외쳤으면 개혁의 목표만큼은 아니더라도 가시적인 개혁의 성과가 나타날 때도 되었건만 여전히 행정은 무능하고 비효율적이며, 심지어는 국가발전의 장애물이라는 비난이 여기저기서 나오고 있다. 이를 두고 개혁을 추진하는 측에서는 개혁에 동참하지 않고 반발만 하는 공무원 집단에 그 책임을 전가하고 이를 대상으로 또 다른 개혁

을 하여야 한다고 목소리를 높인다. 물론 개혁의 주체가 되어야 할 공
무원이 개혁의 대상이 되었다는 점에서 개혁이 속도를 내지 못하고
있다는 측면도 있을 수 있으나, 개혁의 시나리오를 잘못 작성한 개혁
주체의 책임이 크다는 점을 무시해서는 안 된다. 개혁 대상의 불만과
반발은 개혁과정에 나타날 수밖에 없는 것인데 이것 때문에 개혁이
되지 않았다는 것은 스스로 개혁프로그램이 잘못되었다는 것을 인정
하는 것이다.

　우리나라 행정개혁의 문제점으로 여러 가지가 지적될 수 있겠지만
가장 큰 문제점은 '탁상개혁'이다. 개혁이 성공하려면 먼저 개혁 대상
이 무엇인지 그 실체를 정확히 파악하고 문제점에 대한 해결방안을
강구해야 한다. 그런데 그간의 행정개혁의 과정을 보면 외국, 특히 미
국 등 선진국의 행정개혁 모델을 그대로 수입하여 한국행정을 개혁시
키려는 시도를 하고 있다. 행정학자들이 우리 행정개혁의 이론적 근
거로 들고 있는 '신공공관리^{NPM: New Public Management}' 역시 대공황의 늪에
빠진 미국경제를 살린 정부가 비대해져 비효율을 낳자 기업^{또는 기업가}의
정신과 방식으로 정부를 변화시켜 생산적인 정부를 만들겠다는 미국
중심의 행정개혁이론이다. 한국과 미국은 행정의 영역이 다르고 사회
적·경제적 환경이 다르다. 따라서 공무원이 해야 할 일이 다르고 당
연히 공직의 문제점이 다른데 어떻게 미국의 개혁논리로 한국행정을
개혁하겠다는 것인지 그 이유를 모르겠다. 이른바 공공기관의 운영에
시장의 원리를 도입하겠다는 것인데, 우리의 시장과 미국의 시장은
그 작동원리부터 다르고 정부가 시장을 대하는 태도가 다르다 보니
신공공관리에서 주장하는 각종 제도가 행정현장에 안착을 못하고 또
다른 개혁논리를 기다리게 되는 것이다. 이와 함께 거버넌스^{governance}론

은 그간의 정부냐 시장이냐의 논리에서 벗어나 정부, 시민(단체), 시장이 네트워크로 연결하여 협력행정을 하겠다는 논리로 우리 행정의 대안과 같이 요즈음 행정학 이론에서 대대적으로 소개되고 있다. 이러한 행정개혁의 논리가 우리 현실에 적용 가능한지조차 검증하지 아니하고 마치 우리의 문제를 일시에 해결해줄 수 있는 새로운 대안으로 오해할 수 있게 소개하는 것은 행정의 혼선을 초래할 수 있다는 점에서 다시 생각해봐야 할 것이다. 다른 나라의 행정 입장에서 보면 우리의 행정은 그들과 다르기 때문에 모두 잘못되었다고 볼 수 있다. 흔히 하는 말이지만 다른 것이 잘못된 것은 아니다. 이제 한국행정의 실체를 보고 그 문제점을 찾아내는 '현장개혁'을 해야 한다. 그 작업의 일환으로 우리나라 행정개혁의 전략과 그 내용을 알아보도록 하자.

행정개혁의 경위와 논리

행정은 살아있는 유기체로서 변화하는 행정환경에 맞추어 개선하려는 노력이 필요하지만 행정의 패러다임을 바꾸어야 할 상황에서는 행정의 운용 축을 바꾸는 행정개혁이 이루어져야 한다. 여기서 우리는 우리의 상황이 행정개선을 필요로 하는 상황인지 아니면 대대적인 행정개혁이 필요한지를 결정하여야 한다.

주지하다시피 1960년대부터 시작한 발전행정은 '한강의 기적'을 달성하는 성과를 보였지만 그 과정에서 형성된 중앙집권적 행정으로는 산업화 이후 밀어닥친 민주화의 요구에 제대로 대응할 수 없을 뿐만 아니라 비대해진 큰 정부는 행정국가의 다양하고 복잡한 이슈를 능률적으로 해결할 수 없다는 비난을 피해갈 수 없었다.

산업화의 주역인 군사정권의 비민주성이 최고조에 달한 때에 등장한 김영삼정부는 문민정부답게 불균형성장 과정에서 형성된 정경유착의 고리를 끊고 투명한 사회를 만들기 위한 사정^{司正} 등 개혁작업을 강도 높게 추진하였다. 그러나 이러한 개혁작업에도 IMF 외환위기를 겪게 되자 정부가 주도하는 개혁은 실패를 낳는다는 시장주의자의 논리가 지배하게 되었고 개혁 역시 '작은 정부'를 지향하면서 시장의 논리에 따라 정부를 개혁하는 작업을 추진하였다. 이때 등장한 행정의 논리가 앞서 말한 신공공관리인데 이후의 정권에서도 내용은 다소 다를지라도 이런 시장우위론적 기조를 유지하면서 개혁을 추진하여 오고 있다. 이러한 논리가 설득력 있게 된 것은 산업화 이후의 시장은 개발연대의 시장과 전혀 다른 시장이 되었다는 것이다. '경제는 일류, 정치는 삼류'라는 말이 유행할 정도로 기업 등 경제계의 발전은 비약적인데 반하여 행정을 포함한 정관계^{政官界}는 경제의 발전을 가로막는다는 소리가 나올 정도로 무능하고 부패한 집단으로 비춰졌다.

이러한 상황에서 행정에 기업가의 경영방식을 도입하자는 '신^新'공공관리로 무장한 개혁론자는 그동안 행정은 청산되어야 할 '구^舊'공공관리로 치부하고 시장원리를 기준으로 개혁드라이브를 걸었다. 개발행정으로 구축된 정부의 영역이 민영화, 민간위탁 등으로 사적 영역으로 이동하고, 직업공무원제가 개방직, 계약직 등으로 근간이 흔들리고, 봉사에 대한 보수인 봉급^{俸給}의 개념이 성과급^{成果給} 등의 인센티브 개념으로 바뀌고 있다.

하지만 이런 시장주의적 개혁작업에도 불구하고 공공조직은 규제 일변도의 행정으로 국가경제의 발목을 잡고 있고, 생존하기 위하여 세계 방방곡곡에서 뛰고 있는 기업과 달리 무사안일하고 틈만 나면 부정을 저지르는 등 부정적인 면을 벗어나지 못하고 있다. 개혁의 성과가 전혀 나지 않는 것이다.

그렇다면 그동안의 개혁작업에 대한 검토가 있어야 하는데 이에 대한 반성은 하지 않고 또 다른 개혁 논리에 군침을 흘리고 있는 것으로 보인다. 최근 대두되는 거버넌스 또는 신거버넌스론이 바로 그것이다. 우리 사회를 새로운 세계로 이끌고 있는 IT 산업은 우리사회를 네트워크로 연결된 수평적이면서도 양방향의 사회로 변화시킨다는 점에 착안하여 협업체계로서의 행정을 실시한다는 것을 내용으로 하고 있다. 이는 얼핏 보기에는 이상적인 행정을 지향한 것 같으나 행정의 본질에 대한 근본적인 검토가 보이지 않는다는 점에서 검증과 실험이 필요한 방법론으로 보는 것이 옳다고 본다. 다시 말해서 행정개혁의 논리는 전 국민이 공감할 수 있을 정도로 단순하고 명쾌하여도 성공하기가 힘든 것이 개혁인데 설명하기에 급급한 논리로 개혁을 한다는 것 자체가 아마추어적 사고방식이라고 할 수 있다.

관료와 공무원

관료제 모형 재평가

재미있는 것은 관료와 공무원의 의미가 다르게 사용되고 있다는 것이다. 관료는 공공단체에서 일하는 공무원으로 위압적이고 부정적으로 사용되고 있는 데 반해 공무원은 공익업무를 맡고 있다는 중립적 의미로 사용된다는 점이다. 특히, 관료화라 하면 관료들 특유의 권위적이고 획일적이며 형식적인 특성을 지니는 것을 의미한다. 이런 용어의 의미변화를 이론적으로 고착화하고 있는 것이 현재 진행 중인 행정개혁의 논리인 신공공관리의 논지라고 할 수 있다. 이들은 막스 베버Max Weber, 1864~1920의 관료제 모형을 연구·분석한 결과 관료제는 분업구조, 문서주의 등을 특성으로 하고 있어 무사안일, 형식주의 등 병폐를 낳고 있다고 보고 있다. 따라서 관료제를 청산시키는 것이야말로 관료제의 병폐를 막을 수 있다는 점을 강조하여 이를 행정개혁의 목표로 한다. 여기서 우리는 신공공관리의 개혁론을 검토하기 전에 동 개혁론이 보고 있는 관료제를 다시 볼 필요가 있다.

먼저, 19세기 말 산업화가 확산되는 과정에서 정부와 기업의 조직이 방대해지자 이를 효율적으로 관리할 필요성이 크게 대두되는 상황에서 베버의 관료제가 등장하였다는 것은 주목할 필요가 있다. 신공공관리가 나오기 시작한 1990년경의 우리는 1960년대의 개발정책에 힘입어 산업화를 조기에 달성하였다고 성급하게 샴페인을 터트릴 정도로 기업이 재벌 등으로 크게 성장하고 개발행정으로 정부조직은 비대해져 이들의 비효율성 문제가 사회적 문제가 되는 베버의 관료제가 나온 상황과 같은 상황에 있었다는 점에서 우리를 당혹스럽게 만든다. 베버의 관료제가 조직의 효율성을 높이기 위한 모형이었다면 우리의 개혁 모델로 채택하여야 할 상황이었는데 왜 이 모형을 병폐를 낳는 부정적 조직모형으로 치부하였는지 소명이 필요하다.

다음으로, 베버의 관료제는 합리적이고 법적인 권위rational-legal authority를 바탕으로 한 관료제의 설정을 이상으로 한 관료제 모형이라는 점을 다시 생각해보자. 베버는 관습과 같은 전통적 권위에 기반을 둔 조직이나 개인의 비상한 능력 등에 바탕을 둔 카리스마적 조직보다 법과 같은 합리성을 바탕으로 한 조직이 조직의 목표를 효율적으로 달성할 수 있다고 보았다. 이를 위하여 조직을 전문영역별로 분업하고 권한과 책임을 법규로 명확히 한 후 분업화된 조직이 전체 조직의 목표를 향하도록 피라미드형의 계층구조를 갖추도록 하며, 업무처리는 자의적인 개인의 판단보다는 조직의 업무처리 규정과 절차에 따라 문서로 이루어질 것을 요구하고, 조직원은 실적에 따라 충원되고 승진이 이루어지도록 한다는 것이 주된 내용이다. 베버가 주장한 분업구조는 같은 시대의 테일러F. W. Talyor, 1856~1915의 과학적 관리론에서도 강조된 것으로 산업화 이후 조직의 효율화를 위한 시대적 처방으로 보인다. 문제는 이렇게 나누어진 조직을 통합시키는 것이었는데 베버는 당시 확립된 법치주의의 법에 의한 지배를 통하여 이를 해결한 것으로 보인다. 그런데 베버의 관료제는 그가 말한 대로 이상형에 머물고 현실의 관료제는 규모가 비대해지고 국가의 예산을 낭비하는 비능률적인 문제집단으로 변하고 있었다. 이와 함께 기존의 관료제는 무사안일, 형식주의, 할거주의 등 병폐를 안고 있어 이를 제거하고 시장의 원리에 따라 정부를 재창조Reinventing Government하여야 한다는 것이 앞서 언급한 신공공관리의 주장이다.

여기서 우리는 신공공관리의 논리가 맞는지 재검토해봐야 할 필요성이 있다. 첫째, 관료제가 법규에 의한 처리만을 강조하고 있어 목표보다는 수단을 강조하고 있어 목표가 전도goal displacement되고 형식주의에 흐르며 무사안일하게 된다고 주장하고 있다. 하지만 베버가 강조한 것은 법을 통한 합리적 지배를 강조한 것으로 현대의 법치주의에서는 법 만능의 형식적 법치주의를 넘어 법의 정당성을 강조한 실질적 법치주의가 정착되어 있어 법에 의한 지배가 병폐를 낳는다고 단정하기 어렵게 되었다. 행정의 문제점을 말할 때마다 단골메뉴로 나오는 것이 바로 '공장 하나 짓는 데 거쳐야 하는 절차를 이행하려면 수

십 개의 도장을 찍어야 하니 언제 공장을 짓겠느냐'는 말이다. 이러한 병폐는 법규의 규정만 강조하는 관료제의 형식주의에 기인한다고 보는 것이 신공공관리의 주장이다. 관료가 간단히 처리할 수 있는 것을 많은 절차를 거치게 하는 것은 본인이 업무처리에 부담을 느끼고 책임을 분산시키기 위함이다. 이러한 문제점은 직무분석을 통해서 업무처리에 필요한 절차만 거치게 하면 해결될 수 있다. 이를 두고 관료제의 병폐라고 보는 것은 베버식 관료제에 대한 이해가 부족한 데서 발생하는 착시현상이다. 오히려 베버는 합리적 조직을 만드는 방법으로 관료제 모형을 제시하였다는 점을 상기할 필요가 있다. 둘째, 조직을 분업구조로 나누고 권한과 책임을 명확히 한 것이 할거주의 등 부서 이기주의를 낳고 이것이 부서 간 갈등을 낳고 있다고 한다. 하지만 분업구조는 행정의 전문화를 위하여 반드시 필요한 구조로 이들이 부서 이기주의에 흐르지 않도록 협업체계를 구축하는 것은 별개의 문제로 논의되고 해결하여야 할 것이고, 권한과 책임을 명확히 하는 것이 책임전가를 막고 부서 간 갈등을 막을 수 있다는 점에서 이는 관료제의 장점을 단점으로 잘못 판단한 것으로 보인다.

물론, 산업화시대의 베버식 합리적 관료제 모형을 현대 정보화시대에 적용하기에는 많은 문제점이 있을 수 있다. 그중 대표적인 문제점이 합리적 관료제 모형의 경직성이다. IT기술의 놀라운 발달은 엄청나게 빠른 속도로 우리 사회를 혁명적으로 바꾸어 놓고 있다. 또한 사회는 다양화되고 전문화되어 복잡한 네트워크를 형성하고 있다. 산업화시대의 관료모형을 빠르고 복잡하게 변화된 세상에 적용하기에 관료제는 너무 느리고 단순하다. 변화된 세상에 신속하고 유연하게 대응할 수 있는 새로운 유형의 관료제 모형이 필요하다.

하지만 새로운 관료제는 기존의 모형의 장점을 살리고 단점을 보완한 모형이어야지 기존의 모형을 제대로 알아보지 않고 기존의 모형은 병폐만 낳는 개혁의 대상으로 몰아붙이고 새로운 것을 정립하는 것은 바람직하지 않다고 본다.

신공공관리식 행정개혁 분석

여기서 신공공관리라 함은 어떤 체계화된 이론이 아니라 기존의 관료제는 병폐만 낳는 개혁의 대상이라고 보고 행정에 시장의 논리, 기업가의 정신 등을 적용시키려는 일련의 행정개혁의 접근방법이라고 보는 것이 좋을 것 같다. 아무튼 IMF 외환위기 등 경제위기, 세월호 침몰 등 국가적 재난을 겪으면서 행정의 무능, 무사안일에 대한 비판이 일면서 행정을 개혁하여야 한다는 논리로 신공공관리가 부각되어 행정을 바꾸어 놓고 있다.

첫째, 신공공관리는 민영화, 민간위탁 등으로 행정의 영역을 축소시키고 민간의 영역을 넓히고 있다. 1997년 외환위기를 맞아 우리 사회는 민영화 정책이 대세가 되어 한국통신, 포항제철 등 주요 공기업을 국민주 방식 또는 경영권 매각방식으로 민영화하였다. 법적·제도적 문제로 인하여 민영화가 쉽지 않은 분야는 공공기관을 공사로 전환^{철도공사}하거나 경쟁적 구조가 가능하도록 분할^{한국전력 발전부문}하고 민간위탁을 추진^{상하수도 등}하고 있다. 그간 개발행정을 추진하면서 행정조직은 방만해져 경제·사회적 상황에 제대로 적응하지 못하고 비능률집단이 되어 간 반면, 기업을 중심으로 한 민간 부문은 세계시장에서도 주목받을 정도로 성장을 하는 양상을 보이게 되자, 신공공관리가 그

틈을 파고들어 감축관리 등의 필요성을 역설하며 행정의 영역을 민간의 영역으로 전환시키기 시작한 것이다. 물론 전환의 기준을 '시장성'에 두고 시장의 원리를 적용하는 것이 합리적이라고 보이는 조직을 행정조직에서 떼어내는 방식으로 진행하였다. 하지만 공공조직의 존재이유가 '공공성'에 있음을 도외시한 시장적 개혁은 '누구를 위한 개혁이냐'는 정당성 논리에 부딪치고 '개혁의 방향이 맞는 것이냐'는 의문을 해소시키지 못한 채 개혁의 성과마저 나타나지 않고 있다. 수익성 있는 공기업만 민영화하여 개별기업에 독점권을 줘 재벌을 만드는 것이 아니냐는 비난, 철도·전력·상하수도 같은 망網, network산업은 시장경제성에 의하여 운영될 수 없는데도 이를 경제성의 논리로 접근한다는 주장 등에 대하여 설득력 있는 답변을 못하고 있는 실정이다. 조직을 시장원리로 개편하여 경쟁하는 조직을 만들겠다는 논리인데, 앞에서 말한 바와 같이 그동안의 민영화, 민간위탁이 특정기업에 독점권을 주어서 오히려 시장을 왜곡시키고 있었다면 이는 개혁이 아니라 개악改惡이라고 할 수 있다. 우리는 개혁을 할 때 개혁의 목표가 국민을 지향하여야 하고 개혁의 수단은 목표를 효율적으로 달성할 수 있는 것이어야 한다. 따라서 우리의 개혁은 민주행정을 만들기 위한 개혁이어야 하는데, 민주행정을 이룩하는 데 기업의 관리수단이 필요하고 효율적이라면 이를 과감하게 도입하는 개혁이 되어야 한다. 그런데 신공공관리가 공공성을 외면하고 시장성을 개혁의 잣대로 세운 것은 목표와 수단이 전도된 것으로 성공할 수도 없고 성공해서는 안 되는 접근방법이라고 생각한다. 저개발국의 벗어나기 위하여 정부가 민간부문을 끌고 가는 계도적啓導的 행정을 택한 개발행정의 길을 걸어오다 보니 민간의 영역이 정부에 의하여 침해된 부분이 많을 수밖에 없었다. 이제 이를 정상화시키기 위하여 행정의 영역과 민간의 영역을 다시 나누려고 한다면 그 기준을 '공공성'에 두는 것은 당연하다 하겠다. 법인은 목적을 위해 존재하는 조직이다. 행정조직은 국민이 맡긴 업무를 수행함으로써 공익을 실현시키는 법인이다. 따라서 행정조직이 맡은 바 업무를 달성했는지를 기준으로 조직을 축소 또는 폐지할 것인지 아니면 확대·개편할 것인지를 결정하여야 할 것이다. 현재의 공기업의 상당수는 개발행정의 기치를 내걸고 뛰었던 개발연대에 개발을 목적으로 만들어졌던 조직들이다. 이제 개발행정은 그 역사적 사명을 다하고 관리행정에 바통을 넘겨줄 때이다. 따라서 고속도로 건설을 목적으로 한 도로공사, 주택과 택지개발을 목적으로 한 LH공사 등은 도로관리, 주택관리 등으로 축소, 조정되어야 한다. 이것이 행정개혁이지 기업의 논리를 들어 기업에게 행정을 맡기는 것을 행정개혁이라고 해서는 안 된다.

둘째, 신공공관리는 일정 공무원 직위를 개방직으로 하고 계약직제를 도입하는 등 직업공무원제를 개혁의 타깃으로 하는 제도를 도입·시행하고 있다. 무사안일에 빠진 공직사회에 기업가정신을 불어넣기 위하여 기업의 CEO를 지낸 자를 장관 등 기관장으로 영입하고 민간기업의 임원 경력에 있는 자를 계약직으로 채용하고 있는 것이다. 이는 신분보장을 바탕으로 하는 현재의 직업공무원제가 폐쇄적이고 특권적인 공무원 조직을 만들고 있어 공무원 조직을 외부에 개방시켜 민간기업의 전문성과 활력을 공직사회에 이식하여야 한다는 취지이다. 물론 신분보장을 주된 내용으로 하는 직업공무원제가 공직을 철밥통으로 만든 일면도 있지만 안정적으로 공직을 수행할 수 있도록 공직의 정치적 중립성을 지키고 실적주의를 확립시키는 제도라는 사실을 잊지 말아야 한다. 따라서 직업공무원제를 개혁의 대상으로 하고자 할 때에는 그로 말미암아 잃게 되는 조직의 안정성은 어떻게 확보하여야 하는지에 대한 조치가 확보되어야 할 것이다. 이러한 공무원 조직의 안정성에 대한 선행조치 없이 외부충원이 이루어지다 보니 정치권 인사들마저 아무 거리낌 없이 공직에 낙하산으로 투하되고 있어 누구를 위한 공직개방이냐는 불만의 소리가 공직 안팎에서 나오고 있는 실정이다. "관官피아 없앤다고 시작한 개혁이 정政피아에게 공직의 길을 내주고 있다"는 자조적인 한탄 속에 공직의 정치적 중립성은 무너지고 행정은 엽관주의spoils system로 후퇴하고 있는 것이다. 또한 민간기업에서 성공한 자들을 공직에 영입하였지만 이들이 행정공무원이 되어 행정을 업그레이드 시키거나 큰 업적을 냈다는 말은 나오지 않고 있다. 이는 많은 사람들이 말하듯이 일하는 체제를 바꾸지 않고 사람만 바꾸어서 일의 성과를 내려고 하기 때문이다. 기업의 일을 잘한다고 해서 행정의 일도 잘할 것으로 보는 것은 양자의 업무를 모르는 사람의 생각이다. 행정에 문제가 있다는 것은 행정시스템에 문제가 있다는 것이지, 공무원 자체에 문제가 있다는 것이 아니다. 공직은 공익을, 기업은 사익을 추구한다는 것은 다 아는 사실이지만 일을 추진함에 있어서도 공직은 이해관계인들의 의견을 가능한 많이 반영하려고 노력하고 반대에 선 사람도 이 나라의 국민이기 때문에 가능한 설득을 하려고 노력하지만, 기업의 경우에는 영업전략 등을 극비에 부치고 절차도 신속히, 극비리에 진행시켜야 경쟁기업을 이길 수 있다. 이와 같이 공직의 업무와 기업 등 민간의 업무는 추구하는 목적이 기본적으로 다르고 절차나 방법도 다른데도 기업의 운영방식이 효율적이라는 사실만으로 기업의 사람과 방식을 무조건 이식하는 것은 행정의 민주성 등 행정의 본질을 훼손할 수 있다는 점을 알아야 한다. 직업공무원제가 문제가 있다면 직업공무원제의 어느 요소가 문제가 있는지를 알아내어 이를 치유하는 노력이 있어야 함에도 신공공관리는 제도 자체를 척결하는 방식을 택하고 있다. 현재의 공무원법에서는 공무원은 형의 선고, 징계처분 또는 법이 정하는 사유에 의하지 않고는 그 의사에 반하여 휴직·강임·면직을 당하지 아니하며^{국가공무원법 제68조 참조}, 일정한 사유에 의하지 아니하면 징계처분을 당하지 않는다^{국가공무원법 제78조 참조}고 규정하고 있다. 현재 공직사회의 가장 큰 문제점은 공직자가 할 일을 제대로 하지 않고도 정년까지 일을 하는 것이 보장되는데 괜히 일을 한다고 나섰다가 징계 등을 당하면 자기만 손해라는 인식이 퍼져 공직자들이 꿈쩍을 안 한다는 것이다. 이런 무책임한 공무원들이 공직사회에 존재하게 된 것이 위 공무원법상의 신분보장으로 말미암은 것이라면 이를 손보면 될 것인데 신공공관리는 이를 고칠 생각은 않고 사람을 바꾸는 데에만 골몰하고 있다. 새로운 사람으로 충원해도 위와 같은 직업공무원제 하의 신분보장으로 결국 구舊 공무원과 같은 공무원이 된다는 생각은 전혀 안 하고 있는 것이다. 문제는 공무원들이 공익의 실현자라는 사명감을 갖고 맡은 바 업무를 다하도록 하는 책임행정을 어떻게 확립하느냐에 있지 공직수행자를 교체하는 데 있지 않다는 것을 공직개혁을 추진하는 자들이 알아야 할 것이다.

셋째, 신공공관리는 우리나라 관료제의 낮은 생산성을 높이기 위해서는 성과 중심의 관리가 이루어져야 한다는 점을 강조한다. 이를 위하여 성과급제를 도입하고 책임운영기관 등의 제도를 도입하고 있다. 그동안의 행정관리는 명령과 지시에 의한 관리라고 할 정도로 통제적 관리를 해왔지 능률적 관리, 효율적 관리는 교과서에서 논하는 정도로만 취급해온 것이 행정현실이기도 하다. 반면에 생산성 향상을 목표로 하는 기업경영 방식은 우리 기업을 세계적인 기업으로 만드는 원동력이 되었다. 따라서 기업의 성과중심 기법을 행정에 도입하여야 한다는 것은 행정개혁의 당연한 명제와 같이 되었다. 이에 따라 성과와 보수를 연계시키는 성과급제에서 일하는 공무원을 만든다는 인센티브 제도가 도입되었다. 하지만 처음의 도입목적과는 달리 성과급제가 성과를 바탕으로 하지 않고 '나눠먹기'식으로 운영되고 있는 문제점이 나타나고 있지만 딱히 이를 대체할 만한 것이 없어 그대로 실행되고 있는 실정이다. 보수체계가 공직의 사기에 지대한 영향을 미친다는 점에서 보수를 성과에 연계시키는 방식은 조직의 성과를 올리는데 큰 기여를 한다. 하지만 기업의 매출실적 등과 같이 계량화가 상대적으로 쉬운 기업의 업무와 달리 공무의 성과를 평가하는 데 근본적인 어려움이 있는데다 성과지향적인 조직문화보다는 정情의 문화가 앞서는 우리 현실에서 이를 보수와 연계시키기는 상당히 어렵다. 성과라는 것이 개인의 성과를 의미하는 것도 있지만 이를 조직으로 확대시켜 조직의 성과를 의미하는 것으로 보고, 조직단위별로 성과급을 차등지급하는 것이 팀워크를 높일 수 있다는 점에서 현재의 개인별 성과급 지급을 조직별 성과급 지급으로 바꾼다면 성과평가의 어려움, 정의 문화를 어느 정도 극복할 수 있다고 본다. 요즈음 신공공관리 차원에서 자주 언급되는 책임운영기관은 "정부가 수행하는 사무 중 공공성을 유지하면서도 경쟁원리에 따라 운영하는 것이 바람직한 사무에 대하여 책임운영기관의 장에게 행정 및 재정상의 자율성을 부여하고 그 운영성과에 대하여 책임을 지도록 하는 행정기관"「책임운영기관의 설치·운영에 관한 법률』제2조을 말하는데, 기존 행정기관과 달리 기관장 공개채용, 총정원 한도제, 책임운영기관 특별회계 등을 두어 기관장의 책임 하에 조직, 인력, 예산을 탄력적으로 운용하도록 자율성을 부여하고 있다. 어떻게 보면 완벽한 조직개혁 모델로 보이는데 그 지정 현황을 보면 답답한 생각이 든다. 지방통계청 등의 조사업무, 국립과학수사 연구원 등의 연구업무, 국립중앙극장 등의 문화업무, 국립나주병원 등의 의료업무, 울산지방 해양항만청 등의 시설관리업무를 다루는 기관 정도를 책임운영기관으로 지정하고 있다. 그런데 기관장의 책임 하에 인력, 예산 등을 탄력적으로 운용토록 할 필요성이 있는 기관을 이들 기관에 한정한 이유를 모르겠고, 이들 기관 중에는 일반회계의 지원을 받을 수밖에 없는 기관도 상당수 있는데 책임운영기관으로서 그 성과가 제대로 날 수 있는지도 모르겠다. 기관의 분권화, 자율화는 행정개혁의 대세인데 이들 기관만 책임운영기관으로 하는 것은 나머지 행정기관의 책임운영을 저해하는 무책임한 행정개혁이라고 할 수 있다.

우리 행정개혁의 반성

개발연대에 우리가 전략적으로 택한 큰 정부가 낳은 검은 그림자인 비효율, 무기력 등의 병폐를 없애야 한다는 행정개혁의 당위성은 커지는데 이를 추진하는 방법론은 과거의 행정행태의 변화를 가져올 행정 운용 축의 변경을 도외시하고 있어 다람쥐 쳇바퀴 돌기에 머무르고 있다.

행정개혁은 일시적인 이벤트 행사에 그쳐서는 안 된다. 하루가 달리 급변하는 행정환경에 적응하기 위해서는 행정쇄신의 노력은 계속 되어야 한다. 하지만 목표와 원칙이 없는 개혁은 또 다른 개혁의 이유가 될 수 있으므로 성공적인 개혁을 만들기 위한 전제조건으로 우리 개혁의 문제점 위주로 생각해보자.

먼저 생각할 문제점은 개혁 목표의 정당성에 대한 합의와 노력이 부족하였다는 것이다. 개혁이 성공하려면 개혁의 정당성에 대한 국민적 지지가 있고 개혁의 목표에 대한 국민적 합의가 있어야 함은 당연한데도 그 동안의 행정개혁은 정부가 일방적으로 발표하고 추진하는 '위로부터의 개혁'이었다고 하겠다. 개혁의 목표가 헌법이 예정하는 목표여야 한다는 것은 민주주의의 당연한 결론이기도 하지만 제대로 된 개혁을 성공적으로 이루어낼 수 있는 첩경이라고 할 수 있다. 우리 헌법은 제7조에서 우리나라 행정은 민주행정이어야 하고 책임행정이어야 함을 밝히고 있다. 따라서 현실의 행정이 반민주적이고 무책임한 행태를 보이고 있다면 이를 민주적이고 책임감 있는 행정으로 변혁할 수 있는 개혁의 조치를 하여야 한다. 그런데 행정개혁의 당위성과 이론적 틀을 제공해줘야 할 행정학의 이론서는 헌법의 명령은 도외시하고 기술적인 관리론만 제시하고 있는 것은 극히 유감이다. 역대 정권부터 국정의 개혁 과제의 최우선 순위를 차지하고 있는 규제개혁이 성공하려면 국민이 규제개혁의 성과를 체감하여야 한다. 국민이 체감하지 않은 성과를 정부가 일방적으로 홍보한다고 하여 성공하였다고 할 수 없다. 오히려 정부에 대한 신뢰가 낮아져 정부가 일을 하는 데 어려움을 겪을 수 있다는 사실을 알아야 한다. 국민을 외면한 개혁이 반복되면 국민들은 "공무원들이 하는 짓이 다 그렇지" 하고 정부에 등을 돌릴 수 있기 때문이다.

다음으로 생각해 볼 것은 행정개혁이 행정환경의 변화를 읽지 못하고 진행된다는 것이다. 우리의 행정은 개발행정의 시대적 사명을 달성하고 이제 민주행정의 길을 다져야 하며 인터넷 시대의 쌍방교류의 소통행정을 구현해야 한다. 그런데 우리 행정은 여전히 과거 중앙집권식 통제지향적인 행정을 하고 있어 이로 인한 부작용과 문제점이 여기저기 나오고 있는 실정이다. 따라서 권한을 분권화시키고 행정과정을 투명하게 하고 자율성을 높이는 방향으로 행정개혁이 이루어져야 할 것이다. 지방자치가 전면 재실시된 지 20년이 넘었건만 지방정부의 행정기구와 정원, 직급 등을 시행령으로 중앙정부가 결정·관리하는 등 중앙정부는 지방정부에 대한 획일적 규제를 가하고 있다. 이러한 중앙집권적 행정현실을 외면하고 성과가 미미한 몇 개의 책임운영기관을 지정한 것으로 행정개혁을 다한 것과 같이 홍보한다고 해서 문제가 해결되는 것이 아니다. 신공공관리 등의 접근 방법으로 진행된 행정개혁으로 그동안 밀실행정으로 낙인찍힌 행정이 국민 앞에 투명하게 다가왔거나 상급기관의 눈치를 보지 않고 국민만 보고 자율적으로 행하는 행정이 되었다는 것을 국민이 체감할 수 없는데 그 개혁이 잘 되었다고 할 수 없다. 그런데 안타깝게도 신공공관리는 우리의 행정이 과거 개발행정의 행태를 벗고 민주행정으로 나아간다는 것을 개혁의 주된 목표로 하지 않고 정부를 시장의 원리로 바꿔 놓는 것을 지상목표로 삼아 '누구를 위한 개혁이냐'는 근본물음에 답을 할 수 없게 만들었다.

마지막으로 생각해 볼 수 있는 것은 행정개혁이 원칙 없이 '덧칠 개혁'을 하고 있다는 것이다. 개혁은 문제의 운용 축을 변경하는 것이지 기존 운용 축에 덧칠하는 것이 아니다. 그만큼 개혁은 신중히 하고 철저히 하여야 한다. 예산의 기능에는 통제적·관리적·계획적 기능이

있는데 우리의 예산은 정부기관 활동의 한계를 설정하고 국민의 의사
가 충실히 구현되도록 통제하는 기능을 하여야 한다는 측면에서 '품목
별 예산제도^{LIBS: line-item budgeting system}'를 오랫동안 채택해왔다. 이러한 예
산편성 방법으로는 예산의 낭비를 막기 어렵다는 주장에 따라 1987
년 예산편성시스템을 변경하여 기존의 사업을 제로^{Zero}에서 평가하여
예산을 책정하겠다는 '영^零기준예산제도^{ZBB: zero-base budgeting system}'를 공식
적으로 채택하였다. 하지만 품목별 예산제도가 국회의 예산심의 등
실무에 적용되는 현실에 이를 그대로 적용하도록 함으로써 혼선만 야
기한 채 행정현실에서 사라진 아픈 기억이 있다. 이는 전혀 다른 시스
템을 강제로 접합시키면 어떤 결과를 낳을 수 있는가를 보여주는 대
표적인 사례라 할 것이다. 2007년도부터 시행된 국가재정법은 성과
를 중시하는 신공공관리의 영향을 받아 성과중심의 재정운용을 선포
^{법 제8조}하고 종전의 품목별 예산분류인 장-관-항-세항-세세항을
분야-부문-프로그램-단위산업-세부사업으로 분류하여 관리하
고 있다. 하지만 우리의 경우 사업구조가 프로그램으로 이루어지지
않고 있는데다가 프로그램에 대한 개념이 명확하게 정립이 된 것이
아니라, 실무적으로는 유사한 사업을 하나의 프로그램으로 엮어 예산
을 편성하고 있어 아직도 품목별 예산체계를 벗어나지 못하였다는 비
난을 면하기 어렵게 되었다. 행정개혁을 하는 것은 환부를 치료한다
는 점에서 의사가 하는 업무와 비슷하다. 환부를 치료하기 위해서 약
물치료 등 간단한 치료를 할 것인지 환부를 도려내든지 이식을 하는
수술을 할 것인지를 정확하게 결정하는 의사가 명의^{名醫}이듯이 행정개
혁을 담당하는 측에서는 행정개혁의 대상의 위중함을 헤아려 이에 상
응하는 해법을 제시할 수 있는 혜안과 능력을 갖고 있어야 한다.

행정개혁의 시작, 조직설계

신공공관리는 관료제를 타파하기 위하여 기업가를 정부조직에 투입하는 등 시장주의적 개혁을 시도하였으나 그 성과를 내지 못하고 결국에는 관료제의 포로가 되고 만 느낌이다. 신공공관리식 개혁이 성공을 보지 못하고 있는 이유 중의 하나는 조직개혁 없이 사람만 바꾸는 식의 개혁을 하였기 때문이다. 새로운 공직에 들어온 사람도 같은 조직시스템에서 일하다 보니 기존의 공직자와 같은 공직자가 된 것이다. 사람을 바꾸어 성과를 내려 했는데 바꾼 사람이 종전의 사람과 같은 사람이 되었으니 성과를 높일 수 없는 것은 당연한 일이 아닌가? 시장의 원리에 따라 개혁하려면 조직을 시장의 원리에 따라 재편하고 시장의 방식으로 분업화된 조직에 자원과 권한을 배정하여야 시장적 조직을 설계하였다고 볼 수 있는데 사람만 바꾼다고 조직이 경쟁·성과 지향의 시장원리에 따라 작동될 수 있는 것은 아니다.

일반적으로 조직설계라 함은 조직이 수행하여야 할 업무를 세분화하고 권한과 책임을 배분하는 것, 즉 직제職制을 만드는 것을 말한다. 따라서 조직설계는 먼저 전문성을 기준으로 업무를 세분화시키는 분업화건설, 국방, 노동 등된 작업이 선행된다. 이렇게 수평적으로 분업화된 조직은 수직적으로 권한과 책임을 부여하는 계층적 분화가 이루어져 배정된 업무를 조정하고 통제하는 피라미드형 계층조직을 형성한다는 것이 베버식 관료제 조직설계이다. 이러한 전형적 관료체제는 업무의 분업화로 능률적 업무처리가 가능하고 조직의 목표에 맞춰 조직 구성원을 통제할 수 있는 강점을 갖고 있어 오랜 세월 지속되고 있다. 그러나 관료조직의 수평적 분업화가 할거주의를 낳아 부서별 협력이 잘 안되고 계층제가 조직을 경직하게 만들어 환경의 변화에 제대로 대응하지 못한다는 이른바 관료제 병폐론이 여론의 질타를 받으면서 공무원 조직이 국가발전에 도움이 되기는커녕 국가발전의 걸림돌이 된다는 비난에 직면해 있다. 이러한 관료제를 개혁하기 위하여는 기계적 조직관 mechanistic organization에 입각한 조직설계의 개념을 유기적 조직관organic organization에 따라 재개념화 할 필요성이 있다. 즉, 조직설계란 조직의 목표를 효율적으로 수행하기 위하여 업무를 세분화하고 권한과 책임을 일체화한 업무처리절차와 방식을 형성하는 행위라고 보아야 할 것이다. 종전의 기계적 조직설계에 전체 목표의 수행성을 강조하여 부처 할거주의를 막고 자율적 처리가 가능하도록 조직의 유연성을 유지하기 위한 개념이다. 이러한 유기적 조직을 지도하는 설계원칙은 다음과 같은 장점을 가지고 있어 우리나라의 행정개혁으로 도입해 볼 만하다.

첫째, 권위적인 조직을 민주조직으로 만들 수 있다. 현재의 계층제는 상위직에 권한을 집중시켜 상의하달上意下達의 일방적인 시달示達행정이 되기 쉽다. 우리의 행정이 국민을 바라보지 않고 상급자만 바라본다든지 하는 비난과 환경에 변화에 유연하게 대처하지 못한다는 비난을 받는 것도 이러한 피라미드형 조직을 갖고 있기 때문이다. 그런데 우리의 개혁을 주도하는 신공공관리는 이러한 쌍방소통적 조직을 만드는 것에는 관심이 없다보니 국민의 지지를 못 받는 것이다. 행정의 민주화는 참여의 민주화로 가능한 것이기 때문에 관의 문턱을 낮추고 하의상달下意上達의 쌍방적 협업協業행정의 통로를 만드는 작업이 필요하다. 이를 위해서는 업무의 절차와 방식을 투명하게 만드는 것이 중요하다. 관료제는 업무수행의 통제에 중점을 두다보니까 업무가 개방이 안 되고 밀실행정密室行政으로 치닫게 되는 것이다. 앞으로 우리의 행정개혁이 민주성을 지향하려면 중앙집권화된 구조를 좀 더 분권화시키고 투명하게 하여야 할 것이다.

둘째, 타율적인 조직을 자율적인 조직으로 만들 수 있다. 현재의 계층제는 상위직에 권한이 집중하고 책임은 실무자가 지는 권한과 책임이 유리된 조직이다. 상위직은 하위직에 지시를 하고 그 지시사항을 이행하지 아니하면 책임을 묻는 구조를 가지고 있기 때문이다. 이러다 보면 공무원은 위에서 시키는 것만 하고 방관자가 되는 무사안일한 행태를 보이게 된다. 권한을 대폭 하향으로 이양하여 권한과 책임을 같이하는 자율행정이 되어야 책임행정이 이루어진다. 현재는 「위임전결규정」을 통하여 권한과 책임을 부여하고 있으나 직무분석을 통하여 권한과 책임을 일치시키는 작업이 조직 간, 조직인 간에 이루어져야 할 것이다. 자율적 조직을 만든다는 차원에서 '팀장'제를 도입하였으나 권한과 책임의 배분이 고려되지 않다보니까 과장 밑에 팀장이 존재하게 되어 종전의 계장係長이 되어버린 사례를 잊지 말아야 할 것이다. 한편 각종 위원회를 옥상옥屋上屋 형태로 도입하여 운영하고 있는데 이는 책임성과 관련하여 문제가 있다. 위원회는 부처조직과 달리 많은 사람의 참여 하에 합의로 의사결정하기 때문에 민주적이고 신중하다는 장점이 있다. 이에 반해서 의사결정이 늦어 적시성을 잃을 수 있고 그 결정이 잘못되었다 하더라도 책임을 묻기가 곤란하다는 단점이 있다. 따라서 조직설계를 함에 있어서는 위와 같은 위원회 제도의 속성을 파악하여 부처조직이 책임을 회피하는 수단으로 위원회를 설치하지 않도록 하여야 할 것이다.

셋째, 조직을 목표지향적으로 만들어 조직을 성과를 높일 수 있다.

종전의 기계적 조직설계는 조직을 전문성을 기준으로 수평적으로 분업화하다 보니 조직 간 담이 생겨 할거주의가 되는 경향이 있었다. 분업$^{division\ of\ labor}$이 작업능률을 올릴 수 있는 장점은 있으나 협업^{協業}이 잘 안 되는 단점이 있는 것이 사실이다. 분업이 협업과 다른 것은 공동의 상위목표가 없이 각자 일을 한다는 것이다. 따라서 조직이 협업체계를 이루게 하려면 전체의 목표가 있고 각각의 분업^{division} 조직은 목표달성을 위한 수단조직이 되고 이 수단조직의 목표는 재분업$^{sub-division}$ 조직의 목표가 되는 '목표-수단 나무^{tree}'조직을 만들어야 한다. 정책의 시대인 요즈음 정부조직은 정책과 운명을 같이 하는 정책조직이 되어야 한다. 이를 위해서는 관료제와 같이 조직을 상설기관으로 하지 않고 한시적인 임시조직^{adhocracy}으로 만들어야 한다. 요즈음 사업^{project}별로 운영되는 각종 '사업단'이 적절한 예인데, 사업단은 당해 사업을 위하여 설치되고 사업이 종료되면 사업단이 해체되므로 사기업체에서 운영하고 있는 특수목적법인$^{SPC:\ Special\ Purpose\ Company}$과 같은 조직이다. 이와 같이 목적에 따라 조직이 만들어지면 부처할거주의를 막을 수 있을 뿐만 아니라 조직의 성과를 용이하게 측정할 수 있어 조직이 성과 중심으로 운영될 수 있는 큰 장점이 있다. 앞서 우리는 국가재정법 제8조에서 성과중심의 재정운용을 명시하고 본격적으로 성과주의 예산제도를 도입·운용하고 있으나 단위 조직이 사업단위로 되어 있지 않아 성과주의 예산시스템이 작동할 수 없게 되었다고 지적한 바 있다. 신공공관리가 주장하는 바와 같이 조직을 성과 중심적으로 움직이게 하려면 위에서 말한 사업단과 같이 정책중심적인 한시조직을 만드는 작업이 선행되어야 하는데, 신공공관리는 이런 절차 없이 개혁을 추진하여 성과를 내지 못하고 있는 것이다.

규제개혁, 기본부터 다시 하자

정부규제의 본질

정부규제의 문제는 멀게는 국가 존재의 이유에서 시작해서 가깝게는 정부와 시장의 관계에 이르기까지 여러 가지 철학적 문제가 내재해 있는 문제이다. 국가의 기원에 대해서는 여러 설이 있으나 시민이 자신의 권리를 보장받기 위하여 합의하여 국가를 성립시켰다는 사회계약설이 자유민주주의국가의 지지를 받아 오랜 기간 통용되어 왔다. 이렇게 자유주의와 자본주의를 바탕으로 하는 사회가 번성하여 오랫동안 지배하여 오다가 경제적 약자의 발생 등 문제점이 발생하자 사회주의의 거센 도전을 받아 수정자본주의로 변모하게 됨에 따라 국가의 역할이 무엇인지 재검토하는 과정을 겪게 된다. 특히, 경제학자는 물론, 정부의 정책과 관련하여 정부와 민간부문^{개인과 기업}의 관계 정립의 문제가 '작은 정부론'과 '큰 정부론'의 문제로 전개되자, 이것이 정부규제의 문제로 부각되기 시작한 것이다.

작은 정부냐 큰 정부냐

1929년부터 시작된 대공황은 애덤 스미스 이래로 150년간 완벽하고 합리적이라는 시장의 자율성에 대한 신뢰를 무너뜨렸다. 시장은 '보이지 않는 손'에 의하여 자율적 균형을 달성하기 때문에 정부는 국방과 치안만 책임지고 시장에는 얼씬도 말라는 야경국가관에 근본적인 문제가 생긴 것이다. 유동성 함정에 빠져 꼼짝 못하는 시장을 구하기 위해서는 그동안 금기시 여겼던 정부의 시장개입이 필요하다는 뉴딜^{New Deal} 정책이 시행되어 일정부분 성공을 하자, 그동안의 시장과 정부의 관계를 재설정하는 문제로 주로 경제학자에 의해서 정부규제의 문제가 새롭게 논의되기 시작한 것이다. 시장경제를 존중하는 신고전학파의 '작은 정부론'이 맞는지, 시장의 '보이지 않는 손'보다는 정부의 손을 필요로 하는 케인스 학파의 '큰 정부론' 문제가 그것이다. 정부의 강력한 시장개입을 요구하는 논리는 1970년대 대규모의 인플레이션이 발생하자 정부가 뒤로 물러나 있어야 한다는 논리에 밀려나 슈마허^{E. F. Schmacher}의 '작은 것이 아름답다^{Small is beautiful}'는 말이 설득적이었고, 2008년 금융위기가 오자 케인스의 재발견이 이슈화 되는 등 경제적 상황에 따라 '작은 정부론', '큰 정부론'이 부침을 반복하고 있다. 이와 같이 정부규제의 문제는 작은 정부론 또는 큰 정부론의 시각에서 당시 정치·경제적 상황, 정부의 능력, 시장의 운영상황 등 여러 가지를 종합하여 결정하여야 할 국가철학의 문제가 된 것이다^{자세한 사항은 "행정의 영역 문제" 참조.}

역대 우리 헌법에서의 규제행정

이렇게 경제학자들의 격렬한 논쟁 속에 이론적으로 정립해가는 서양과 달리 우리나라의 경우는 헌법의 제정과 개정을 통하여 시대적 상황에 맞추어 규제행정의 역사를 쓰고 있다.

우리의 제헌헌법은 근로자의 이익균점권^{利益均霑權(제헌헌법 제18조)}을 인정하는 등 바이마르헌법의 영향을 강하게 받아 당시로서는 시대조류를 앞서가는 진보적인 성격을 지닌 통제경제의 원칙을 채택함으로써 큰 정부의 정부규제는 큰 저항 없이 안착되었다.

더욱이 제3, 4공화국 정부에서 경제개발5개년계획을 기반으로 정부가 앞장서는 성장주의 정책을 추진하여 한강의 기적을 달성한 사실은 민간부문이 약할 때는 정부가 앞장서서 시장을 만들고 끌고 가는 것이 효율적임을 보여주었다. 즉, 정부가 민간부문의 자본과 기술이 열악한 상황에서 경제개발의 그림을 직접 그리고, 민간부문이 따라오도록 하는 개발행정의 성공적 수행은 경제발전에 있어서의 규제행정의 필요성을 강하게 느끼게 하였다. 경제개발을 위해 차관借款 형식으로 정부 보증으로 외자外資도입을 도입하여 이를 기업에 배정하고 중화학 육성정책을 추진한 것은 정부가 시장을 개입하는 차원을 넘어 시장을 개발·육성하였다는 표현이 좀 더 정확할 것이다. 이 당시에는 물가안정을 위해 석유류 가격 전면통제, 이중곡가제二重穀價制 등을 실시하고, 수도권의 인구집중을 막기 위해 공업배치법을 제정하는 등 정부의 일방적인 판단에 의하여 규제가 광범위하게 행하여졌음을 알 수 있다. 이러한 규제일변도의 행정이 가능한 것은 정부가 민간부문보다 우위에 있기 때문에 가능한 것이었다.

그러나 지금의 우리는 전혀 다른 상황에 와 있다. 미제, 일제를 최고로 알던 시절에서 이제는 메이드 인 코리아 제품을 세계인이 사고 싶게 될 정도로 세계 최고 수준의 기술력을 지니게 되었고, 우리 기업이 유수의 세계적 기업을 인수할 정도로 자본력도 튼튼해졌다. 이제는 "경제는 일류, 정치는 삼류"라는 말이 나올 만큼 민간부문과 정부의 역할이 역전되어 정부가 시장에 간섭할 수도 없고 간섭해서도 안 되는 상황이 되었다. 그동안 당연시 여겼던 정부의 일을 현재의 경제상황에 맞게 재조정하여야 정부가 경제발전의 걸림돌이 되지 않는 상황이 된 것이다. 우리 헌법 제119조가 "대한민국의 경제질서는 개인과 기업의 경제상의 자유와 창의를 존중함을 기본으로 한다"고 규정한 것은 이러한 오늘날 한국의 정치·경제 상황을 반영한 것이다. 또한 같은 조 제2항에서 "국가는 균형 있는 국민경제의 성장 및 안정과 적정한 소득의 분배를 유지하고 시장의 지배와 경제력의 남용을 방지하며 경제주체간의 조화를 통한 경제의 민주화를 위하여 경제에 관한 규제와 조정을 할 수 있다"고 정부의 규제의 근거와 그 한계를 명확히 하여 정부의 역할이 달라졌음을 밝히고 있다.

그런데 앞서 언급한 바와 같이 정부규제의 문제는 케인스 학파와 고전학파의 논쟁에서 보듯이 국가의 흥망성쇠에 직간접으로 연결되어 있다는 점에서 우리 모두의 지혜를 모아야 할 중요한 문제이다. 우리 헌법은 이러한 문제 인식 하에 경제에 관한 규제와 조정을 '하여야 한다'고 기속적으로 규정하지 아니하고, 모든 문제를 고려하여 탄력적으로 대응할 수 있도록 '할 수 있다'고 정부에게 자유재량을 주는 방식을 택하였다. 다시 말하면, 정부가 시장경제에 어떻게 개입·조정하느냐에 따라 경제가 침체되거나 활성화 될 수 있기 때문에 포괄적인 경제개입권을 상당히 조심성 있게 부여하고 있는 것이다. 문제는 경제개입의 타이밍과 수단의 선택인데 이는 고도의 숙련된 능력과 지혜를 가진 전문가적 정책판단에 따라 이루어져야 할 것이다. 1929년 세계경제를 마비시킨 대공황에서 세계경제를 구한 뉴딜정책은 당면한 경제상황의 정확한 분석과 기존의 상식시장경제론자들에 의한 정부 불개입의 원칙을 뛰어 넘는 정책확장적 재정정책의 중요성을 정부규제에 있어서 보여준 예라 하겠다. 이와 같이 정부규제의 문제는 전문적이고 예리하게 접근해야 할 영역이므로 정부는 이에 대한 부단한 연구와 노력이 있어야 할 것이다.

경제규제인가 기본권규제인가

정부규제에 대하여 우리 헌법은 경제적 규제의 목적과 근거를 규정하고 있는 위 제 119조 제2항 외에 제37조 제2항에서 국민의 기본권 제한의 근거와 한계를 규정하고 있어 이 두 가지 근거규정의 성격에 대하여 검토해 볼 필요가 있다. 정부규제의 모법인 "행정규제기본법이하 '기본법'이라 한다"은 위 두 규정 중 후자, 즉 헌법 제37조 제2항의 규정에 따라 행정규제를 정의하고, 규제의 원칙을 정하는 등 행정규제의 문제를 국민의 기본권의 보장과 제한의 문제로 다루고 있다. 기본법은 이와 같이 정부규제의 문제를 경제에 대한 규제 문제로 보지 않고 국민의 기본권 제한의 문제로 본다. 그렇다면 기본법의 이런 입장에는 국민의 대다수가 규제개혁에 지지를 하는 취지와 역대 정부로부터 범정부적으로 진행되는 규제개혁의 목적이 반영되었다고 볼 수 있는가? 결론적으로 말하자면 기본법의 이러한 입장은 정부규제에 대한 세계적인 경향과 "사회·경제 활동의 자율과 창의를 촉진하고 … 국가경쟁력이 지속적으로 향상되도록 함을 목적으로"기본법 제1조 하는 기본법의 목적, 그리고 규제개혁을 통한 경제의 활성화를 바라는 국민의 기대와 상당한 차이가 있다는 점에서 문제의 심각성이 있다.

이와 같이 우리 기본법은 정부규제의 문제를 시장과 정부의 문제로 다루는 서양의 일반적인 추세와 달리 "국민의 모든 자유와 권리는 국가안전보장·질서유지 또는 공공복리를 위하여 필요한 경우에 한하여 법률로써 제한할 수 있"다는 헌법 제37조 제2항에 따라 국민과 국가의 문제로 확대시키고 있는 것이다. 기본법은 이런 맥락에서 행정규제를 "국가나 지방자치단체가 특정한 행정 목적을 실현하기 위하여 국민의 권리를 제한하거나 의무를 부과하는 것으로서 법령 등이나 조례·규칙에 규정되는 사항"^{기본법 제2조}이라고 정의하고 같은 법 제4조에서는 규제는 법률에 근거하여야 한다고 규제법정주의를 택하고 있다. 쉽게 말하면 광의적 의미의 법령이 규제인 것이다. 기본법은 이러한 행정규제의 정의에 합당한 규제를 등록·심사하여 규제를 개선, 개혁하는 체제를 취하고 있다.

문제는 국민의 기본권의 보장과 제한의 문제가 정부의 규제개혁의 문제이냐는 것이다. 물론 정부규제는 정부가 민간부문에 제약을 가하는 것이기 때문에 이것이 국민의 기본권에 관한 제약이냐 아니면 국민의 경제적 활동에 대한 제약이냐를 나눌 필요는 없다고 볼 수도 있다. 국민의 기본권은 시민혁명 등을 통하여 자유권이 확보되고 그 뒤 자유권이 보장되지 못한 사람은 생존권을 정부로부터 보장 받기 위하여 노력한 결과 선언적으로나마 생존권을 헌법상에 보장받게 된 것은 주지의 사실이다. 따라서 이러한 국민의 기본권은 헌법이 보장한 권리로 행정부가 주체가 되는 규제개혁을 통하여 보장할 성격이 아니다. 국민의 기본권을 제한할 필요성이 있다하더라도 국민의 대표기관인 입법부가 만든 법률로 하여야 한다는 것이 헌법 제37조의 명령이다. 기본법은 규제의 신설·강화 시 중앙행정기관의 장과 규제개혁위원회의 심사를 거치도록 하여 "불필요한 행정규제를 폐지하고 비효율적인 행정규제의 신설을 억제"^{기본법 제1조}하는 것을 목적으로 하고 있다. 정부규제를 국민의 기본권의 제한 문제로 다룬다면 행정기관에서 국회가 통과한 법률을 심사해서 폐지 등을 한다는 말이 된다. 법률이 기본권 보장과 관련하여 문제가 된다면 헌법재판소의 위헌법률심사 등을 통해서 다룰 것이지 행정부의 규제개혁의 대상은 아니다. 정부가 할 수 있는 규제개혁은

헌법이 정부에 부여한 권한에서 진행되어야지 헌법질서를 뛰어 넘어서
는 안 된다. 그런데도 불구하고 기본법 제4조에서 규제법정주의를, 같
은 법 제5조에서 본질적 침해금지의 원칙을 규정한 것은 정부규제의 본
질을 호도한 것이다. 국민이 정부의 규제개혁에 절대적 지지를 보내는
것은 규제개혁으로 공단의 '전봇대 규제', 산업현장의 '손톱 밑 가시'를
제거하여 경제활성화를 기대하기 때문이다. 기본법이 "불필요한 행정
규제를 폐지하고 비효율적인 행정규제의 신설을 억제"함을 목적으로
하는 것도 이를 통하여 "국가경쟁력이 지속적으로 향상"될 수 있기 때
문이다. 이와 같이 기본법이 정부규제를 기본권의 제한 문제로 다루
고 있어 경제의 발목을 잡는 규제를 뿌리 뽑는 임무를 수행하여야 할
일선 규제 담당 공무원들이 경제보다는 기본권 제한에 관한 업무에
매달리는 혼선을 보이고 있는 것이 아닌가 싶다. 규제개혁의 대상이
명확하여도 쉽지 않은 것이 개혁인데, 개혁의 출발점인 행정규제의
정의부터 목적과 유리되어 오도가도 못하고 있는 것 같아 안타깝다.

　이미 언급한 바와 같이 우리 헌법은 국민의 자유권과 생존권^{사회권}을
보장하기 위하여 정부에게 다양한 의무를 부여하고 있다. 국민의 자
유권을 보장하되 이로 인하여 생존권^{사회권}이 침해되지 않도록 자유주
의를 바탕으로 하는 자본주의에 수정을 가해 정부가 시장에 적극 관
여할 수 있는 근거를 마련하였다. 이것이 정부규제의 문제인 것이다.
자유권과 사회권의 관계를 대립관계로 보는 견해가 있고 보충관계로
보는 견해가 있는데, 기본권의 역사를 보면 자유권은 시민이라는 가
진 자가 자신을 국가권력으로부터 보호하기 위하여 정부의 간섭을 되
도록이면 안 받겠다는 차원에서 보장을 받으려고 하는 것이고, 사회
권은 사회적으로 약자의 불평등을 정부가 적극 개입해서 시정시켜줄

것을 요구하는 권리이다. 경제·사회적 강자인 시민계급의 자유권 보장이라는 명분 하에 시장에서의 독점적 지위로 시장에서 배제된 자의 수가 많아지자 다수결의 원리가 지배하는 자유민주주의는 큰 변화를 보이게 되었다. 그동안 치안과 국방만을 책임지는 야경국가의 역할을 뛰어넘어 그동안 금지의 영역인 시장에 정부가 개입하여 왜곡된 시장을 시정시켜야 하는 상황이 된 것이다.

이렇듯 정부규제의 문제는 생존권의 보장을 위하여 정부가 시장에 개입하는 문제이지 자유권의 보장과 제한의 문제가 아닌 것이다. 그런데 우리나라의 기본법이 기본권의 보장과 제한에 그 중심적 추를 두고 있는 것은 정부규제의 역사와 본질을 도외시한 처사로 규제개혁 추진에 장애가 된다는 것을 알아야 한다.

규제의 원칙 문제

앞서 말한 바와 같이 기본법은 행정규제의 근거를 헌법 제37조 제2항에 두고, 이를 근거로 규제의 원칙으로 국민의 기본권에 대한 본질적 내용 침해금지의 원칙, 실효성의 원칙, 최소한의 원칙을 규제의 원칙으로 제시하고 있다.^{기본법 제5조.}

먼저 "국가나 지방자치단체는 국민의 자유와 창의를 존중하여야 하며, 규제를 정하는 경우에도 그 본질적 내용을 침해하지 아니하도록 한다"고 규정하는데 이것은 규제의 한계이지 규제의 원칙이라고 할 수는 없다. 그 내용도 헌법에서 더 나아가지 못하고 헌법의 문언을 그대로 쓰고 있어 헌법의 구체화에 실패하였다. "국민의 생명·인권·보건 및 환경 등의 보호와 식품·의약품의 안전을 위한 실효성이 있는 규제가 되도록 하여야 한다"는 실효성의 원칙은 규제가 제 목적을 달성할 수 있도록 하여야 한다는 것을 말하는 것 같은데 막연하기는 마찬가지이다. "규제의 대상과 수단은 규제의 목적 실현에 필요한 최소한의 범위에서 가장 효과적인 방법으로 … 설정되어야 한다"는 최소한의 원칙은 판례상에 나타난 비례의 원칙의 하나인데 이 원칙 역시 앞의 두 원칙과 같이 원칙의 개념만 설명하고 기본법상의 제반 규정에 이를 반영한 흔적을 찾을 수 없다.

규제는 이것이 기본권의 규제이든, 경제의 규제이든 중요하고 어려운 문제이므로 실무에 도움을 줄 수 있도록 구체적이면서도 명료하여야 한다. 이와 같이 관련 법령이나 이론이 규제의 원칙에 대하여 참고할 만한 자료를 제공하지 않고 있기 때문에 지금으로서는 판례에 의존할 수밖에 없는 실정이다. 여기서 우리는 헌법재판소에서 "변호사법 제10조 제2항의 개업지 제한규정은 직업선택의 자유를 제한하는 것으로서 그 선택의 수단이 목적에 적합하지 아니할 뿐 아니라 그 정도 또한 과잉하여 비례의 원칙이 정한 한계를 벗어난 것으로 헌법 제37조 제2항에 위반된다^{헌재 1989. 11. 20. 89헌가102}"고 판시한 사항을 유의하여야 한다. 판례는 종례의 경찰행정의 기본원칙인 과잉금지의 원칙, 즉 비례의 원칙을 행정 전반으로 확대하여 행정 목적실현과 그 수단 사이에 합리적인 비례관계가 유지될 것을 요구하고 있다. 특히, 규제는 국민의 기본권이나 경제활동을 제한하는 것이므로 판례상의 비례의 원칙이 철저히 적용되고 보호되어야 할 영역이라고 생각한다. 예를 들면, 「풍속영업의 규제에 관한 법률」 제6조 제2항에는 풍속영업자가 동법의 준수사항을 위반한 때에는 허가취소, 영업정지 또는 시설개수 명령을 할 수 있다고 규정하는데, 이중에서 어느 제재를 선택할 것인지는 위반행위의 정도에 따라 달라져야 할 것이다. 따라서 비례의 원칙으로 일반적으로 제시되고 있는 적절성의 원칙, 필요성의 원칙, 상당성의 원칙을 참고하여 경제규제의 특수성을 감안하여 규제의 기본원칙을 재정립하는 문제가 시급하다. 여기서는 잠정적으로 적절성의 원칙의 중요성을 설명하고, 기본법상의 실효성의 원칙과 최소한의 원칙과 관련하여 유의할 사항을 언급하고자 한다.

먼저, 규제는 이슈화된 규제 상황에 대한 조치이므로 당해 상황에 적합하여야 한다. 만약 규제가 상황에 적절하지 아니하면 그 규제는 규제로서의 존재가치, 즉 합리성을 잃게 되므로 위법한 행정작용으로서 철폐되거나 보완되든지 어떤 조치가 있어야 할 것이다. 이런 규제의 적절성은 위와 같이 규제내용의 적절성이 중요하지만 규제가 상황에 대한 조치이므로 상황이 바뀌면, 즉 적용시기가 바뀌면 그 규제의 적절성이 떨어져 규제로서의 가치가 떨어지므로 담당부서나 감독부서에서는 당해 규제를 지속적으로 모니터링하는 노력이 필요하다. 현행 법률의 상당수가 일제강점기의 법을 근간으로 제정한 후 그때그때의 사정에 따라 부분적으로 개정하여 오고 있으나 제정된 지 70여 년이 지나 과연 현대행정의 상황에 맞는 법률인지 의문이 된다. 예컨대, 대표적인 규제법률인 현행 건축법은 5층까지의 건물을 건축할 수 있을 때 만들어졌다고 한다. 그동안 건축기술의 발달로 웬만한 대도시의 경우에는 몇 십층의 고층빌딩이 수두룩한데 이 고층 건축물을 건축하고자 할 때도 건축법상의 허가를 받고 관리를 받아야 하는 것이 합리적인지 생각해봐야 한다. 건축주는 건축하고자 하는 건축물이 현행 건축법상 건축물로 규정하고 있다는 사유로 고층빌딩을 축조하는 데 참고할 것조차 없는 건축법상의 허가와 준공을 받아야 한다면 이

얼마나 넌센스인가? 우리의 건축법에 해당하는 미국의 Building Code의 경우 건축물을 축조하는 기준들을 자세히 기술하고 있어 동 기준에 따라 건축을 하면 법이 원하고 자기가 원하는 건축물을 지을 수 있는데, 우리의 건축법으로는 건축을 할 수 없는데도 이를 따라야 하니 이것이 옳은 것인가? 이와 같이 현행 건축법은 건물을 짓는 데는 큰 도움이 되지 않는데도, 건축법이 무서운 규제법으로 인식되고 있는 것은 바로 건축물의 용도변경에 관한 규제가 있기 때문이다. 본래 용도변경을 규제하는 것은 건축물의 안전과 밀접한 관계가 있으므로 당해 용도와 건축물의 구조와의 안전성이 전제되어야 하는데, 당해 용도를 구조의 안전보다는 영업 등 사용목적을 제한하기 위하여 용도를 제한하는 경우가 많아 민원이 많이 생기고 있다는 사실을 담당자는 인식하여야 할 것이다. 또한 현행 지적법을 보면 지목에 전답田畓 등 일본식 한자가 그대로 살아 있다. 도시계획의 기본개념이 없었던 일제강점기의 기본개념에 따라 필지별 관리를 하고 이에 근거하여 건축이 이루어지고 있으니 얼마나 우스운 이야기인가? 규제가 적절하지 않으면 담당 공무원은 말도 안 되는 짓을 하고 있는 것이고 국민은 이로 인해 속이 썩어들어 가고 나라는 망해가는 것이다. 강도 높은 규제개혁이 필요한 이유가 바로 이것이다. 규제개혁의 중점은 당해 규제가 목적과 합리적으로 연계되고 상황에 적절한 조치인지를 살피는 데 두어야 할 것이다.

둘째, 규제는 행정목적을 실현하기 위한 수단이다. 따라서 규제는 규제의 목적과 합리적으로 연계되어 규제의 목적이 제대로 구현되어야 한다. 그런데 우리는 규제가 그 목적을 실현시키기는커녕 규제로서 기능을 못하고 있는 경우를 종종 볼 수 있다. 우리 문제점의 하나가

정부가 규제를 만들 때에는 그 필요성을 대대적으로 홍보하고는 국민들이 규제를 잘 지키고 있는지 여부에 대해서는 관심을 안 둔다는 점이다. 각종의 교통법규, 안전규정 등을 보면 지키는 사람이 바보가 될 정도로 그 준수율이 낮은 경우가 많다. 규제는 준수될 때 의미 있는 것이지 대다수의 국민이 준수하지 않는다면 규제는 생명을 잃은 것이다. 이때 규제 준수를 강화하여 적발을 하면 적발된 사람은 "재수가 없다"고 불평하거나 '파리채로 파리잡기식' 적발이라며 강한 반발을 보이기도 한다. 규제의 실효성 또는 준수율이 낮은 것은 정부에서 이런 것까지 규제하는지 이해하지 못할 때와 같이 규제의 도가 넘은 경우와 정상적인 생활을 하면서 그 규제를 지키는 것이 거의 불가능한 경우와 같이 규제가 비현실적이기 때문이다. 최근에 필리핀에서 총기를 단속하기 위하여 총기를 총기 판매상에서 매매하지 못하게 하고 총기를 경찰서에서 등록을 하고 사용하는 것으로 규제를 강화하자, 아예 불법으로 총기를 휴대하는 사례가 많아져 단속이 더 어려워졌다는 사실은 규제의 실효성을 확보하기 위해서는 우리가 무엇을 해야 하는가를 보여주는 사례라 하겠다. 규제의 실효성과 관련하여 우리가 관심을 가져야 할 것은 규제를 지킨 자가 지키지 않은 자보다 불리하게 되어서는 안 된다는 것이다. 요즈음 알뜰시장이라는 아파트 내에서는 시장이 있는데 이들 상인과 아파트 상가의 상인이 다투는 장면을 종종 목격하게 된다. 아파트 상가 상인의 경우에는 해당 영업을 할 때 허가요건을 갖추기 위하여 점포를 임대하고 시설을 갖추고, 허가를 받고 나서는 이를 근거로 각종 세금이 나오는데, 알뜰시장 상인의 경우에는 아파트 부녀회 등에 수수료만 내면 임대료, 세금 걱정 없이 아파트 내에서 영업을 할 수 있어 수익면에서 허가 받은 아파트 상인

보다 훨씬 유리하다는 것이다. 알뜰시장의 당초 목적이 농부 등의 직거래를 위한 것이었는데 그 목적은 사라지고 전문 상인이 영업을 하기 때문에 허가 받은 상가 상인만 불리하다는 것이다. 정부의 규제정책에 적극 호응하는 사람이 정부정책에 맞서는 사람보다 불리한 입장에 선다면 누가 정부의 규제에 따르겠는가?

셋째, 헌법 제119조 제1항은 우리의 경제질서는 자유와 창의를 기본으로 함을 명백히 하였으므로 부득이 정부가 경제에 규제를 할 때에도 자유시장질서에 영향을 덜 미치는 방안을 강구하여야 할 것이다. 이러한 규제의 최소한의 원칙을 충족시키기 위해서 우리가 생각할 것은 규제의 방법도 가능하면 통제적이고 직접적인 방법보다는 유도적이고 간접적인 방법을 택하여야 한다는 사실이다. 루카스^{Robert} ^{Lucas} 등 신고전학파는 합리적 기대가설$^{rational\ expectation\ theory}$의 이론에 따라 시장구성원은 모든 정보를 갖고 미래를 예측하기 때문에 정부의 규제는 아무런 효과를 볼 수 없다고 주장한다. 노무현 정부에서 부동산 가격이 오르는 것을 막기 위하여 소위 부동산 부자들이 많은 강남의 부유층을 겨냥하여 강력한 정책을 실시하였건만 결국 부동산 가격이 오르자, '정부의 말과 반대로 하면 된다'는 말이 나올 정도로 정부의 정책은 비아냥거림의 대상이 되었다. 합리적 기대가설이 실증된 셈이다. 이와 같이 정부의 시장개입은 많은 위험을 낳는다. 그만큼 정치精緻하게 시장에 개입하여야 한다.

우리나라가 자유시장경제 체제를 바탕으로 하여 경제성장을 해오면서 시장에서의 기업과 개인의 영향력은 상당히 커졌다. 과거 개발연대에서와 같이 정부가 앞에 나서고 국민이 따라가는 시대가 아니다. 정부가 경제를 좌지우지하는 시대는 지났다. 그런데 현대의 행정

국가 경향은 시장에서 소외된 자의 문제점, 자본주의의 문제점을 정
부가 방관하지 말고 시장에 뛰어들어 해결하기를 원하고 있다.

  이러한 상황에서 정부가 시대적 소명에 맞는 역할을 제대로 하여야
정부의 존재가치가 있는 것이다. 정부가 종전의 통제, 억압 위주의 행
정에서 보완, 조정 위주의 행정으로 전환하여야 하는 중요한 분수령
에 와 있는 것이다. 이에 따라 정부의 규제 역시 통제적이고 직접적인
방법이 아닌 유도적이고 간접적인 방법으로 전개해 나가지 아니하면
안 된다. 정부가 시장경제에 직접 개입하여 '분양가 상한제'를 설정하
였으나, 이것이 부동산 시장의 침체의 한 원인이 되었다는 것을 정책
담당자는 알아야 한다. 부동산의 거래는 수요자와 공급자가 결정하여
야지 정부가 결정한 것이 부동산 거래의 바로미터가 되어서는 안 된
다. 왜 부동산에 대한 가수요가 발생하여 부동산 시장이 투기장이 되
는지 그 원인을 잘 가려내어 이를 제거하여 거래주체 간에 공정거래
가 되게 하는 것이 정부의 역할이다. 심판은 경기의 선수가 되어서는
안 된다. 규제의 기본원칙을 어겨서는 안 된다는 의미이다.

규제의 유형화 문제

  일반적으로 규제라 함은 헌법, 법률, 시행령, 규칙, 고시, 예규 등 법
제도를 의미한다. 그런데 앞서 언급한 바와 같이 규제개혁에서의 규
제는 이러한 일반적인 정의를 떠나 정부와 시장과의 관계, 즉 경제관
련 각종 제도를 의미한다고 보아야 한다. 그런데 국내의 이론서조차
도 행정규제를 정부와 국민의 문제로 다루는 기본법의 행정규제의 정
의를 따르고 있는 것은 유감이다. 국내 이론서에서 규제의 정의를 기

본법에 따라 국민의 기본권을 제한하는 법제도로 정의하였다면, 규제의 유형도 헌법 제37조 제2항에 따라 국가안전보장 규제, 질서유지규제 또는 공공복리 규제로 나누어 설명하는 것이 논리적일 것이다. 그런데 규제분석을 한다 하면서 갑자기 서양의 이론에 따라 정부와 시장의 문제인 경제적 규제와 사회적 규제로 나누어 설명하고 있는 모순을 보이고 있다.

즉, 경제적 규제economic regulations는 통신회사에서 독점의 위치에 있다는 사실을 악용하여 마음대로 통신요금을 매기지 못하게 정부가 가격책정에 개입하는 것과 같이 회사에 대한 가격규제price control가 있고, 이와 별도로 의료, 법률 등의 서비스의 질을 높이기 위하여 국가에서 시행하는 의사, 또는 변호사시험에 합격한 사람에게만 자격증을 주는 것과 같이 사업 등을 하고자 하는 자들에 대한 진입규제entry control, 독과점 규제 등이 있다고 설명한 후, 사회적 규제social regulations는 오염물질을 배출하는 업체에게 제재를 가하는 환경규제를 필두로, 각종 사고를 미연에 방지하기 위한 소비자안전 규제, 산업재해 규제 등을 예로 들어 설명하고 있다. 헌법 제37조 제2항의 유형은 찾아볼 수 없다.

한편, 학계에서는 위 두 가지 정부규제 중 경제활성화를 위해서는 경제적 규제가 완화되어야 하고, 사회의 안전망 구축을 위해서는 사회적 규제가 강화되어야 한다는 것이 현재의 일반적인 논의 방향인 것 같다. 그러나 이러한 이분법적인 접근방법은 정부규제의 문제를 너무 단순하게 다루고 있어 실무에 도움을 주기는커녕 오판을 초래할 우려가 있다. 즉, 정부규제의 문제는 개별적으로 아주 예리하게 접근하여야 하는데, 이러한 막연하고 일률적인 논의는 규제 문제를 해결하기는커녕, 규제 문제의 본질을 흐리게 만들 수 있다. 경제적 규제는 완화하라고 하는데 어디까지 완화하여야 하는지, 사회적 규제는 강화하라고 하는데 어디까지 강화하는지 기준이 애매하고, 그렇게 하는 것이 맞는지도 의문이다. 경제적 규제인 진입규제의 일례로 대형마트의 골목상권 진입문제는 이로 인하여 재래상인, 소상인의 손님을 뺏을 우려가 있어 대형마트의 진입을 막도록 규제를 요하는데, 이를 위의 기준에 따라 어떻게 설명할 것인가?

우리나라는 헌법 제119조 제1항에 따라 "개인과 기업의 경제상의 자유와 창의를 존중함을 기본으로" 함으로써 정부는 시장에 개입하지 않는 것이 원칙이다. 하지만 시장실패$^{market failure}$의 경우에는 정부가 시장의 가격결정시스템에 개입하고 시장진입을 막는 등의 역할을 할 수 있도록 헌법이 예외를 두었으니 이것이 행정규제의 문제임은 이미 언급하였다. 따라서 정부가 시장을 대할 때는 이러한 원칙과 예외의 문제를 조화롭게 행하는 솔로몬적인 지혜와 능력이 있어야 한다. 공정거래위원회가 「독점규제 및 공정거래에 관한 법률」에 따라 독과점 기업이 제멋대로 가격을 매기지 못하도록 규제를 행하는 가격규제$^{price control}$는 시장이 소수의 기업에 의하여 왜곡되어 있는 한 지속적으로 행하여져야 할 것이다. 또한 대한민국 국민이라면 시장의 진입은 자유로워야 할 것이다. 하지만 무자격 의사들의 '돌팔이 진료' 등 사업자들로 인한 저질의 서비스를 막기 위한 진입규제$^{entry control}$는 규제의 필요성이 존재하는 한 있어야 할 것이다. 세월호 침몰사건의 경우도 부실한 기업이 선박운영 사업에 아무런 제한 없이 진입할 수 있게 한 것이 문제인데 이것을 보더라도 진입규제는 시장의 부실화를 막을 수 있는 방법 중의 하나라 할 것이다.

경제적 규제가 시장의 불완전성을 막고 시장의 경쟁을 회복시키는 것이라면 사회적 규제는 경제주체의 경제적 활동이 경제당사자가 아닌 제3자, 즉 사회에 영향을 끼치는 문제를 다루는 **외부효과**externalities 등에 대한 정부의 대응문제를 다룬다. 전통적으로 어떤 경제주체의 경제행위가 사회에 이익을 주는 외부경제에 대하여 정부는 보조금을 주는 등 권장·지원을 하고, 반대로 사회에 손해를 끼치는 행위에 대하여는 조세를 부과하는 등 제재를 가해 왔다. 예를 들면, 자동차를 만들고 판매하고 이를 매입하고 운전하는 경제행위로 인하여 사회는 환경오염과 교통체증이라는 외부불경제로 사회가 부담을 갖게 되므로 정부에서는 경차나 가솔린차 등에 대하여 세제상의 혜택을 주고 큰 차에 대하여는 세제상 불이익을 주는 것이 그것이다. 그런데 요즈음에는 이런 간접적인 규제방식보다 손쉬운 직접적인 규제를 남발하고 있어 이의 효율성 문제를 들어 규제방식의 전환문제에 많은 관심을 보이고 있다. 이와 같은 외부불경제에 대한 규제와 함께 사회적 규제에서 문제되는 것은 시장의 실패의 다른 하나인 불완전한 정보incomplete information에 대한 정부의 대응문제이다. 약품 제조회사가 팔고자 하는 약품의 잠재적 부작용에 대하여 소비자에게 충분히 알리지 않는다면 소비자의 약품 선택권을 부당하게 침해하여 건강 및 안전에 치명적인 결과를 초래할 수 있으므로 정부에서는 약품에 대한 정보를 충분히 제공하도록 규제할 필요성이 있다. 특히 제조자와 소비자 간에는 정보의 비대칭asymmetry of information 문제가 발생하여 소비자의 안전, 건강 등에 영향을 미치는 사업 분야에서 정부의 규제가 정보제공 의무 형태로 가해지고 있다.

이와 같이 규제의 문제는 헌법이 예정한 정부 개입상황이 발생하더라도 어떻게 규제하는 것이 합리적이고 효율적인지를 제대로 따지는 문제, 즉 상황에 대한 대응문제인데도 행정학에서는 이를 규제 측면만 떼어내어 이를 완화할 것인지 강화할 것인지 단편적이고 이분법으로 접근하고 있어 '장님 코끼리 만지기' 식 진단이 되고 있다. 특히 '사회적 규제는 강화되어야 한다'는 식의 주장은 사회적 규제가 시장실패의 한 유형에 대한 규제라는 점을 망각하게 할 수 있고 사회적 규제의 실체를 왜곡할 수 있다는 점에서 재고되어야 한다. 차라리 '외부불경제에 대한 규제' 등의 경제학적 용어를 사용하든지, 아니면 우리 헌법이 규정한 바와 같이 균형성장 규제, 소득재분배 규제, 경제왜곡방지 규제, 경제민주화 규제 등으로 규제의 유형을 나누는 것이 혼선을 막을 수 있고 실효적으로 보인다.

규제개혁, 기본부터 다시 하자

규제개혁의 필요성

규제가 행정목적을 달성하기 위하여 필요하지만 규제가 위의 규제의 원칙을 어기고 불합리하게 행하여진다면 규제의 목적도 달성할 수 없을 뿐만 아니라 그것이 초래하는 폐해가 크다.

먼저, 가장 큰 문제점은 무리한 규제로 인하여 나라가 발전할 수 없다는 것이다. 국가의 발전은 국민의 창조적인 혁신으로 발전한다. 그런데 정부에서 국민이 하는 일을 시시콜콜하게 개입하여 '이리하라 저리하라' 간섭을 하면 국민의 창조성은 매몰될 수밖에 없다. 1996년 영화에 대한 사전검열제가 위헌 판결이 나기 전, 당시 공보부에서는 "밝고 명랑한" 영화를 만들라는 지침을 만들고 정보기관 소속의 검열관이 이 영화제작 지침을 지켰는지 여부를 판정하였다는 사실은 비합리적인 규제가 해당 산업 발전에 얼마나 악영향을 미쳤는가를 쉽게 유추하게 해준다. 물론 국민의 수준이 너무 낮아 정부가 일일이 가르치고 계도하는 단계에서는 정부의 규제가 필요하다고 할 수 있다. 그러나 오늘날 우리의 현실과 같이 사경제 부문의 수준이 업종에 따라서는 세계적 수준에 오른 상태에서 정부규제의 강화는 경제의 발전에 커다란 장애가 될 수 있다. 특히 불합리하고 비현실적인 규제의 양산은 국민에게 도움을 주기는커녕, 이를 '지키는 부담'을 너무 많이 준다는 사실을 규제자인 정부는 잘 알고 있어야 한다. 경제에 있어서 시간은 곧 돈이다. 투자는 이자율보다 투자수익률이 높다고 계산될 때 이루어지는데 시간이 갈수록 이자는 늘어나 수익률을 낮춘다. 그래서 민원인은 '급행료'를 주고서라도 시간을 단축하려 한다. 이렇게 규제가 불합리하면 규제는 준조세가 되어 경제에 큰 부담이 된다는 사실을 알아야 한다. 요즈음은 어떤 사업민원이 접수되면 관계되는 모든 기관의 협의를 의무적으로 거치게 하는데, 협의기관에서는 당초의 민원 접수기관에서 한 절차를 다시 거치게 하는 중복절차로 인하여 사업도 하기 전에 진이 빠져 사업을 포기할 수밖에 없다는 원망의 소리가 잦다. 규제기관의 공무원은 본인이 국민을 통제하는 자가 아니라 국민전체의 봉사자라는 사실을 명심하고 국민을 위하여 무엇을 할까라는 마음가짐으로 국민이 사업을 잘 할 수 있도록 도와주는 자세를 가져야 한다. "이 사업을 하려면 이 절차를 거치고 하기 싫으면 관두라"는 식으로 하는 권위주의적인 태도가 민원인의 사업을 망치고 이로 인하여 경제는 더욱 어렵게 되며 정부에 대한 불신은 극에 달하도록 한다는 사실을 명심해야 한다.

둘째, 비현실적인 규제는 부정부패의 온상이 될 수 있다. 규제는 경제적, 사회적 문제점을 해결하기 위한 정부의 조치이다. 그런데 현실 속의 규제의 턱이 너무 높아 경제적, 사회적으로 달성할 수 없는 경우 민원인은 이를 회피하거나 공무원과 뒷거래를 할 수밖에 없다. 이때의 공무원은 이른바 '갑'이 되어 규제에 반하는 민원인의 행위를 '묵인'하느냐 봐주지 않느냐를 결정하는 자리에서 국민 위에 군림하게 된다. 미국에서는 자동차 안전, 산업체 안전, 환경 안전 등의 규제의 방향을 양식규제design control에서 성과규제performance control로 전환하고 있는데 이는 우리가 주목해 볼 필요가 있다. 가령, 정부의 환경규제를 위한 '오염물질 배출한도'는 관련 기술의 발달로 적은 비용으로 달성할 수 있다. 그런데 정부가 특정 기술, 양식 등을 환경규제 차원에서 고집한다면 당해 기준을 달성할 수 있지만, 더 이상 발전이 있을 수 없다. 따라서 정부에서는 관련 업체로 말미암아 시장에 미치는 불이익외부효과을 제거할 수 있는 가이드라인만 제시하고 시장이 이를 지킬 수 있도록 하여야지, 구체적으로 특정 기술, 양식을 고집하는 것은 시장경제에 반하는 규제방식이다.

여기서 우리가 주의할 것은 무리한 규제뿐만 아니라, 해야 할 규제를 아니 할 경우에도 공무원의 뒷거래의 가능성이 높다는 것이다. 부동산 개발의 붐이 일어날 때 전답, 임야의 대지전환은 지가를 대폭 상승시킬 수 있었는데, 대지의 전환요건을 엄밀하게 하지 아니하고 느슨하게 해놓고는 개발업자의 뒷거래로 이를 푸는 사례가 다분히 많았다는 사실은 규제의 필요성 및 적실성의 중요성을 다시 일깨워 준다.

규제개혁의 접근방법

이와 같이 정부규제는 정부가 시장에 들어가 이해가 첨예하게 대립하고 복잡한 정책적 문제를 조정하고 해결하는 문제이기에 우리 헌법 제119조는 솔로몬의 지혜를 가진 공무원의 절묘한 규제와 조정을 요구하고 있다. 이러한 헌법의 의도를 감안하지 않고 정부가 일방적이고 일률적인 규제를 함으로써 문제가 해결되기는커녕 정부의 개입으로 문제를 악화시킨 사례를 우리는 늘 보아왔다. 규제에 따라 불이익을 당하는 입장과 이익을 보는 입장이 달라진다는 점에서 규제 당국에서는 규제의 정당성에 대한 심도 있는 검토 후 규제를 시행하는 노력이 있어야 할 것이다. 균형성장, 적정소득분배, 독과점방지, 경제민주화 등 헌법이 부여한 임무를 수행하기 위하여 규제를 행하여야 하는데도 이를 아니한다면 이는 직무유기와 다름없는 것이다. 시장을 주도하는 측, 가령 기업에서는 정부가 개입하는 것이 싫겠지만 시장이 일부 주도적 기업들의 담합으로 인하여 자유경쟁의 질서를 흐리고, 경제의 과실이 편중되는 등 시장이 왜곡되어 있다면 시장의 공정한 관리자로서 정부가 개입하여야 하는 것은 당연하다. 그렇다고 해서 정부의 시장개입이 우리 헌법의 기본질서인 시장경제를 보완, 육성하지 아니하고 시장경제를 왜축시키거나 경제발전을 가로막는다면 이는 정부규제의 목적을 잃은 반^反헌법적인 처사이다.

여기서 규제개혁의 문제는 규제를 악으로 보고 이를 철폐냐 완화냐 하는 문제로 끌고갈 것이 아니라 규제가 좀 더 합리적으로 만들 수 있느냐 아니냐의 문제로 접근해야 한다는 점을 강조하고 싶다. 정부규제 개선업무를 추진하는 측에서는 그동안의 규제개혁이 성과를 보이지 않고 있는 것은 규제관리시스템에 문제가 있다고 보고 서구에서 시행되었던 감축관리의 일부 기법을 모방하여 규제일몰제, 규제비용총량제 등을 실시하고 있다. 가능한 규제를 줄여야 한다는 입장을 이해하지 못하는 것은 아니다. 하지만 규제는 사안마다 개별적으로 다르게 접근해야지 이렇게 일률적으로 존속 관리를 한다면 이들 제도의 도입 취지와 달리 불합리한 규제를 즉각 혁파하지 못하고 형식적으로 존속하게 할 우려가 있다는 점을 유념해야 한다. 규제는 상황에 대한 조치이므로 시대가 변하는데도 규제가 변하지 않으면 정책의 적절성을 잃어 오히려 부작용이 심해지므로 이를 상황에 따라 맞추어야 함은 공무원으로서의 당연한 임무이다. 이와 같이 정부의 상황 대응논리인 규제를 상황 대응의 적절성 문제로 풀어나가야 한다. 규제가 필요하면 규제는 있어야 하는 것이고 불필요하면 당장 없애야 하는 것이 규제인데, 왜 규제의 존속기간을 5년이라고 한정하거나, 규제비용의 총량을 유지하여야 하는가?

이제부터라도 규제개혁의 문제를 규제의 합리성 차원에서 접근하여야 한다. 당해 규제가 필요한지^{necessity}, 적절한지^{relevance}, 부득이한지 또는 최소한인지^{minimum} 여부를 원천적으로 분석·검토한다면 우리나라 경제의 발목을 잡고 있는 불합리한 규제가 사라지고 우리나라를 살릴 수 있는 합리적인 규제만이 존재할 것이다. 상황과 무관하게 규제의 시한을 두자는 규제일몰제와 같은 극히 비합리적인 규제개혁 방안이 나올 정도로 공무원의 업무수행 방식에 문제가 있다면 공직개혁의 문제로 다루어야지 규제개혁의 문제로만 다룰 일이 아니다.

규제개혁 촉진을 위한 행정규제기본법의 개정 방향

이미 말한 바와 같이 정부규제는 정부가 시장, 즉 경제에 개입하는 문제로 정부가 언제 경제에 개입하여야 하는지, 또 개입한다면 어떤 방식$^{조세, 보조금 등}$으로 개입할 것인지 등을 다루는 복잡하고 전문적인 영역이다. 경제에 정부가 어떻게 개입하느냐에 따라 국가의 성쇠가 결정되기 때문에 이 문제를 정부에 전적으로 정부에게만 맡길 수 없는 문제이다. 적어도 헌법의 구체화법으로서의 기본법에서 규제의 기본방침 및 원칙을 구체적이고 명료하게 정하는 것은 정부규제의 예측가능성을 높일 수 있다는 점에서 매우 중요한 문제이다.

그런데 현행 기본법은 헌법 제119조를 도외시하고 있어 경제규제에 관하여는 헌법만큼도 언급이 안 되었을 뿐만 아니라 헌법 제37조 제2항을 근거하면서도 헌법의 문언을 그대로 옮기거나 막연한 원칙만을 나열하고 있어 규제행정의 실무 가이드라인 역할을 못하고 있는 실정이다.

그리고 기본법의 주요 규제개혁 수단인 규제영향분석 및 심사기준을 구체적으로 들여다보면 이 역시 논리적이지 못하고 막연하기는 마찬가지이다. 기본법은 규제의 신설·강화를 막아보자는 목적으로 규제영향 분석을 하고 심사를 강화하는 것을 주된 골격으로 하고 있다. 규제영향분석은 규제의 필요성, 실현가능성, 대체수단 유무, 비용·편익분석, 객관성·명료성 등을 고려하도록 하고 있다. 이 중에서 규제의 필요성, 실현가능성, 대체수단 유무, 객관성·명료성 등은 이른바 정성적 평가지표이다. 따라서 이를 판단할 수 있는 잣대가 있어야 하는데 기본법에서는 이들 평가지표를 개념 정립 등 객관화 하려는 노력 없이 나열만 하고 있다. 이들 지표가 규제를 제한하기는커녕 오히려 규제를 합리화시키는 도구로 사용되어 규제가 양산될 우려가 있는 대목이다. 비교적 객관적이라 할 수 있는 비용·편익$^{B/C}$분석 역시 비교 잣대가 없어 규제영향분석이 형식적으로 되고 있다는 사실도 중요 문제점 중의 하나이다.

　규제의 존재 목적은 행정목적의 실현이라는 정당성에 있다. 헌법은 규제목적으로 균형경제성장, 소득의 재분배, 경제왜곡방지, 경제의 민주화를 제시하고 있다. 따라서 헌법의 구체화법으로서의 기본법은 이를 구체화하여 규제영향분석 및 심사기준에 반영하여야 할 것이다. 그런데 이 규제의 정당성에 대한 심사기준이 없어 당해 규제가 헌법의 의도에 합치하는지에 검토 절차가 결여되어 있다는 것은 대단히 심각한 문제이다. 또한 규제의 어려운 문제의 하나인 규제의 적절성^규 _{제시기, 규제방식, 대안적인 규제수단의 효과 등}에 대한 심사가 없어 기본법이 규제담당 공무원들의 가이드라인의 역할을 못하고 있는 것도 유념할 사항이다. 기본법이 헌법의 명령을 구체화하고 규제개혁의 성과를 높이기 위해 기본법을 전면 재검토하여야 하는 이유가 여기에 있다.

규제에 대한 인식 전환

규제에서 정책으로

　한때 정부의 행위는 규제라고 인식한 때가 있었다. 왕정을 폐지시킨 근대 시민계급은 관료의 영역을 국방 · 치안 등으로 한정하고 경제 등 그 밖의 영역은 시민계급의 자유로운 영역으로 만들어 놓았다. 관료는 소극적으로 야경꾼의 역할을 하여야지 적극적으로 나서 무엇을 해서는 안 되는 상황을 만들어 놓은 것이다. 따라서 정부는 가능하면 작아야 하며 그 행위도 소극적으로 통제하는 규제에 그칠 것을 요구하였다.

　그러나 산업사회의 발달로 인한 초기 자본주의가 예정하지 못한 경제적, 사회적 문제점이 노정되어 시민계급이 믿었던 시장기능이 제 역할을 못하자, 관료 조직이 뒷짐을 쥐고 방관만 할 수 없게 되었다. 그렇다고 정부에서 일방적으로 기준을 만들어 놓고 이를 따르라는 통제 방식으로는 전문화되고 복잡한 사회·경제적 문제를 해결하기는커녕, 분쟁과 갈등을 낳은 상황이 된 것이다. 1920년 말 밀어닥친 대공황으로 무너진 경제를 살리기 위해서는 종전과는 다른 새로운 조치, 즉 뉴딜New-Deal정책이 필요하게 되었다. 다시 말하면, 규제라는 일방적이고 소극적인 방식 외에 사회·경제적 이슈를 적극적으로 해결할 수 있는 방식, 즉 정책이 필요하게 된 것이다. 이제 규제는 정부에서 어떤 정책목표를 달성하기 위하여 사용하는 통제적 정책수단의 하나가 된 것이다.

규제정보포털에서 밝힌 "2014년 국민이 선정한 규제개혁 우수사례 5건"을 분석해 보면 우리가 규제를 어떻게 보아야 하는지를 잘 보여 주고 있다. 첫째 사례인 '승객 안전을 위해 지하철 등 도시철도차량 내 CCTV 설치' 건은 승객 안전을 위해 도시철도 제작자와 운영자에게 경제적 부담을 주는 것으로 규제를 강화한 사례이다.

둘째 사례인 '5인 미만 사업장까지 청년 인턴 지원 확대'의 건은 그동안의 중소기업청년제 지원대상을 5인 이상 사업장으로 제한한 것은 정부에서 인턴제 활용의 진입장벽을 잘못 설정한 것을 바로 고친 것이다.

셋째 사례인 '매출 2~3억원 소상공인 카드수수료 인하' 건은 소상공인의 보호를 위하여 금융업의 수수료 수익에 부담을 준 사례이다.

넷째 사례인 '해외 직접구매 물품의 반품 및 환급절차 개선'의 건은 해외 온라인 쇼핑몰 등의 이용이 늘어나자, 종전에 사업등록증이 있는 수출업체만 가능했던 환급신청 등의 업무를 개인도 가능하게 한 것으로 진입장벽을 허문 사례이다.

다섯째 사례인 '국산차 부품제작업체의 가격정보 공개의무화'의 건은 국산차 부품 가격의 투명성 확보하기 위해 업체에 규제를 강화한 사례이다.

여기서 우리가 관심을 가져야 할 것은 승객의 안전문제를 해결하기 위하여 업체에 규제를 강화하는 정책을 쓰고, 소상공인 보호문제를 해결하기 위하여 금융업체의 수수료 부과 행위에 개입하여 수수료를 내리도록 규제를 하거나, 국산차 부품가격의 투명성을 높이기 위하여 이를 공개하도록 업체에게 규제를 강화한 사례하는 등 규제개혁을 통하여 규제를 강화한 사례가 국민이 선정한 우수사례의 60%를 차지하고 있다는 것이다. 나머지 40%는 현실성 없는 진입장벽을 제거한 사례이다. 이를 통해 볼 때 규제개혁은 단순히 규제를 완화하고 푸는 문제가 아니라 오히려 국민의 어려움을 해결해 주기 위하여 업체에 규제를 강화하기도 하고 정책목표가 변경되어 그 수단도 변경시키는 정책의 문제라는 것을 알 수 있다.

이와 같이 현대 민주시대의 공무원은 국민을 규제하는 것이 아니라 국민을 위하여 국민의 문제점, 즉 공공문제를 해결해야 한다. 따라서 정부는 공공문제를 해결하려면 이에 상응하는 각종의 방책이나 방침, 즉 정책policy을 마련, 시행하여야 할 책임이 있다. 오늘날 행정의 기능이 확대되고 복잡해짐에 따라 정부가 헌법상의 임무를 다하기 위하여 수립하는 정책도 많아지고 그 내용과 종류도 다양해지고 있다. 우리가 전형적인 규제로 들고 있는 금지·인가·허가·면허 등은 정부가 개인이나 집단의 활동에 제한을 가하는 것이다. 이는 정부의 강제력을 바탕으로 하여 정부의 조치에 반하는 행위, 즉 경자유전耕者有田의 원칙에 반하는 농지거래, 무면허 영업, 무허가 건축물 등에 대하여는 처벌 등 불이익을 가하는 방식으로 규제를 한다. 이러한 규제는 단속이나 감시의 형태로 이루어지는데 종전의 경찰행정하면 이를 지칭하는 것이었다. 그러나 이러한 규제들은 특정 직종에 대한 신규사업자의 진입을 규제하는 결과를 낳게 되어 시장에서의 경쟁이 제약되어 기존 사업자에게 초과이윤을 발생시키는 요인으로 작용되었다. 그리하여 정부에서는 1988년에 원료의약품 수입추천제도를 신고제로, 1991년 연탄제조업에 대한 허가제를 신고제로 각각 전환하는 등 사업자 간 경쟁을 촉진시키는 일련의 규제완화 정책을 실시하였다. 무질서하고 불합리한 상황을 막기 위하여 강력하게 실시한 규제가 오히려 시장을 왜곡시키고 갈등을 낳게 되자 정부가 시장에서 손을 떼는 형국이 된 것이다. 특히, 정부가 시장의 가격결정 시스템에 직접 관여하는 규제방식, 즉 금리규제, 아파트분양가규제, 공공요금규제 등은 단기적 성과는 있었으나, 시장의 자율성을 침해하게 되어 시장이 정부의 정책 발표로 인하여 이리저리 흔들리는 상황에 다다르자 그동안 당연시 되었던 정부규제에 대하여 근본적인 검토를 하게 되었다. '시장의 실패'를 막아보겠다는 정부규제가 오히려 시장을 왜곡시키는 '정부의 실패'를 보게 된 것이다. 여기에서 정부에서 규제라는 정책을 언제, 어떻게 사용할 것인지가 시장을 비롯한 국가의 중요 관심사로 대두되었다. 이와 함께 사회·경제적 차별을 시정하기 위하여 최저임금제도, 장애인 고용보장제도 등 정부가 임금시장과 고용시장에 개입하는 것은 공공문제인 사회 아젠다agenda를 해결하기 위한 불가피한 조치라는 인식이 확대되면서 정부규제는 공공문제를 해결하는 정책의 한 수단이 된 것이다. 이와 같이 현대 사회적 자본주의 체제의 규제는 과거 왕정의 강제적 통치수단에서 벗어나 자본주의 체제의 모순을 해결하는 정책의 수단으로 거듭났다. 특히, 정부보조금 지급 등 정부의 정책수단이 적극적인 인센티브 행정으로 그 성격이 바뀜에 따라 규제의 성격도 소극적에서 적극적으로 바뀌고 있는 것은 규제의 정책화를 촉진시킨 요소이기도 하다.

그리고, 규제의 정책화는 현대 행정국가에서 정부가 다양한 행정수요에 탄력적으로 유연하게 대응할 수 있게 해준다는 점에서 반드시 필요한 것이다. 행정의 역할이 치안, 국방 등 단순하던 시절에는 정부는 입법부가 정해준대로 그대로 집행하였기 때문에 규제위주의 행정을 해도 크게 문제될 것이 없었다. 그러나 현대국가에서는 가진 자와 못 가진 자의 대립 등과 같이 이해관계가 첨예하게 대립되었거나 국민의 자발적 동의를 얻어야 해결될 수 있는 문제 등 종전에는 문제시되지 아니한 것들이 이슈화되어 행정수요로 정부를 압박하게 되었다. 이런 상황에서 종전의 밀어붙이기식 행정으로는 상황만 악화시킨다는 뼈아픈 교훈을 얻고 새로운 상황에 맞는 조치의 중요성이 강조되었다. 이에 따라 성급한 학자들은 거버넌스^{governance} 개념을 들고 나와 국민과의 협력의 중요성을 강조하고 있는 있는데, 어쨌든 종전같이 일방적이고 규제일변도의 행정으로는 행정현안을 해결할 수 없게 된 것은 사실이다. 정부가 조치에 앞서 대두된 행정현안을 합리적으로 해결하기 위하여 어떤 조치가 필요한지 의견을 널리 구하여 대안을 마련하는 민주적 방식의 행정이 필요하게 된 것이다. 다시 말하면 바람직한 정책목표를 정하고 이를 합리적으로 달성할 수 있는 최적을 대안을 찾는 정책결정이 무엇보다 중요하게 된 것이다.

이와 같이 현대국가에서는 규제는 정책목표를 달성하기 위한 하나의 정책수단이 되었는데도, 종전의 규제일변도의 사고에서 벗어나지 못하고 규제를 정책목표와 무관한 '규제를 위한 규제'로 사용하고 있어 안타깝기 짝이 없다. 이는 상황을 더 어렵게 만드는 악수惡手일 뿐이다. 우리가 유념해야 할 것은 아무리 규제를 철저히 한다고 하더라도 모든 부정적인 것을 다 없앨 수는 없다는 것이다. 항생제에 내성이 생긴 바이러스에 대하여 더 강한 항생제를 사용하여 바이러스는 잡을 수 있을 수는 있겠으나 항생제의 부작용으로 더 큰 낭패를 당할 수 있다는 사실을 알아야 한다.

다시 강조할 것은 우리 시대에 필요한 것은 1920년대 밀어닥친 대공황의 문제를 해결한 미국의 뉴딜정책과 같이 헌법이 부여한 당면과제를 제대로 풀어나갈 수 있는 정책을 개발하는 창의적 정책의지이다. 이제 우리의 국정운영방식은 규제라는 통제적, 억압적인 방식에서 정책이라는 문제해결 지향적이고 적극적인 방식으로 전환하여야 한다. 이렇게 합리적이고 창의적인 정책개발에 집중한다면 규제개혁 문제는 부수적으로 해결된다는 사실을 명심하여야 한다.

포지티브 규제에서 네거티브 규제로의 전환

요즈음 하루가 다르게 발달하는 인터넷을 기반으로 산업, 즉 인터넷융합사업은 계속 발전하고 있으나 이에 대한 규제 특히 인허가 등 진입규제는 이를 따라가지 못하고 오히려 관련 산업 활성화를 저해하는 요인으로 작용하자, 규제를 네거티브 방식으로 하자는 소리가 여기저기 나오고 있다. 네거티브negative 규제란 법령에 열거된 것만 금지하고 그 외는 원칙적으로 허용하는 규제방식인데 반하여 포지티브positive 규제는 열거된 것만 허용하고 나머지는 금지한다는 규제방식을 말한다. 따라서 네거티브 규제방식이 포지티브 규제방식보다 규제가 적을 수밖에 없다.

규제개혁의 성과를 올리려면 규제를 네거티브로 하는 것이 바람직한데도 이것이 제대로 되지 아니하는 이유는 무엇일까? 이는 우리나라의 행정이 참다운 민주행정이 안 되었다는 증표이다. "대한민국의 주권은 국민에게 있고, 모든 권력은 국민으로부터 나온다"헌법 제1조 제2항는 표현 그대로 규제를 포함한 국가의 모든 권리는 국민으로부터 나온 것이므로 국민은 원칙적으로 국민으로서의 권리를 행사할 수 있고 예외적으로 국가라는 공동체의 존속 목적을 위하여 제한될 뿐이다. 국민주권주의 원리상 정부의 규제는 네거티브 방식으로 하는 것이 맞다. 미국, 영국에서의 규제가 네거티브 방식으로 행하여지는 것도 정부는 국민이 위임하거나 위탁한 범위 내에서 제한적으로 권력을 행사하여야 한다는 국민주권주의 사고가 지배하고 있기 때문이다. 국민의 활동을 정부가 한정한 범위에 한정하고 나머지는 불허한다는 방식은 왕정시대의 관료제에서나 볼 수 있는 현상인데 아직 이를 벗어나지 못한 우리 행정의 수준이 의심스러울 뿐이다.

규제개혁을 국가개조의 계기로 삼아야

규제에서 정책으로 바꾸어야 한다는 것은 우리의 국가운용방식을 규제 중심적regulation-oriented에서 정책 중심적policy-oriented으로 바꾸어야 한다는 말이다. 현대 우리 행정의 가장 큰 문제점은 권위주의행정이다. 말로는 민주행정을 한다고 하지만 실제의 행정은 그와 반대이다. 정부가 일방적으로 법, 고시 등으로 정해놓고 일을 하려면 이를 따르고 불만 있으면 소송을 하든지 민원인이 알아서 해결하라는 식으로 일을 한다. "그러면 정부는 무엇 때문에 있느냐? 법원만 있으면 되지"라고 소리치는 민원인 입장에서는 답답할 노릇이다. 공복이요, 민중의 지팡이라는 공무원이 이렇게 하면 안 된다. 국민은 통치의 정당성이지 통치의 대상이 아니다. 공무원은 국민이 하라는 대로 일을 해야지 공무원이 국민에게 이렇게 하라 저렇게 하라 해서는 안 된다. 우리는 조선시대의 왕정정치, 일제강점기의 식민적 갈취행정을 지나오면서 국민에게 봉사한다는 민주행정의 문화보다는 국민을 통치, 통제한다는 권위주의 행정문화를 낳았다. 이를 타파하기 위하여 많은 개혁을 한 결과 정부공개 강화, 민원인 위주의 행정, 지방자치 등 행정의 민주화에 큰 성과가 있었다. 하지만 행정내부는 과거의 계층제의 조직을 그대로 유지한 채, 품의제稟議制에 입각한 내부업무 프로세스, 품목品目별 예산제도 등 통제위주의 제도가 행정문화를 형성하여 공무원의 행태를 주도하고 있다. 이와 같이 행정내부의 시스템이 통제 중심적으로 움직이다 보니까 여기에서 생산되는 규제 역시 통제지향적일 수밖에 없다.

이제 정부 규제의 문제는 단순히 규제개혁을 넘어 국가개조 차원에서 일방적인 지시·통제 위주의 행정시스템을 투명하고 민주적으로 바꾸는 문제로 바라보아야 한다. 1960년 중반 존슨 대통령 정부가 기획예산제도PPBS를 도입한 이후, 닉슨 대통령 정부가 도입한 목표관리제도MBO, 카터 대통령 행정부의 영기준예산제도ZBB 등을 보면 이들 제도의 목표가 정책을 평가하여 예산을 편성하는 시스템을 갖게 하는 데 두고, 규제 즉, 정책의 합리화를 도모하게 한 것은 우리가 규제 문제를 어떻게 풀어나가야 하는지를 생각하게 한다.

정책, 어떻게 수립할 것인가?

한국 정책실무와 이론의 현재

위의 뉴딜정책의 예에서 보듯이 정책을 잘 세우면 망하는 나라도 살릴 수 있다. 반대로 정책을 잘못 세우면 잘 나가는 국가도 망하게 할 수 있다. 이만큼 정책이 국가의 흥망과 밀접한 관계가 있는 세상이 되었기 때문에 국가를 지키고 흥하게 하는 정책의 수립은 공무원의 위대한 미션이다. 그런데 정책학The Policy Science자체가 라스웰Lasswell이 1951년 처음 제창하였으니 학문적으로 이에 대한 관심을 가진 것은 최근의 일로 이에 대한 연구는 상대적으로 일천한 실정이다. 현재 우리 학계는 외국의 연구를 그대로 들여와 정책학을 정책과정policy process상의 여러 가지 활동들을 연구하는 것으로 보고, 정책의제설정Agenda building → 정책형성과 채택Formulation and adoption → 정책집행Implementation → 정책평가Evaluation를 과정별로 설명하는 방식을 택하고 있다. 이 중에서 정책형성과 채택 분야는 정책결정의 문제로 중요하다고 보고 행정학에서는 의사결정론으로 강조하고 다양한 정책분석 기법들을 소개하고 있다. 그러나 정책학의 연구대상인 실제의 정책이 사회의 복잡하고 다양한 문제의 해결을 목적으로 하고 있는데다 아주 다양한 측면의 이해관계자가 첨예하게 대립하고 있어 어떤 통일적인 패러다임을 형성하기 어렵다는 현실을 인정할 필요가 있다. 호기심 많은 소년 같이 외국의 논의과정을 피상적으로 보고 좋은 정책 수립을 위한 마법인양 소개하는 것은 정책 실무에 아무런 도움이 되지 않고 오히려 이로 인해 학문이 실무에서 더 멀어질 수 있다는 사실을 알아야 한다. 그보다는 우리 내부로 눈을 돌려 실제로 어떻게 정책이 결정되고 집행되는

가를 살펴보고 이를 학문적으로 검증하는 작업이 현재의 우리에게 절실하다.

이미 우리나라는 개발행정이라 불리는 정책행정을 실시하였고 이의 성공으로 한강의 기적을 이루었다는 사실이 있는데 이를 잊고 외국의 정책학의 연구 경향에만 촉각을 세우고 있는 것이 아닌가 하는 생각이 든다. 최근의 보도에 의하면 서울시가 2006년 이후 2015년 6월까지 총 22개 국가에 서울시의 행정시스템을 수출한 실적을 금액으로 따지면 약 1조원에 육박하는 것으로 나타났다. 특히, LG CNS는 콜럼비아 보고타와 그리스 아테네의 교통시스템 통합 사업을 수주하여 6,445억 원을 벌어들였다고 한다. 한국스마트카드도 뉴질랜드 웰링턴과 태국 방콕, 몽골 울란바토르, 말레이시아 쿠알라룸푸르 당국 등과 482억 5,000만원의 컨설팅, 단말기 납품, 버스관리시스템 구축 계약을 맺었다는 사실이 언론에 보도되었다. 이와 같이 한국의 공무원이 수립한 정책이 일부 분야에 한정이긴 하지만 외국에 수출을 하는 상황에까지 왔다. 그런데도 정책실무 경험이 없는 우리 학자들이 정책의제설정은 어떻게 이루어지고 정책분석기법에는 이러이러한 것이 있다고 초보적인 정책을 강의하는 것을 정책실무자들이 알면 어떻게 생각할 것인지 우려된다.

개발행정 시대의 정책과 그 평가

6·25전쟁으로 얼마 되지 않은 산업시설마저 잿더미가 된 자원빈국의 우리로서는 불균형성장정책이 최선의 선택이었고 그 결과 한강의 기적을 이루었다. 하지만 한강의 기적은 말 그대로 한강이 소재한 서울에서는 큰 기적을 낳았지만 그 외의 지역은 서울의 발전 때문에

희생되는 결과를 가져와 이것이 우리나라를 대립과 갈등으로 몰아넣는 계기를 만들었다. 이와 같이 우리 행정은 국가발전의 촉매 역할을 하였지만 그로 인한 불균형의 문제를 해소하지 못한 면도 분명히 존재한다고 보아야 한다. 이런 관점에서 우리가 행정을 제대로 평가하려면 행정의 역할을 국가발전의 측면에서 재조명해봐야 한다고 생각한다. 왜냐하면 60~70년대 우리의 경제개발의 주축으로 불균형 성장 정책, 경제개발5개년 계획 등 산업화 정책을 수립하고 추진한 사람이 공무원들이고 이로 말미암은 부작용을 최소화시키는 업무를 추진하여야 하는 사람도 공무원들이기 때문이다. 다시 말하면, 경제개발의 전략으로 그동안의 농업 등 1차산업에서 공업 중시의 정책으로 전환한 것이 잘한 것인지, 공업중시의 전략으로 대도시로 인구가 폭발적으로 증가하고, 환경이 오염되는 등 도시화에 따른 문제가 발생하는데 이에 대한 대처는 제대로 하였는지에 대한 평가가 이루어져야 격동의 시기를 보냈던 우리 개발행정을 제대로 바라볼 수 있을 것이다.

우리가 한강의 기적을 이룬 것은 적극적으로 성장위주의 정책을 수립하고 잘 집행한 것에 기인하지만 이러한 정책이 성공한 것은 이러한 정책이 낳은 부작용을 적절히 해소하였기에 가능한 것이다. 한국의 발전은 사실 서울의 발전이라고 할 수 있다. 공업중시의 정책을 실시하다보니 대도시, 특히 서울 중심에 공장이 많이 세워지고 은행 등 공장과 유관한 사업이 서울에 집결하다보니 일자리가 많이 생겨 대도시로 인구가 폭발적으로 몰려오게 되었다. 그러다보니 주택난, 교통체증, 환경오염 등 도시화의 문제가 발생할 수밖에 없었다. 많은 나라가 이러한 도시화의 문제점을 해소하지 못하고 그 문제점 앞에 무릎을 꿇었지만 우리는 이를 합리적으로 잘 해결하여 서울시는 세계 6위권의 대도시로 성장하게 되어 한강의 기적의 상징이 되었다.

정책 성공의 요건 실무분석 —서울 도시화 정책과 그 성공요인—

오늘날의 서울을 보면 도시화의 문제점이 완전히 없어졌다고 할 수 없지만 다른 나라의 대도시들과 비교할 때 상대적으로 잘 발전을 이룬 도시라는 것은 우리나라 안팎의 평가이다. 이와 같이 서울시의 도시화 대응정책이 공업 중심의 성장정책의 문제점을 효과적으로 해소시킨 사실은 우리가 정책을 성공시키려면 어떠한 조치가 이루어져야 하는지를 보여준다는 점에서 정책학의 관심을 일으키기에 충분하다.

그러면 서울시의 도시화에 대한 대응조치가 성공한 이유는 무엇일까? 도시화란 농촌지역의 인구가 그 거처를 도시지역으로 옮겨 도시지역이 밀집되는 현상을 말한다. 이런 현상을 막으려면 도시지역의 인구를 농촌으로 되돌려 보내거나, 원천적으로 일정 기준의 인구를 유지하기 위하여 도시로의 유입을 막는 소극적인 방법이 있고, 도시지역을 넓혀 인구밀집을 완화시키는 적극적인 방법이 있을 수 있다. 서울시는 후자의 방법을 택하여 강남을 개발하여 서울의 영역을 적극적으로 넓히기 시작하였는데 이 방법이 성공하여 서울하면 강남이라고 할 정도로 서울의 중심을 강북에서 강남으로 옮겨놓았다. 한강을 넘어 강남을 서울로 만들지 아니하였다면 오늘날의 한강의 기적은 없었을 것이다.

앞서 말한 서울시의 교통시스템은 도시정책 수출의 70%를 차지하고 있을 정도로 서울시의 새로운 먹거리가 되었을 뿐만 아니라 대도시의 큰 문제점인 교통체증의 문제를 해결하였다. 경제발전과 함께 늘어난 자동차의 증가는 교통체증과 오염이라는 도시화의 병리현상

을 낳자, 이를 해결하기 위하여 도로를 신설하거나 확장하고 지하철
시대를 열었다. 그러나 이러한 확장정책은 지역상 한계가 있어 교통
매체의 수송의 효율화 시책으로 서울시가 고유의 시책을 시행하였는
바, 버스중앙차선제, 교통카드시스템, 지하철 스크린도어 시스템 등
이 그것이다. 버스의 수송력을 높이기 위하여 버스전용차선을 길가에
설치하였는데, 이것이 잦은 차선 변경의 요인이 되어 길가의 버스전
용차선을 도로 중앙으로 옮겼더니 버스의 속도가 빨라지는 계기가 되
었다. 지하철과의 버스의 연계성을 높여 대중교통의 이용도를 높이게
된 것은 교통카드의 공헌이 컸다. 티머니T-money라고 불리는 교통카드
는 환승을 용이하게 해줄 뿐만 아니라 카드가 승객이 타고 내리는 장
소를 기억하게 하여 탑승거리에 따른 요금지불을 가능하게 하고 요금
할인도 할 수 있게 하여 대중교통의 편리성과 이용도를 높이는 데 기
여하였다. 전철역 플랫폼 스크린도어 시스템은 전철의 문제점인 낙상
사고, 소음, 추위와 더위 등을 일거에 해결하였다는 점에서 전철의 이
용도를 높이는 요인이 되었다.

위와 같이 서울시의 교통정책이 도시화의 주된 문제점인 교통체증
의 문제점을 효과적으로 해소하고 외국에 수출까지 하게 된 이유 몇
가지를 알아보자.

첫째, 서울시는 도시화의 문제를 해결하는 데 있어서 도시화의 장
점인 집적효과를 최대한 살리고 도시화의 문제 즉, 교통체증, 오염, 주
택난 등의 문제를 최소화하는 전략을 수립하였다. 정책의 효과를 높
이고 그 부작용은 최소화하는 전략이었다는 점이 눈에 띈다.

둘째, 서울시는 도시화의 문제점을 해결할 때 효율성과 이용객의
편의를 우선에 두는 정책을 수립하였다. 대도시 서울의 문제점이 교

통체증을 해결하기 위하여 대중교통 중시전략을 세웠는데 이는 버스가 승용차나 택시보다 수송효율이 높기 때문이다. 승용차가 4대문 안으로 진입할 때는 통행료를 징구하는 등 이용 통제정책을 쓰고 버스만 다닐 수 있는 버스전용차선을 설치하여 버스의 속도를 높여 버스의 이용도를 높였다. 또한 서민들이 서울시에서 살면서 힘든 것은 교통비 등 높은 생활비인데 이 부담을 줄이기 위하여 서민들이 주로 이용하는 마을버스를 교통카드로 지하철과 연계하여 할인혜택을 주어 서민의 교통비 부담을 줄여주는 시책을 시행하였다. 대중교통을 이용할 수 있는 서민들의 거주 여건을 감안하고 그 부담을 감안한 진정한 민주행정을 실천한 것이다.

셋째, 서울시는 사용자 중심의 정책을 시행하였는바, 승객들이 탑승 시 안전하고 추위, 더위, 소음 걱정이 없도록 스크린도어를 설치한 것은 정책의 방향의 중요성이 정책의 성공을 결정한다는 사실을 알려준다. 한때 지하철 안내방송을 할 때 "열차가 들어오니 안전선 밖에서 계십시오"라는 주의방송이 웃음거리가 된 적이 있다. 행정을 하는 입장에서 보니 이런 어처구니가 없는 상황이 벌어진 것이다.

합리적인 정책결정시스템 구축의 필요성

서울시의 도시화 대응정책과 같이 성공적인 정책을 수립하기 위하여는 먼저 정책에 대한 이해를 제대로 하여야 한다. 어떤 조직이든지 조직이 나아가야 할 방향을 제시하고 이를 수행하는 방침인 정책의 수립과 집행은 필수적이다. 물론 조직이 관장하는 범위 및 대상에 따라 정책 수립의 난이도가 달라진다. 특히, 정부의 정책은 매우 다양하고 이질적인 사회문제 전반이 대상이 된다는 점에서 완벽한 정책이란 있을 수 없다고 보아야 할 정도로 정책을 수립하기가 힘들다. 또한 정부는 국민 전체를 위하여 봉사하여야 하므로 기업과 같이 특정계층·집단을 위해서 정책을 수립할 수는 없다. 문제는 정책이 국민 전체를 상대로 하다 보니 정책의 시행으로 이익을 보는 집단이 있고 불이익을 보는 집단이 있을 수밖에 없다는 사실이다. 이 불이익을 보는 집단의 불만을 어떻게 해소시킬 것인가를 고려하여야 한다. 이것이 정부정책의 특수성이다.

다음으로 생각할 것은 정부의 정책이든지, 사기업의 정책이든지 정책을 시행하는 과정에서 의도하지 않은 부작용이 발생할 수 있다. 문제는 부작용이 예상보다 클 경우 정책이 효과가 떨어지거나 시행되지 못할 수 있다는 점이다. 이것이 정책의 특수성이다. 정책을 학문적으로 다루는 분들은 위와 같은 정책의 특수성 특히 정부정책의 특수성을 염두에 두지 않고 일반적으로 정책의 구성요소를 목표, 수단, 대상자로 보고 정책목표를 유형별로 설명하는 방법을 취하고 있다. 그리고 정책수단은 이를 둘러싼 이해관계자의 갈등이 치열하므로 효율성, 공익성 등의 기준을 갖고 수단을 선택하여야 하며, 정책으로 인해 희생을 당하는 집단을 최소화하고 희생에 대한 적절한 보상이 이루어져야 한다고 설명하고 있다. 어려운 일을 막연하게 설명하고 있는 것이다. 정책결정의 합리성 제고를 위한 정책결정시스템의 구축 문제로 보지 않고 목표, 수단, 대상자를 독립적이고 단편적으로 본 것이다. 적절한 예일지 모르지만, 자동차의 성능제고라는 목표를 달성하기 위하여 자동차의 여러 구성요소 중에서 엔진의 연료공급 방식을 효율적으로 변경하기로 결정하였다하여 자동차의 성능제고라는 목표를 달성하였다고는 볼 수 없다. 연료공급 방식시스템의 변경으로 생기는 문제점, 예로 들면 배출가스 증가라는 문제점을 해소하기 위한 배출가스 저감장치를 연료공급 방식시스템과 같이 설계에 반영하여야 목표 달성을 위한 시스템 구축이 되었다고 볼 수 있다.

우리나라에서 성장정책의 일환으로 공업중시 시책이 성공한 것은 공업화로 말미암은 문제점, 즉 도시화의 문제점을 해결하기 위한 시책을 동시에 수립하여 시행하였기 때문이라는 점을 유념하여야 한다. 1960년대 우리의 여건상 공업중시 정책을 추진할 때에는 우리에게는 값싼 임금으로 고용할 수 있다는 장점을 고려하여 결정한 것이다. 그렇다면 공업중시 정책의 실시는 농촌의 인구가 도시로 이동한다는 것을 전제로 한 것이고 도시로의 인구집중으로 말미암아 주택난, 교통난 등 인구밀집으로 인한 문제가 발생하게 된다. 이를 해소하지 못하면 공업중시 정책의 시행과정에 많은 저항이 생기고 어쩌면 국가 전체로 보면 정책 시행으로 얻는 이익보다 문제점이 낳을 불이익이 많게 될지 모른다.

하나의 정책을 제대로 설계하기 위하여는 정책목표를 효율적으로 추진시킬 수 있는 하위 시스템의 정책sub-policy이 정책시스템 내에 설치되도록 설계되어야 하고 본 정책의 실시로 말미암은 문제점 해소를 위한 하위 시스템의 정책sub-policy이 제대로 설계되어 있어야 한다. 물론 문제점 해소를 위한 정책 역시 문제점 해소를 촉진시킬 수 있는 하위 시스템의 정책sub- subpolicy이 설계되어야 하고 문제점 해소 시책으로 말미암은 문제점 해소를 위한 하위시스템이 연속적으로 설계되어야 할 것이다.

이와 같이 정책을 수립하여 실시하고자 할 때에는 정책목표 달성을 촉진시킬 수 있는 방책과 본 정책의 시행으로 인한 문제점 해소 방안을 동시에 마련하고 이를 병행하여 실시하는 과정을 거쳐야 할 것이다. 그런데 우리는 정책의 구성요소를 목표, 수단, 대상자로 보는 방식으로 정책을 수립하고 집행하다 보니 정책 결정 시 문제점이 상대적으로 적고 장점이 많은 정책을 수립하게 된다. 실무적으로 많이 쓰는 방식이 1안, 2안, 3안으로 나누어 각 안의 장단점을 열거하여 품의稟議, 즉 결재를 올리면 결정권자가 이를 택하는 방식을 사용한다. 이런 방식은 결재권자의 능력에 따라 정책의 성공 여부가 결정된다는 약점이 있을 뿐만 아니라 장단점을 모두 고려하다 보니 목표달성에 효율적인 수단을 선택할 수 없고 본 정책의 시행으로 인한 문제점 해결도 안 되는 상황에 다다를 수 있다. 우리의 정책을 수립하고 집행하는 데 있어서 가장 큰 문제점은 이해집단 간의 갈등이 첨예하여 이를 시행하기 어렵게 되는 사례가 여기저기에서 발생한다는 것이다. 정책을 추진하는 입장에서는 공청회 과정과 이해관계인 공람·열람 등 행정절차법이 요구하는 절차를 거쳤기 때문에 문제가 없다고 보고 이를 밀어붙이고 있으나 우리의 정책 수립 시스템이 제대로 되었는지를 먼저 생각해 보아야 할 것이다. 우리는 개발행정을 하면서 고도의 정책수행 능력과 경험을 갖추었는데도 이를 발전시키지 못하고 갈 길을 몰라 우왕좌왕 하는 모습이 안타까운 현실이다.

우리가 여기서 유념할 것은 정책 결정 시스템의 구축은 조직의 구성을 이에 맞춰야 그 효과를 볼 수 있다는 것이다. 우리는 업무를 유연하고 효율적으로 처리하기 위하여 '팀제'를 도입하여 운영을 하고 있다. 그러나 팀제가 기존 계장, 과장이 하던 체제를 그대로 이어 받아 이름만 바뀌었지 운영상 변화를 찾아볼 수 없다. 물론 그 효과도 나타나지 않고 있다. 본래 팀제는 한시적인 조직으로 운영되어야 함에도 상설 조직화되었기 때문이다. 팀제야말로 합리적인 정책 결정 시스템 구축에 적합한 조직인데, 팀을 정책수립팀, 정책촉진팀, 문제 대응팀 등으로 나누어 유기적으로 운영할 수 있는 강점이 있다. 앞으로의 조직은 정책에 맞추어 사업project별로 구성되어야 할 것이기 때문에 현재의 상설조직의 상당부분도 한시조직으로 바뀌는 유연성을 보여야 할 것이다. '정책과 조직은 항상 같이 간다'는 조직철학이 뒷받침되어야 정책 환경의 변화에 유연하게 대응하는 정책이 나오게 되어 정책목표를 달성할 수 있다. 행정조직을 사업별로 재조직해야 하는 이유는 정책의 효율적 수립과 집행이라는 강점도 있지만 조직을 유연하게 하여 관료제의 단점인 경직성을 해소할 수 있고 정책별 구성이라는 점에서 책임행정을 앞당길 수 있기 때문이다. 요즈음 국가재정법에서 성과중심 예산제를 도입하였지만 예산 편성의 단위가 사업별로 되지 않고 기관별로 되어 있어 성과중심의 예산이 성과를 보지 못하고 있다. 이는 현재의 조직이 사업별로 구성되어 있지 않기 때문이다.

마지막으로 정책을 분석하고 연구하는 '싱크탱크think tank'를 육성하고 양성하여야 한다. 정책이라는 것이 번뜩이는 아이디어로 일시에 만들어지는 것이 아니다. 더구나 실무자가 정책을 연구하고 개발한다는 것은 쉬운 일이 아니다. 우리나라에도 한국개발연구원KDI 등 정책개발을 위한 연구기관이 없는 것은 아니나 지금보다 더 많은 정책연구기관이 만들어져야 한다. 현재는 정부에서 대학 등 연구기관에 용역을 발주하는 방식으로 정책을 개발하고 있으나 이는 정부의 의사가 반영될 수 있어 독립적이고 객관적인 정책을 얻기가 어렵다. 이런 용역발주보다는 정부에서 이들 싱크탱크들이 서로 경쟁하도록 하고 경

쟁에서 이긴 정책을 사오는 방식을 사용한다면 좀 더 합리적인 정책
이 만들어질 수 있다는 점에서 이 방법을 적극 추천한다.

5

민주행정의 길

담당 공무원이 기안한 건이 국민의 생활 속에 어떻게
반영되고 있는지 공무원의 눈과 귀가 상급자가 아닌
국민에 향하여 있는 행정이 민주행정이다.

제5장
민주행정의 길

국민전체에 대한 봉사자로서의 공무원

공익은 공무원의 행동기준

'공복', '민중의 지팡이'라는 용어가 공무원을 지칭한다는 것은 모르는 사람이 없을 것이다. 민주국가인 대한민국에서 주권재민主權在民의 원칙에 따라 공무원은 국민의 종이고, 국민이 주인이라는 말은 당연하다. 또한 대한민국 공무원의 제1행동원칙은 '국민전체에 대한 봉사자'라야 한다는 데 이론이 있을 수 없다. 이에 따라 그동안 공무원이 국민 위에 군림하는 권위주의에서 벗어나 국민을 위한 행정을 펼치는 봉사행정, 민주행정을 하여야 한다는 점이 누누이 강조되어 왔다. 민원을 취급하는 민원봉사실은 에어컨 등 거의 은행 수준의 시설을 갖추고, 담당직원들은 백화점 직원들로부터 90도로 인사하는 법까지 배우게 하여 친절한 공무원이라는 인식을 갖도록 교육시켰다. 더불어 이러한 외형적인 면의 변화뿐만 아니라 내면의 변화를 이루기 위하여 다산의 목민심서를 모든 공무원들이 업무의 지침으로 삼도록 교양교육도 겸비하였다. 그렇다면 민주행정은 이루어졌는가? 그런데도 왜 공무원은 국민들로부터 질타를 받는 동네북이 되고 공공의 적이 되어 비난의 대상이 되는 것일까? 이는 공무원들이 국민 전체를 위하여 일하지 않고 있기 때문이라는 사실을 알아야 한다.

여기서 유의할 것은 공무원은 국민'전체'의 봉사자라는 점이다. 그런데 국민전체라는 개념은 유권자의 개념과 같이 조직화된 가시적 개념이 아니라는 점에서 이를 악용할 소지가 많다는 문제점이 있다. 국민의 개념이 이와 같이 다양하고, 추상적이다 보니 많은 사람들이 자신들의 행동의 근거로 국민을 위한다고 하여도 이를 판단할 방법이 없다. 따라서 이에 대한 명확한 입장을 정리하는 것은 아전인수식 해석으로 인한 혼란을 막고 민주주의 자체가 위협 받는 사태를 막을 수 있다는 점에서 이는 매우 중요한 문제이다.

헌법에서 말하는 봉사의 대상으로서의 '국민전체'라 함은 실체적 존재인 자연인 또는 법인으로서의 사람을 의미하는 개념이 아니라 공익이라는 개념을 의미하는 것으로 해석하여야 한다. 영어에서 공무원을 public servant, 즉 공복公僕이라고 하는 것과 같은 개념이다. 이를 가지고 이현령비현령耳懸鈴鼻懸鈴 식으로, 아전인수我田引水 식으로 해석할 개념이 아닌 것이다. 물론 공익이라는 개념자체가 추상적이기 때문에 다양하게 해석될 수는 있지만 현재의 행정문화 수준에서 그 개념을 정립한다면 그리 어려울 것도 없을 것이다. 어쨌든 공무원은 오로지 공익을 위하여 일하여야 한다는 것은 헌법이 명하는 바이다. 공무원은 자연인, 법인이라는 실체로서의 국민이 아닌 공익을 행동기준으로

삼아 공무에 임하라는 것이다. 그런데도 헌법학 교과서 중에는 '전체'
라는 용어를 문리적으로만 해석하여 국민전체에 대한 봉사란 국민전
체의 이익을 위한 봉사를 말하며, 일부 국민이나 특정단체의 이익을
위한 봉사를 금지한다는 뜻이라고 설명하고 있는 것들이 있다. 이는
하나마나한 설명이다. '국민전체'라는 용어를 쓴 것은 우리 헌법이 공
익의 개념을 현재 다수설인 '불특정다수의 이익'을 넘어 '국민전체의
이익'으로 확대하려고 함에 있다. 따라서 이를 적극적으로 해석하여
야 한다는 것이 헌법의 의도로 볼 수 있다.

공익의 개념은 공무원의 행동기준이 될 뿐만 아니라 공무와 사무의
개념과 같이 공무원의 직무범위를 정하는 기준이 된다는 점에서 이에
대한 중요성은 더 이상 말할 필요가 없다. 더구나 「공공기관의 갈등
예방과 해결에 관한 규정」 제7조에 "중앙행정기관의 장은 공공정책
을 수립·집행할 때 달성하려는 공익과 이와 상충되는 다른 공익 또는
사익을 비교·형량하여야 한다"고 규정한 것과 같이 행정의 근거가 되
는 각 법·규정 및 판례에 '공익'의 개념이 명시적으로 등장하고 있다.
따라서 문제가 되는 대상이 공익이냐 아니냐는 공무원의 업무냐 아니
냐를 가늠하는 기준이므로 이 개념이 제대로 정립되지 않는다면 그
혼란은 불을 보듯 분명하다. 그런데도 헌법 교과서는 헌법 제7조를 해
석함에 있어 공익에 대한 언급조차 하지 않고, 공직의 지침서여야 할
행정학에서도 이를 헌법과 연결시켜 공익 개념을 구체화하여야 할 터
인데 공익에 대한 외국의 이론만 소개하고 있는 것은 유감이다.

이와 같이 실무는 차치하고라도 이론적으로도 공익관을 정립하지
못하고 있으니 "나는 대한민국 국민인데 공무원이 나를 위해서 일하
지 않는 것은 민주국가의 공무원으로서의 자격이 없다"며 떼를 쓰는

민원인에게 말 한마디도 못하는 것이 아닌가? 심지어 취객이 경찰서에서 국민이 이 나라의 주인인데 나에게 주인대접을 안 해준다며 경찰관을 폭행하고 공공기물을 부수는데도 민주주의는 원래 그런 거라며 넘어가는 현실이 참 개탄스럽다. 우리 정부가, 우리 공무원이 어떤 공익관을 갖고 있느냐에 따라 우리의 정부의 지향하는 목표가 달라지고 이에 따라 나라의 발전도 결정된다는 점에서 이의 중요성은 아무리 강조하여도 지나치지 않다.

공익에 관한 학문적 논의

앞서 서술한대로 민주주의의 개념과 같이 공익의 개념 역시 관점에 따라 다양한 해석이 가능하여 이 개념 역시 오남용 될 수 있다는 점을 유의해야 한다. 학문적으로도 실체설, 과정설, 공리설, 규범설 등 공익에 대한 다양한 견해를 제시되고 있는데, 이들 견해 역시 철학자의 주장을 행정 개념으로 차용하고 있어 행정 실무에 적용하기에는 마땅하지 않다.

공익이라는 것을 시공을 초월한 개념으로 본다면 이는 철학과 같이 영원한 숙제로 남을 수 있다. 공익은 이 시대 공직자가 추구하여야 할 이념이고 가치이다. 문제는 이 시대 공직자가 업무를 수행하는 데 도움을 줄 수 있는 가이드라인을 설정할 수 있느냐는 것이다.

근대 행정의 공익관 형성에 큰 영향을 준 공리설은 공익을 사익의 총합이거나 사익 간의 타협 또는 집단 상호작용으로 보고 있다. 개인주의 내지 다원주의를 그 기초로 하는 벤담J. Bentham, 밀J.S. Mill 등의 공리주의적Utilitarianism 공익관은 공익의 개념을 인간의 행동원리와 의견 수렴 과정에서 찾는다는 점에서 근대 민주주의 사상과 맥락을 같이 하고 있다. 즉, 모든 인간의 행동은 쾌락을 극대화하려는 욕구로부터 나오는 것이므로 사회의 행복을 최대로 하려면 많은 사람들이 가능한 한 많은 행복을 받을 수 있도록 하는 것이 필요하다는 것이다. 공리주의자들은 '최대다수의 최대행복the greatest happiness of the greatest number'을 목표로 하므로 최선의 행정이란 최대 다수에게 최대의 선善을 결과하는 행정이라는 것이다.

그러나 자본주의가 개인의 사익추구는 '보이지 않는 손'에 의하여 공익을 보장한다고 했지만 결과는 다수자나 강자의 이익에 편중되어 소수자나 약자로부터 많은 비난을 받아왔다. 특히, 다수결의 원칙은 문제를 보다 신속하게 해결할 수 있다는 강점이 있지만, 소수의 의견은 다수결의 의견에 동의할 수 없다는 명분을 쌓는 도구라는 인식이 확대될 수 있는 리스크가 내재해 있다. 사안에 따라서는 시간이 걸릴지라도 끊임없이 반대의견을 듣고 다수의 안을 보완·수정해가는 노력이 필요하다. 이것이 민주주의이고 헌법이 말하는 '국민전체'를 위하는 것이다. 법원의 판결보다도 유전무죄, 무전유죄의 말에 공감이 가고, 다수결의 원칙에 따라 다수는 항상 승자winner이고 소수는 항상 패자loser가 되는 것이 정의로운지 의심이 들면 그 비난은 그 제도를 운용하고 있는 정부를 향하게 된다. 체제의 근본에 대한 의심이 드는 것이다. 이제 우리는 다수결의 원칙이 우리 사회의 문제해결의 원칙이 되어야 하는가를 심각하게 살펴볼 시점이 되었다. 우리 헌법은 정부가 가진 자, 강자의 편이 아니라 못 가진 자, 약자의 어려움을 보살필 수 있는 따뜻한 가슴을 가질 것을 요구하고 있다.

그러한 맥락에서 본다면 공익이 다수자나 사회전체를 위하는 것이라 할지라도 소수자나 약자의 권익을 희생해서는 안 되며, 정부는 소수자나 사회적 약자를 우선적으로 배려해야 공익을 실현하는 것이 된다는 롤즈^{J. Rawls}적 정의론^{justice theory}으로 보완된 공리관이 자유권과 사회권을 보장하는 우리 헌법이 예정하고 있는 공익관에 좀 더 가까울 것이다.

이러한 공익관을 우리 현실에 실현시키려면 공무원의 행동기준으로 '공정^{fairness}'을 설정하는 것이 중요하다고 본다. 자원과 기술이 부족한 개발연대의 우리 국민들은 정부가 불균형 개발전략을 구사하여도 이것이 우리가 잘 살 수 있는 유일한 방법이었으므로 여기에 대해 가타부타 말할 처지가 아니었다. 그러나 선진국 대열에 든 오늘날 국민들은 정치·사회·경제적 영역에서 주체적 역할을 하는 사람들이 공정하게 게임을 하고 있는지에 대해 정부가 공정하게 관리해 줄 것을 요구하고 있다. 따라서 공무원은 어떤 사안을 판단함에 있어 정부가 한쪽에 치우칠 경우 이로 인하여 피해를 보는 사람이 있다는 것을 항상 명심하여야 할 것이다. 공무원이 맡은 바 일을 공정하게 하려면 선공후사^{先公後私}의 정신을 갖고 업무에 임하는 수밖에 없다.

공익에 대한 실무적 이해

위에서 언급한 바와 같이 공익이 무엇인가 하는 것을 우리가 추구하여야 할 가치의 문제로 볼 경우 이는 쉽게 해결될 문제가 아니다. 하지만 실무적으로는 법제화를 통하여 공익이 결정된다는 점에서 이를 민주주의라는 의사결정 시스템 속에서 공익을 결정하는 방식에 우리는 관심을 집중하여야 할 것이다. 다행히 우리 헌법은 공무원이 해야할 미션을 제시하고 있고 특히, 헌법 제7조는 "공무원은 국민전체의 봉사자"라고 규정함으로써 공익이 국민전체의 이익임을 간접적으로

나마 제시하고 있다. 여기서 우리는 헌법에서 '전체'라는 용어를 의도적으로 쓴 것에 유의하여야 한다. 이는 공익의 해석에 유연성을 두기 위함이다. 전체全體를 전원全員으로 보는 문언文言해석을 하지 못하도록 함에 헌법의 의도가 있다고 보아야 한다. 국민의 대표기관의 의사를 국민의 의사로 보는 대의민주주의의 대표성代表性과 같이 공무원이 전체 국민을 위하여 일하면 이는 공익을 위한 것으로 보아야 한다는 것이 헌법의 의도임을 알아야 한다.

실무적으로는 어떤 문제가 사회적 이슈가 되어 이를 정책의제agenda로 다룰 것인지 논박하는 과정에서 사안의 공익성은 중요 잣대가 되고 이를 공익화하며 뒷받침하는 조치가 국민의 대표기관인 국회의 입법활동의 결과물인 법령에 구체적으로 제시되고 공무원은 법령에 규정된대로 집행하면 공익을 위한 것으로 취급되고 있다. 만일 이러한 공무원의 행위의 공익성 여부에 대하여 논란이 일면 헌법재판소 등 사법부의 헌법해석으로 가부可否가 판정된다.

이러한 공익의 결정 과정을 구체적으로 살펴보자. 어떠한 일을 사적 자치私的自治의 영역에 맡기기에는 부적당하거나 사적 자치로 결정할 경우 오히려 사적 질서가 훼손될 우려가 있는 경우 사적 질서의 보호를 위하여 이를 공적인 사항으로 취급하는 작업을 하는데, 우리는 이를 입법작용이라고 부른다. 이러한 사항은 공익에 관한 사항으로 법치행정의 원리에 따라 행정은 이를 성실히 수행할 의무가 있다. 그런데 헌법재판소 등에서 이와 같은 일은 공적기관이 하는 것 보다는 사적 자치로 해결하는 것이 바람직하다고 판단하면 위헌결정을 내려 다시 사적 영역으로 원상회복시키고, 반대의 경우에는 공익성을 유지시키는 것이 민주주의 방식에 따른 공익과 사익의 구별 방법이다.

이러한 공익결정시스템에 역행하는 방식이 만장일치滿場一致에 의한 공익결정방식이다. 만장일치에 의한 결정방식은 전체국민을 국민전원으로 보는 직접민주주의 방식으로 대의민주주의에 반하는 방식이다. 이는 민주주의를 그리스의 철학자 아리스토텔레스가 말한 '우민愚民정치'로 변질시킬 우려가 있다. 반대로 다수결에 의한 결정방식은 한 명이라도 우위에 있으면 상대방은 이에 굴복하여야 한다는 논리인데, 이는 다수결로 위장한 다수의 횡포가 나타날 수 있다는 점에서 조심하여야 한다. 우리가 전체국민이라고 할 때 전체를 전원이라고 해석해서도 안 되지만 모집단의 51%를 전체로 추론하는 것은 전체의 의미를 심히 왜곡한 것이다. 그런데도 업무의 능률적 처리라는 명분으로 악용되는 다수결의 논리는 민주국가에서 축출되어야 할 독재의 논리임을 잘 알고 있어야 한다.

「도시 및 주거환경정비법」제8조 등에서 재개발 사업을 하고자 할 때 전체 주민의 75%의 동의를 받는 것이 위의 헌법 규정과 어떤 의미를 갖는 것인지를 알아보자. 위 법은 전체 주민의 75%를 전체 주민의 의사재개발사업을 공익으로 하고자 하는 의사로 간주하고 사업을 추진하도록 하고 있다. 설사 나머지 25%의 주민이 사업을 반대하더라도 수용권을 발동하여 사업을 추진할 수 있도록 하고 있다. 동법의 이런 태도는 헌법의 공익관과 합치되는 잘된 것으로 판단된다. 만일 전체 주민 100%의 동의를 받아야 한다면 아마 재개발 사업은 끝내 시행될 수 없을지도 모른다. 그렇다고 전체 주민의 51%만의 동의를 받아 재개발 사업을 강행 처리한다면 주민들은 찬반贊反으로 갈라져 분쟁에 휩쓸려 사업은 난관에 부딪히고 이런 방식을 승인한 기관은 양쪽으로부터 비난을 받는 상황에 직면할 것이다. 우리가 전체의 개념을 탄력적으로, 때로는 상식적으로 보아야 하는 이유가 여기에 있다.

민주성과 능률성의 관계

우리는 한때 능률적인 국정운영을 위하여 민주주의는 유보되어야
한다는 논리가 지배적인 시절이 있었다. 저개발국에서 발전도상국으
로, 발전도상국에서 선진국으로 도약하기 위해서는 부득이 민주적인
국가보다는 생산적이고 능률적인 국가가 필요하다는 논리였다. 이러
한 개발행정의 논리에 대해 민주성과 능률성은 상충된다는 주장과 양
자는 사회적 능률, 효율성 등으로 조화될 수 있다는 주장이 제기되어
양자 간의 관계가 이슈가 된 적이 있었다. 그런데 이러한 주장들은 민
주성과 능률성은 비교의 대상이 되지 않는 서로 다른 차원의 개념인
데 이를 같은 차원으로 보고 하나를 택하고 다른 하나를 버리는 논리
에 입각하고 있거나 양자를 적당히 혼합시키는 모순을 지니고 있다.
민주성은 민주공화국이 지향하는 방향 또는 목표의 문제이고, 능률성
은 시스템상 관리의 문제이다. 따라서 양자는 상충될 수도 없고 혼합
될 수도 없는 개념이다. 사회적 능률, 효율성과 같이 실체를 파악하기
어렵고 애매한 말로 혼란을 일으켜서는 안 된다. 민주공화국에서 민
주성이 능률성을 위하여 유보되는 것은 민주주의의 유보이자 중단이
다. 행정에 있어서의 민주성이란 무엇인가? 이는 헌법 제7조가 말하는
"공무원은 국민전체에 대한 봉사자며, 국민에 대하여 책임을 진다"는
말이다. 그런데 어떻게 공무원이 국정을 능률적인 운영을 위하여 헌법
제7조를 못본 척 할 수 있다는 말인가? 이제 이런 말장난은 그만두자.

이와 반해서 능률성과 형평성의 관계 설정의 문제는 우리 시대에
다 같이 고민해봐야 하는 문제이다. 이는 성장과 분배의 논쟁의 다른

이름이기도 하다. 잘 알다시피 애덤 스미스 이래의 시장주의자들은
성장과 능률을 강조하여 자본주의를 활짝 꽃피게 만들었지만 이로 인
하여 부익부빈익빈富益富貧益貧 현상이 가속화되어 정부가 나서서라도
성장의 과실을 나눠 말뿐인 법적 평등에서 사회적 형평으로 나아가야
한다는 데 국민적 합의를 보았건만 어떻게 대립적인 양 개념을 조화
시킬 것인가에 대해서는 여전히 이 사회의 숙제로 남아 있다.

민주행정의 현실

민주주의인 우리나라의 행정이 민주행정이어야 한다는 점에 이의
를 제기할 사람은 없을 것이다. 그렇다면 '오늘날 우리 행정은 민주행
정인가?'라는 물음에 대한 답은 어떻게 나올 것인지 궁금하다. 물론 풀
뿌리민주주의라는 지방자치가 부활하여 실시된 지 20년이 되었고, 국
민의 직접선거에 의한 민주정부가 안착되었으므로 정치적으로는 민
주주의가 확립되었다고 할 수 있다. 따라서 행정도 민주행정으로 꽃
이 피어 국민으로부터 사랑받는 행정이 되어 있어야 한다. 그런데 현
실의 공직자는 제 할 일을 안 하거나 못하면서 제 밥그릇만 챙기는 못
된 집단으로 매도되고 있다. 공직자가 국민의, 국민에 의한, 국민을 위
한 행정을 하였는데도 왜 국민은 공직자를 공공의 적으로 비난하는
것인가? 이는 정치적 민주화로 국민의 행정, 국민에 의한 행정은 이루
어지고 있는 데 반해서 '국민을 위한 행정'이냐에 대해서는 국민이
"No"라고 하는 것이 아닐까? 이에 대한 답을 하기에 앞서 해방 이후
우리 행정의 모습을 국민의 입장에서 살펴보자.

서양에서의 행정에 대한 개념이 시민계급의 투쟁의 산물인 데 반하

여 우리 행정의 개념은 미국으로부터 수입해온 개념이다. 즉, 한국행정의 근대적 개념은 1948년 대한민국 정부수립 이후 삼권분립체제 도입과 함께 미국으로부터 과학적 관리법에 근거한 능률행정을 도입하며 형성되었다. 그런데 행정개념의 도입 근거가 된 능률성은 조선시대의 왕정통치행정과 일제강점기의 식민통치행정의 유습에 의하여 '국민을 위한 행정'으로 연결되지 못하고, 권위적이고 형식적인 행정의 합리화 도구로 전락되는 결과를 낳았다.

초대 공화국 정부인 자유당 정권에서 권위주의적 대통령에 의하여 행정이 좌지우지되어 국민에 군림하는 '가부장家父長적 권위행정'이 된 것은 국민의 의식 속에 관존민비의 유교적 사고가 남아있었기 때문일 것이다.

잠시 민주당정부에서 정치적 민주주의가 강조되었지만 이는 혼란만 낳는 약한 정부라는 인식만 남겨 놓았다. 혹자는 지방자치제가 전면실시된 민주당정권의 행정이야말로 진정한 민주행정이라고 하지만 동시에 이는 준비 안 된 행정을 무조건 이식만 한다고 되는 것이 아니라는 사실을 우리에게 인식시켜준 결과가 되었다.

그 후 공화당정권에서는 경제성장과 안보를 위하여 민주주의를 유보한 채 강력한 정부의 필요성을 강조하였다. 자원과 기술이 부족한 저개발국을 발전시키기 위해서는 행정이 국가를 끌어가야 한다는 논리에 따라 '계도적啓導的 행정'의 임무를 부여받는 행정에게 국가발전을 위하여 재량권이 광범위하게 위임되었다. 이러한 행정을 견제하여야 하는 국회와 정치단체는 관료주의화 하면서 국민의 대표기능을 수행하지 못하게 됨에 따라 행정권의 비민주적 행사의 확대를 막지 못하였다. 이런 상황에서 공무원들은 '내가 국가의 발전을 이끈다'는 엘

리트 의식과 권위주의적 행태에 빠지게 되어 '국민을 위한 행정'에서 점점 멀어지게 되었다.

행정이 이와 같이 권위주의로 흘러가고 있는 상황에서 일어난 1987년의 6월 항쟁을 계기로 정치권력이 민주화되고 시민사회가 성장하면서 행정의 민주화를 강력히 촉구하기 시작하였다. 그 결과 지방자치의 전면실시, 행정의 투명화를 위한 정보공개법, 행정절차의 민주화를 위한 행정절차법이 행정의 민주화를 위하여 제정, 시행되는 등 행정의 민주화를 위한 가시적인 성과가 있었다.

민주행정의 걸림돌

권위주의 행정문화

국민은 이와 같이 정치적, 제도적으로 민주행정의 기반을 이루어 놓았기 때문에 당연히 행정은 국민을 위하여 존재한다는 생각을 하고 있음에도 현실의 행정은 과거 권위주의적 행정의 행태를 보이고 있다면 공무원 조직에 대한 반감은 상당할 것이다. 공무원 자신도 이렇게 변화된 환경에 적용하기 위하여 노력을 하고 있다고 하지만 실제 행태는 권위주의적 행정시대의 업무처리를 하고 있다는 것이 국민이 바라보는 공무원 문화의 실상이다.

이러한 권위주의 행정문화는 공법관계뿐만 아니라 대등한 당사자 관계인 정부와 개인의 사법관계인 계약관계에서도 나타나 정부가 당사자라는 사실만으로 공무원은 일방적으로 지시하고 상대방은 이는 수용하는 행태를 보이게 되었다. 이것이 우리나라에 독특한 '갑甲'문화라는 것이다. 이는 정부와 개인의 계약서를 작성하면서 정부를 '갑'으로 표시하고, 상대방은 '을'로 표기하는 관행을 들어 법률상의 지위에 상관없이 한편이 일방적으로 우위에 서고 상대방은 이를 받아들일 수밖에 없는 계약의 사실상의 불평등을 지칭하는 말로 관과 이해당사자 간의 관계를 지칭하는 것이었다. 원래 공법관계에 있어서의 권력관계는 법적 관계를 설정하고 이를 집행하는 과정에서 행정청의 행정행위는 감독청이나 법원에서 무효가 되기 전까지는 상대방은 잘못된 행위라도 인정하여야 한다는 이른바 **공정력**公定力으로 인하여 행정주체의 의사의 우월성이 인정되지만, 계약과 같은 비권력적 행위는 법률상으로 당사자 간에는 대등한 관계라야 한다. '갑'이니 하는 말이 나온다는 것은 법률로는 대등한 관계를 만들어놨지만 양자의 역학관계로 인하여 공무원이 사실상 주인이 되고 상대방 국민은 종이 되는, 민주행정과는 상반된 행정이 되었다는 것을 의미한다. 정부와 관계를 맺은 사람들이 공무원의 갑질 횡포를 경험하고는 '공무원들은 공무원이라는 사실만으로 개인을 짓누르는 집단'으로 매도하는데 공무원의 '갑'문화가 질타의 도구로 사용되고 있는 것이다. 이제는 거래관계에서 우위에 있는 대기업 등도 약자인 중소기업을 착취한다고 할 때도 '갑질'을 운운하는 등 '갑'은 강자를 상징하는 용어가 되어 원조 '갑'인 정부는 이래저래 비난을 면치 못하는 불편한 대상이 되었다.

법률상 대등한 계약관계에서 사실상 정부가 갑이라는 강자가 되는 것은 정부가 독점적 지위에 있기 때문이다. 정부가 공사를 발주할 때 공사 수주를 위하여 기업들이 공무원들에게 로비를 하여야 할 경우가 생길 수 있는데, 이 경우 자연스럽게 발주부서는 상대방을 선택할 수 있다는 사실만으로 갑이라는 우위에 서게 된다. 발주부서의 공직자는 국민의 선량한 관리자로서 국민을 위하여 선택권을 행사하여야지 자기 마음대로 행사를 하여서는 안 된다는 것이 민주행정의 기본원리이다. 따라서 '내가 맡은 업무이니 내가 마음대로 한다'는 식으로 계약을 할 것이 아니라, 어떻게 하는 것이 국민에게 도움이 되는지를 염두에 두고 합리적인 계약을 체결하여야 한다. 그렇게 하려면, 공무원이 맡은 업무가 을에 의하여 잘 구현되도록 '을'인 계약당사자에게 사정을 하고 부탁을 하여야 하는 것이지 거들먹거리며 안하무인격으로 이른바 갑질을 하여서는 안 된다. 법률상으로 대등관계인 계약관계가 실제로는 불평등 관계인 것이 현실이라면 권력관계는 어떠하겠는가? 권위주의 행정은 우리가 민주행정을 위하여 반드시 극복하여야 할 장애물이라는 인식을 갖고 공직자의 공직개혁 차원에서 이루어져야 하는 이유가 여기에 있다.

왜곡된 보고행정

우리 행정의 고질적인 문제점인 탁상행정을 없애기 위하여 '발로 뛰는 행정'을 강조하고 있지만 여전히 발로 뛰지 않고 '앉아서 하는 행정^{탁상행정}'을 하고 있는 이유는 무엇일까? 이는 우리 행정의 잘못된 '보고행정'에 기인한다. 정부의 일을 맡고 있는 사람 입장에서는 행정이 국민 속에 어떻게 구현되고 있고 국민은 행정에 대해서 어떻게 생각하는지 알아야 국민의 지지를 받는 행정을 펼칠 수 있을 것이다. 이런 필요성 때문에 왕정시대나 공화정에서나 담당자는 국민의 실상을 파악해서 이를 상급자에게 보고하는 체제를 나름대로 갖추고 있었다. 지금도 우리 일선에서 출장을 다녀와서는 그 내용을 '복명서復命書'로 작성하는데, 서애 류성룡 선생이 지은 징비록懲毖錄을 보면, 조선시대 선조 시절 일본의 침략 가능성에 대한 황윤길 정사와 김성일 부사의 출장 보고를 '復命'이라고 하고 있음을 볼 때 왕정에서도 보고는 정부 시스템에 있어서의 중요한 요소였음을 알 수 있다.

그런데 왕정체제와 공화정 체제가 다른 것은 보고의 최종 전달자가 왕이냐 국민이냐 하는 데 있다. 우리는 담당공무원이 기안을 해서 최종 결재권자의 결재를 받으면 곧 시행에 들어가기 때문에 결재로 당해 업무가 종결된다는 생각을 할 수도 있지만 이러한 태도는 공화정 시대의 민주행정의 모습이라고 할 수 없다. 당해 건을 시행함으로써 이를 국민에게 보고한다고 생각하는 것이 공화정 체제의 민주행정의 모습이다. 이렇게 국민을 위한 행정이 되려면 당해 건이 국민의 생활 속에 어떻게 반영되고 있는지 공무원의 눈과 귀를 상급자가 아닌 국민에 돌려 국민의 생활을 살펴보는 행정이 되어야 한다.

우리는 군사정권 시절을 거치면서 군행정문화가 일선 행정기관에 도입되는 특수상황을 맞게 됨으로써 보고행정이 왜곡되는 과정을 겪게 된다. 본래 군은 잘 조직된 계층제를 속성으로 하고 있기 때문에 상향적으로 보고를 하는 체제가 잘 발달되어 있다. 이렇게 군 조직은 민주행정과는 거리가 먼 시스템을 지니고 있다고 할 수 있다. 특히 군에서의 '차트행정'이 그대로 일선 행정기관에 도입되어 보고만 잘 하면 능력 있는 사람으로 인정하는 '브리핑 행정'문화가 조성되면서 공무원들은 결재권자만 쳐다보고 그에 맞추는 보고에 전념함으로써 행정이 형식화 되고 국민과 멀어지게 되었다. 담당자는 기안한 내용보다는 기안지의 글씨체 등 외형적인 것에 신경을 써서 결재권자에게 보고하고 결재권자는 상부에 보고하기 위하여 보고서를 다듬고 다듬어 보고하는 데 전력을 다하였다. 그러다 보니 글씨를 잘 쓰는 자가 우대를 받게 되고 심지어는 상부기관의 고위직으로 발탁되는 사례까지 발생하였다.

이러한 상부, 상급자에의 보고 중심 문화는 우리 행정을 비민주적으로 만들어 놨을 뿐 아니라 행정의 형식주의를 가속화시켜 '탁상행정'의 폐해를 겪게 하였다. 세월호 참사는 진도 팽목항에서 발생하였는데 중앙재난안전대책본부는 서울에 차려놓고 팽목항에서 올라오는 보고에 의존하여 이를 검토 없이 다시 보고하는 데 급급하다 보니 실종자, 구조자 등의 숫자가 틀려도 왜 틀렸는지 모를 수밖에 없게 된 것이다. 중앙재난안전대책본부는 재난지인 팽목항에 설치하여 현장을 수습하여야 함에도, 재난지와 정반대에 위치한 서울에 이를 설치한 것은 잘못된 보고행정, 탁상행정의 현주소이다. 지방에서 큰 재난이 일어나면 현장 담당지는 현장을 수습하는 데 전념하여야 하는데 정치권 인사 등 고위직이 현장을 둘러본다고 오는 경우 사고 수습보다는 이 분들을 모셔야 하기 때문에 아예 "현장에 고위직은 안 오는 것이 도와주는 것"이라는 말이 나오는 것이 우리의 현실이다. 그리고 중앙의 상부기관은 현장 상황을 보고하라고 닦달하기 때문에 현장에 대처할 시간이 없다. 이러니 '누구를 위한 행정이냐'는 말이 안 나올 수 있겠는가?

품의제의 폐해

이런 형식적인 보고 체계를 가속시킨 것은 우리의 '품의제'라는 보고 체계 때문이기도 하다. 품의제란 기안자가 상급자에게 결정을 구하는 조직의 상향적인 의사결정방식이다. 요즈음에는 '내부결재'라는 용어를 사용하고 있으나 그 기본 기조는 같다. 원래 품의稟議란 지체 높은 분의 의향을 여쭙는다는 용어에 기인하는 말로 일본 행정의 품의

제 개념을 그대로 도입한 것이다. 우리 행정의 문제점을 들어 '주사 행정'이라는 용어가 종종 사용되었다. 장관이 말하는 것은 장관의 아이디어나 생각이 아니고 기안책임자인 주사의 머리에서 나온 것이라는 것이다. 우리의 경우 기안 담당자가 기안을 하고 이를 상급자에게 보고하고 결재권자의 결재를 받는 품의제 시스템을 택하고 있기 때문에 담당자의 판단과 뜻이 그대로 국민에게 시행되는 결과가 된다. 국민은 장관의 결재를 받았기 때문에 장관의 생각이라고 생각하고 있지만, 정작 장관은 업무가 폭주하여 담당자가 기안한 것을 그대로 결재하고는 자기가 결재했음에도 정확한 의미를 모른 채 시행되는 일이 비일비재한 것이 우리의 현실이다.

물론 이런 폐단을 막기 위하여 「위임전결규정」에 따라 결재권이 전결권자별로 위임되어 있지만 담당자 개인으로부터 일을 시작^{기안}하는 근본체제를 유지하는 것은 같다. 어떻게 보면 담당자가 소신 있게 업무를 처리하는 시스템이라고 평가할 수 있지만 이는 품의제에 대한 실상을 모르고서 하는 말이다. 품의제는 글자 그대로 '어찌 하오리까?'라는 보고 체계이다. 담당자는 위에 보고만 하면 그만인 것이다. 기안된 건이 문제가 되면 담당자는 "나는 보고 했으니 그만이다"라고 하고 중간 결재자나, 최종 결재자는 "담당자의 기안 내용을 믿고 그대로 결재했다"고 오리발을 내놓기 좋은 시스템 속에서 일을 하는 것이다. 이런 품의제를 유지하고 있는 한 어떠한 행정개혁도 나올 수 없다고 보아야 한다.

형식적이고 번잡한^{red tape} 행정을 좀 더 신속하고 합리적으로 변경시킬 목적으로 민간 사기업에서 쓰는 팀장제도를 도입하여 그동안 계장이라는 직함을 팀장으로 바꾸어 놓았다. 개인의 단독 플레이보다는 팀워크를 발휘하도록 하기 위함이다. 말은 그럴듯하지만 실제는 팀워크가 아니라 예전과 같이 단독 플레이가 유지되고 있다. 왜 그럴까? 공무원의 일의 시작이자 끝인 품의제의 골격이 유지되는 한 일의 패턴이 바뀔 수는 없다. 공무원의 업무는 업무분장표에 자세히 나뉘어져 있어 담당자가 자신의 업무에 관하여 일을 처리하고 있는데, 계장을 팀장으로 바꾸어 놓고 계원을 팀원으로 바꾸어 놨다고 갑자기 업무를 팀원끼리 토론하여 처리, 결정할 수 있을까? 팀 체제로 운용하기 위해서는 업무를 팀원 중심이 아닌 팀 중심으로 배정하고, 팀의 결정이 일의 최종결정이 되고 이에 책임지는 체제여야 할 것임에도 팀원별로 업무를 배정하고 팀장의 의견은 가장 낮은 결재권자의 의견에 불과하고 상위의 결재권자의 결재를 받아야 시행하는 업무흐름체계를 지니고 있으니 계선系線제와 팀 체제는 무엇이 다른가? 행정개혁은 행정의 실제를 잘 알고 그로 인한 문제점을 인식하여 행하여져야 하는데, 우리의 행정개혁은 공무원 내부보다는 행정의 실제 메커니즘을 잘 모르는 외부 전문가의 의견에 따라 이루어지고 있는 듯하다. 그러다보니 외국의 제도를 선진제도라 하여 피상적으로 도입했다가 정착을 보지 못하고 또 다른 개혁을 기다리는 신세가 되는 것 같아 안타깝다.

민주행정의 실천

앞에서 민주행정은 상급자가 아닌 국민을 바라보는 행정임을 설명하였다. 즉, 현장행정이 민주행정인 것이다. 그러면 이를 위해서는 무엇을 행하여야 하는가?

모니터링 행정(현장행정)

국민을 위한 행정이 되려면 국민이 원하는 것이 무엇이고, 정부의 시책이 국민에 어떠한 영향을 미치는지 알아보는 것이 중요하다. 행정의 답은 현장에 있다는 사실을 공무원은 명심하여야 한다. 이를 위하여 공무원의 눈과 귀는 국민을 향해 있어야 한다. 그러려면 책상에만 앉아 있어서는 안 된다. 국민과 접촉하고 호흡을 같이 하여야 한다. 행정은 모니터링에서 시작하여 모니터링으로 끝나야 한다.

이와 같이 모니터링 행정이 우리 행정 속에 정착되려면 현재의 보고 위주의 결재시스템을 대폭 단순화시킬 필요가 있다. 앞서 말한 바와 같이 계층제는 직무 중심보다는 사람 중심의 조직으로 운영되기 쉬운 경향이 있어 이를 직무 중심으로 전면 개편할 필요가 있다. 실제로 업무를 수행하고 있는 그룹이 책임지고 일을 할 수 있는 체제가 되어야 하는 것이다. 현재와 같이 계급에 따라 조직을 만들고 상급자에게 어떻게 했으면 좋겠냐고 물어보는 품의제 시스템은 '보고를 위한 보고' 행정이 되기 쉽다. 따라서 상위 조직은 평가와 관리만 하고 일은 팀 차원에서 마무리되는 결재시스템을 마련해야 한다. 이를 위해서는 현재의 조직체계를 전면적으로 손을 볼 필요가 있다.

참모 조직 계선화의 문제점

조직은 업무에 직접적으로 관여하느냐 간접적으로 관여하느냐에 따라 계선 조직과 참모 조직으로 나눌 수 있다. 우리나라는 참모 조직에 있는 사람들이 계선 조직에 있는 사람보다 승진이 빠르고 영향력이 있다는 소리를 많이 듣는다. 최종 의사결정권자의 의사결정을 돕기 위한 조직이 참모 조직인데 인사권자의 주변에서 일을 하다 보니 인사권자의 눈에 들기 쉽고 인사권자를 자주 볼 수 있는 기회를 갖다 보니 이른바 실세가 되어 조직을 좌지우지하는 경우가 종종 있다. 그러다보니 국민을 위하여 일하는 사업부서보다 기획하고 인사 업무를 하는 참모 부서로 서로 가려고 인사운동을 하고 있다. 국민은 안중에 없고 실세만 쫓아다니는 것이다.

지방자치의 실시로 지방자치단체는 주민지향적인 조직개편으로 상당부분 민주화되었다고 볼 수 있으나 아직도 골간은 중앙집권적 조직 형태를 유지하고 있다. 인사, 예산 부서는 본래 서무庶務부서라 하여 글자 그대로 주요 핵심부서가 아니었으나, 기관장이 이를 통하여 조직을 통제하고 일원화하기 위하여 총무總務부서라고 명칭을 바꾸어 한동안 사용한 적이 있다. 조직도組織圖에서 총무 파트를 기관장 직속으로 해놓고 기관장의 인사·예산권을 사용하다보니 이들 부서가 실세 부서가 된 것이다. 이렇게 참모 부서를 계선화 하여 이들 부서 중심으로 조직을 운영하자, 이로 인한 문제점이 안과 밖으로 노정되어 다시 명칭을 참모 조직의 그것과 같이 '운영지원', '행정지원' 등으로 사용하고 있다. 그러나 명칭만 바꾼 채 실제 운영은 종전과 다를 바 없어 이에 대한 비판의 목소리가 수그러들지 있지 않고 있다.

공공부서는 국민을 위하여 존재하여야지 기관장을 위해서 존재해서는 안 된다. 따라서 참모조직의 계선조직화를 막고 사업부서, 국민 편의제공 부서를 중심으로 조직을 개편하여야 한다. 학자 중에는 계선 조직과 참모 조직의 갈등 문제를 들며 참모 조직을 강화하여야 한다는 주장을 하나, 이는 조직의 근본 질서를 무너뜨릴 수 있고 조직의 민주화와 전문화에 역행할 수 있다는 점에서 심각히 재고하여야 한다. 조직 개편은 관에서 하는 것이 아니고 주민이 주도하는 개편이라야 성공할 수 있다. 주민이 원하지 않는 부서는 빨리 없애고 주민이 원하는 부서는 보완, 강화하는 것이 국민의, 국민을 위한 행정임을 알아야 한다.

말단 경시 문화의 문제점

지방자치를 전면적으로 실시한 지가 20여 년이 되었는데도 현재의 중앙행정조직과 광역자치단체는 과거 중앙집권적인 조직을 그대로 유지한 채 중앙정부의 정책을 하위자치단체에 시달하고 이에 어긋나는 자치단체를 통제하고 감독하려는 행태를 보이고 있다. 아직도 지방조직을 하위조직으로 보고 있는 것이다. 시·도지사, 시장·군수를 국민이 원하는 방식으로 뽑고 있으니 정치적으로는 지방자치가 실시되고 있다고 할 수 있다. 그러나 행정적으로 이를 뒷받침하지 아니하면 지방자치는 풀뿌리 민주주의 실현이라는 본래의 의미는 사라지고 만다. 따라서 우리는 중앙행정조직과 자지단체의 조직을 민주적으로 바꾸어야 할 것이다.

먼저, 가시적으로는 조직을 지방자치시대에 걸맞게 개편하여야 한다. 이를 당해 지자체의 개편 문제로만 보아서는 안 된다. 기초자치단체의 담을 허물고 주민의 접근가능성을 높였다고 해서 민주조직이 된 것이 아니다. 지방자치라 함은 자율적 통치를 하는 것을 의미하므로 지자체는 이제 상급자치단체나 중앙행정조직의 통제와 감독을 받는 단체가 아니다. 따라서 종전의 지방자치단체에 대한 통제와 감독을 목적으로 조직된 상급자치단체와 중앙행정조직은 지방자치에 맞게 개편하여야 한다. 그런데 상급자치단체인 광역자치단체는 직할시 체제와 별반 달라진 것이 없이 직할시 체제의 조직을 유지하고 있고, 지자체 담당 중앙행정기관인 행정자치부 역시 축소·조정은커녕 별반 달라진 것이 없다. 다른 중앙행정기관의 경우도 지방자치제 실시에 따라 무엇이 개편되었는지 알기 어렵다. 그동안의 상명하달^{上命下達}형 행정조직은 권위주의 문화가 낳은 통제적·타율적 조직으로서 국민보다는 상관, 기관장을 위한 조직이었다. 현재 신공공관리 차원에서 책임운영기관을 지정·운영하고 있으나 이들 몇 개의 조직을 보여주기식으로만 할 것이 아니라 직무분석 등을 하여 자율적 관리가 가능한 조직은 대폭 책임운영기관으로 운영할 수 있는 개혁이 있어야 할 것이다.

둘째, 주민과 접하는 조직을 말단^{末端} 조직으로 인식하는 문화가 바뀌어야 한다. 최근에 정보유출 사건으로 우리나라가 발칵 뒤집힌 적이 있다. 그런데 정보가 유출된 금융기관의 장이 정보유출이 용역기관의 말단 직원으로부터 비롯되었기 때문에 당해 금융기관도 피해자라며 항변하였다가 여론의 뭇매를 받은 적이 있다. 고객의 정보는 고객의 사생활이 담겨 있는 소중한 자료이기 때문에 이를 소중히 다루어야 한다는 생각을 CEO가 하였다면 이를 다루는 직원이 제대로 일을 할 수 있도록 여건을 조성해줘야 한다. 그러나 고객의 정보를 다루는 일을 허드렛일이라고 생각하기 때문에 고객의 불만이 커지고 이로 인해 조직은 큰 피해를 입는 것이다. 우리는 서열을 중시하는 유교 문화권의 영향으로 사람을 계급으로 나누고 직업도 귀천이 있다고 생각하는 경향이 있다. 예로부터 우리는 시장을 통하여 거래도 하고 사람을 만나며 살아왔다. 시장의 사람을 거칠다고 생각하고 이를 멀리하면 우리가 시장을 어떻게 알 수 있겠는가? 우리의 정부는 시장에서

우리 국민이 어떻게 살아가고 있는가를 항시 살펴보아야 한다. 공무
원이 상급자 아닌 국민에게 눈과 귀를 향하게 하려면 국민과 접하는
현장이 말단이 아니라 요직이라는 인식을 갖게끔 하여야 한다. 이와
같이 공무원을 책상에서 떠나 현장으로 내보내는 정책이 성공을 이루
려면 현장을 말단들이나 하는 하찮은 일이라는 인식을 없애야 한다.

　지방자치단체의 권한과 책임을 강화한 지방자치법이 있다고 주민
을 위한 행정이 이루어질 수 있다고 생각하면 안 된다. 현재 열악한 지
방재정과 행정능력의 부족으로 인하여 풀뿌리 민주주의라는 지방자
치가 이 땅에 정착을 못하고 있는 실정이다. 이러한 여건을 극복하고
지자체가 제 역할을 하려면 무엇보다도 지방자치단체가 말단未端 조직
이라는 인식을 버려야 한다. 지금의 광역자치단체를 보면 과거 직할
시·도의 조직과 인원을 그대로 유지하고 있다. 일은 기초자치단체에
서 이루지고 있는데 지원과 감독 업무만을 하는 광역자치단체가 종전
의 자원을 그대로 유지하고 있는 것을 주민의 입장에서는 이해할 수
없다. 주민을 위한 현장위주의 행정이 가능하도록 업무를 재배분하는
방향으로 대폭 개편되어야 한다. 중앙행정기관 역시 과거의 조직을
그대로 두고 소관부서별로 정부정책을 일방적으로 결정하고 이를 과
거와 같이 지자체에 시달만 하고 있는 실정이다. 본래 지자체의 사무
에는 자치사무와 위임사무로 나누어진다고 하는데 지자체 실시 전의
법령을 그대로 실시하고 있는 현실에서 이를 구별한다는 것이 어렵고
구별의 실익이 있는지도 모르겠다. 한 마디로 어찌 할 바를 몰라 옛날
과 그대로 하고 있는 것이다.

책임행정(민주행정의 확보)

우리 헌법 제7조 제1항은 "공무원은 국민전체에 대한 봉사자이며, 국민에 대하여 책임을 진다"고 규정하여 민주행정을 확보하는 것은 책임행정을 구현하는 것임을 명백히 하였다. 이는 공무원에게 있어 매우 중요하므로 장을 달리하여 언급한다.

6

책임행정의 길

현대 행정국가의 전문화·기술화는 모든 행정을 법에 근거해서 할 수 없는 행정의 고유 영역을 확대시키고 있다. 이들 영역을 자유재량의 성역으로 방치하지 말고 조리법적 행정원칙을 엄중히 적용하여 책임행정을 확보하는 것이 현대행정의 과제이다.

제6장
책임행정의 길

책임행정의 현실

행정에 있어서 책임은 공무원이 맡은 바 임무를 제대로 할 수 있도록 하기 위한 담보조치라는 점에서 그 중요성은 아무리 강조해도 지나치지 않다. 민주행정이라는 것도 공직자가 책임지고 국민을 위해 일할 때에 가능하다는 점에서, 공무원에게 국가의 일을 맡긴 국민으로서 가장 관심 있는 사항은 공무원이 맡은 바 임무를 제대로 하고 있는지 여부일 것이다. 특히 본분을 망각한 일부 공무원들로 인하여 만신창이가 된 공무원들이 제 갈 길을 못가고 헤매고 있는 요즈음 무엇보다도 중요한 것은 책임행정의 확립이라 할 것이다.

행정은 책임을 지움으로써 마무리되고 발전된다는 점에서 책임행정은 행정학에 있어서 화룡점정에 해당된다고 할 것이다. 하지만 공무원의 책임을 규율하고 있는 현행 실정법은 과거의 통제 위주의 책임만 고수하고 있어 무책임하고 무사안일한 공무원을 만드는 요인이 되는 등 책임행정이 우리 공무원 사회에 안착하지 못하고 있고, 이에 대한 이론의 틀을 만들어주어야 할 학계에서는 책임행정의 개념조차 정립하지 못하고 있는 실정이다.

이런 와중에서 정부가 들어설 때마다 부정·부패의 근절을 국정의 주요 목표로 정하여 사정당국을 중심으로 강하게 밀어붙이고 있다. 하지만 부정·부패가 없어지기는커녕 '나 잡아봐라'는 듯 대형 부정·부패 사건들이 잊을 만하면 발생하고 있다. 그 이유에는 여러 가지가 있겠지만 행정은 진보하고 있음에도 그 책임확보 방안은 옛날이나 지금이나 같다는 데에 근본적인 문제가 있다고 할 것이다. 이러한 시각에서 현행 책임 확보 방안의 실태를 제도적, 이론적으로 알아보고 그 개선책을 논의하는 것은 우리 공직사회의 고질적인 문제점인 공무원의 무사안일과 부정·부패를 막고 행정의 책임성을 높여야 하는 현 시점에서 꼭 필요한 작업이라 할 수 있다.

책임을 지우는 것은 개개인의 행위를 세세하게 가려 이에 상응한 조치를 하는 것으로, 행정에서 말하는 책임은 실천적 개념이다. 따라서 무엇이 책임인지를 명확히 정립하는 것이 책임행정 확립의 출발점이라 할 수 있다. 책임이란 용어는 윤리적^{ethical}인 측면에서, 정치적^{political}인 측면에서, 또는 법적^{legal}인 측면 등 다양한 분야에서 서로 다른 의미로 사용되고 있다. 윤리적 의미에서의 책임이란 자기의 행위에 대한 인간으로서 느끼는 가책, 즉 니체가 말하는 양심의 가책$^{Das\ schlechte\ Gewissen}$을 말하는 데 반해, 정치적 의미에서의 책임이란 불특정 다수가 부여한 권한을 그 불특정 다수의 요구에 적절히 대응하여 사용하지 못한 것을 받아들이는 행위를 말한다. 그리고 법적인 의미에서의 책임이란 계약이나 법이 정한 사항을 이행하지 아니하였을 경우에 불이익을 받을 수 있는 비난가능성을 말한다. 이와 같이 책임이란 그 기준이 무엇인지, 양심인지, 불특정 다수에의 대응성인지, 아니면 계약 또는 법적 사항인지 여부에 따라 그 내용이 달라진다.

그런데 상당수의 행정학 교과서에서는 위에서 논의되는 책임개념을 모두 받아들여 책임을 윤리적인 도의적·자율적 책임responsibility, 법적인 제도적 책임accountability, 정치적인 대응성 책임responsiveness 등으로 책임을 유형화하고 있어 행정책임으로서의 특성을 확보하지 못하는 우愚를 범하고 있다. 행정책임은 철학적 책임과 정치적 책임과 다른 특성을 갖고 있을 터인데 행정책임의 독자성을 확보하려는 노력 없이 이를 나열하는 것은 정말 무책임한 일이라 할 수 있다. 행정에 있어서 공무원에게 도의적·자율적 책임을 지우는 것이 무슨 의미가 있겠는가? 공무원이 임무를 수행하지 못한 것에 대하여 당해 공무원에게 양심의 가책을 느끼라고 이를 둔 것은 아닐 것이다. 이렇게 공무원의 양심에 호소하는 방식의 책임은 행정학에서 굳이 다루지 않아도 된다. 오히려 공무원의 책임감을 저감시키는 요인만 될 뿐이다.

그리고 지방자치제 실시 이후 정치적 책임인 대응적 책임이 강조되고 있다고 하는데 이 역시 막연한 개념이다. 민주주의 국가의 공무원은 당연히 국민의 요구에 상응하는 대응적 조치를 할 책임이 있다. 그런데 추상적인 개념인 대응적 책임을 구체적이고 실천적 개념인 행정책임으로 전환하려면 이를 더 구체화하고 척도尺度화 하여 어느 정도로 국민의 요구에 대응하여야 책임을 다 하였다고 할 수 있는지 대응적 책임의 기준을 확립하여야 할 것이다. 이러한 일련의 조치는 언급하지 아니하고 막연하게 공무원의 대응적 책임만을 강조할 경우 책임

개념을 흐리게 할 뿐만 아니라 공무원의 정치적 중립의무와 상충될 우려가 있다는 점을 유념하여야 한다. 국민과 공무원 간에는 엄격한 법적 위임관계가 존재하지 않기 때문에 공무원은 국민에 대하여 정치적·윤리적으로 책임을 질뿐이라고 주장하는 헌법학자도 있으나, 이는 '국민에 대하여 책임을 진다'고 규정한 헌법의 의도에 반하고 실정법으로 공무원의 법적 책임을 지우고 있는 현실과도 맞지 않는 견해이다. 공무원의 책임은 헌법 등 법이 공무원에게 부여한 임무를 제대로 수행하지 아니한 것에 대한 책임이므로 이에 대한 책임도 법에 근거한 책임이라고 보아야 한다.

여기서 우리가 유의할 것은 요즈음 공무원의 책임이 거론될 때 '사법처리'라는 용어를 많이 써서 그런지 몰라도 책임을 말하면 사법적 책임, 특히 형사적 책임을 떠올리는 사람들이 많은데, 이런 사법적 책임은 극히 예외적인 일이고 일차적으로 행정적 책임이 책임행정을 확립하는 데 중요하다는 사실을 인식하여야 할 것이다.

일단 행정책임을 법적·제도적인 책임이라고 할 때에도 우리가 유념해야할 것은 법으로 모든 것을 할 수 있다는 법만능주의의 사고에서 벗어나야 한다는 것이다. 특히, 현대행정의 복잡화와 전문화로 행정의 권한과 영역이 확대된 상황에서 공무원을 법으로 통제하고 억압해서는 결코 그 목적을 달성할 수 없다. 행정의 영역에는 법으로 접근하기 어려운 행정 고유의 영역, 즉 자유재량의 영역이 존재하는데 이는 외부에서 통제를 하거나 강제를 할 수 없고 해서도 안 되는 영역이다. 공무원의 행태 중 가장 문제되는 것이 복지부동, 무사안일이라 할 수 있는데, 이러한 행태는 일종의 사보타지^{sabotage}로서 법으로 강제해서는 고쳐질 수 없다. 오히려 책임관련 법령으로 인하여 무사안일 등 책임 일탈행위가 조장될 수 있다. 법으로 해결할 수 없는 문제를 법으로 해결하려고 하는 우를 범해서는 안 된다. 이제라도 우리는 이러한 법으로부터 자유로운 영역의 존재를 인정하고 이 영역에서는 공무원이 맡은 바 업무를 수행하려면 어떻게 하여야 하는지 스스로 결정하고 적극적으로 일을 찾아내도록 분위기를 만들어 주어야 한다. 이와 관련하여 우리 교과서에서는 공무원의 책임을 프리드리히^{Carl J. Friedrich}의 내재적 책임론과 파이너^{Herman Finer}의 외재적 책임론으로 나누어 설명하고 있다. 무엇을 분류할 때는 분류 기준을 어디에 두는지가 중요하다. 막연히 외재적, 내재적 책임이라고 분류하고 소극적·적극적 등으로 비교해 설명하는 것은 자칫 혼선을 초래할 우려가 있다. 이는 행정의 영역의 문제이다. 위에서 설명한 바와 같이 행정의 영역에는 법 규정 등이 개입할 수 있는 영역이 있고 행정 고유의 영역같이 행정의 재량, 즉 자율적이고 내재적인 영역이 있을 수 있다. 따라서 현대행정에서는 책임은 내재적 책임이어야 하고 외부적 책임은 지양되어야 한다는 견해 역시 행정의 영역을 잘못 본 것으로 자칫하면 반反법치주의로 변질될 우려가 있어 주의를 요한다.

한편 행정학 이론서들 중에는 행정책임을 법령에 규정한 경우와 규정하지 아니한 경우로 분류하고 명문규정이 있으면 이를 준수하여야 하고 명문규정이 없더라도 공익, 직업윤리 등을 준수하여야 한다고 설명하고 있다. 법치국가에서 당연한 말을 장황하게 설명하고 있으니 어렵게 들리고 더 애매하게 만들고 있다. 이러한 분류도 현대행정의 영역을 잘못 본 것으로 행정고유의 영역에서의 책임과 그 밖의 영역에서의 책임으로 일관적이고 논리적으로 접근하여야 할 것이다.

문제는 행정의 고유 영역에서의 책임이 무엇이고 그 확보 방안이

무엇이냐는 것이다. 이 영역에서의 책임 때문에 행정책임에 윤리적인
책임, 정치적인 책임의 문제가 거론되는 것 같은데, 앞서 말한 바와 같
이 이들 개념은 행정책임에 적용하기에는 치명적인 약점이 있다. 후
술하겠지만 이들 영역에서의 책임도 법적인 책임으로 이들 영역에서
도 조리^{條理}법상의 각종 책임을 이행하여야 할 의무가 공무원에게 있
음은 더 말할 나위가 없다.

　한편 상당수의 교과서에서 행정책임의 확보방안이 행정통제라면
서 내부적 통제, 외부적 통제 등으로 통제 방법을 논하고 있다. 이는
몽테스키외의 삼권분립의 견제와 균형이라는 근대적 논리에 기초하
여 행정을 통제하여 책임을 확보하겠다는 사고에서 기인한 것으로,
행정의 적극성이 요구되는 현대 행정국가에 있어서는 이러한 낡은 논
리로 책임을 확보할 수 없을 뿐만 아니라 앞서 말한 바와 같이 책임일
탈 행위를 조장할 수 있다는 점에서 재고하여야 할 것이다. 앞서 언급
한 바와 같이 현대 민주화·정보화 사회는 우리 행정을 타율행정에서
자율행정으로 변하게 하고 있다. 이에 따라 자율행정시대에 걸맞는
책임확보 방안이 중요하게 대두되고 있는데 아직도 타율행정의 틀을
벗어나지 못하고 행정통제 운운하는 것은 권위주의 시대의 유물이다.
물론 행정통제를 통하여 일시적으로 행정책임을 확보하는 데 효과가
있을 수 있겠지만, 현대행정체계에서 마지막이자 시발점이 되는 환류
^{feedback}의 방법으로서는 행정통제보다는 행정평가, 행정개혁 등을 통
한 방법이 행정책임을 확보하는 데 더 적합하다고 본다.

현대행정에서 책임행정의 의미

책임행정 개념의 속성

행정에서의 책임은 평가를 전제로 한 개념이다. 그런데 행정을 평가하려면 그 평가의 기준이 먼저 설정되어야 할 것이다. 행정의 주체인 공무원 개개인이나 공공기관에게는 임무가 부여되어 있는데 그 임무가 이를 수행하는 주체에 대한 평가기준이 되어야 한다는 것은 당연하다. 이런 연역논리를 바탕으로 우리가 책임행정에서 말하는 책임을 개념 정의한다면 '공무원 개개인이나 기관이 맡은 바 임무를 행하고 그 결과를 받아들이는 행위'를 의미한다고 할 수 있다.

여기서 말하는 '맡은 바 임무'는 헌법 등 법령에서 직접 정하여질 수 있고 계약에 의하여도 정하여지는데, 통상 공무원 관계의 성립으로 그 임무가 발생한다. 실무적으로는 공무원이 인사발령이 나면 근무부서가 정해지고 업무가 사무분장事務分掌규정에 따라 정하여진다. 일단 업무를 배정 받으면 이를 완수할 의무를 지게 되며, 이를 이행하지 못하거나 잘못 이행하였을 경우 이에 대하여 책임을 지는 과정을 밟게 된다.

이와 같이 책임행정은 구체적이고 개별화되어 있어 이는 반드시 구현되어야 한다는 점에서 다수의 행정학자들이 행정책임으로 보는 윤리적 책임, 정치적 책임과는 전혀 다른 특성을 지닌다. 즉 책임행정의 개념은 실천적實踐的이라는 점에서 윤리적 책임과 구별되고, 구체적具體的이라는 점에서 정치적 책임과 다르다고 할 수 있다. 그런데도 막연하고 모호한 추상적 성격을 지닌 개념을 행정책임에 포함시킬 경우

책임의 기준을 적용함에 있어 논란의 소지를 야기할 수 있고, 있으나 마나한 선언적 기준으로 만들어 결국에는 무책임한 행정을 한 공무원에게 책임을 물을 수 없게 하는 상황을 낳고 이것이 무책임한 공무원을 만드는 책임의 악순환을 낳는다는 사실을 알아야 한다.

법은 도덕의 최소한이라는 말이 있듯이 법이 공무원에게 부여하는 책임은 공무원이 최소한으로 지켜야 할 의무이다. 따라서 공무원에게 법적인 책임의 이행만을 강조하는 것은 공무원의 복지부동을 조장하는 요인이 될 수 있다. 솔선수범이라는 말이 의미하는 것과 같이 행정에서의 책임은 이러한 소극적인 법적 책임에 안주하지 않고 적극적으로 자기에게 주어진 임무를 수행하여야 할 책무라는 점이 강조되어야 한다. 국민이 책임행정을 요구하는 이유는 공무원 개개인이 맡은 바 임무를 다할 때 나라가 발전하고 이것이 국민을 위하는 길이기 때문이다.

'행정책임'이라 하지 않고 책임을 행정 앞에 두어 '책임행정'이라고 한 것 역시 공무원이 주어진 임무를 제대로 완수하게 하도록 하는 의도가 내포된 것이다. 이렇게 유인(誘引)적 개념을 사용할 수밖에 없는 것은 현대 행정국가에서의 행정의 책임이 막중하기 때문이다. 근대국가의 행정이란 입법부가 정해준 것을 집행하는 것이기 때문에 소극적이고 법적인 책임이 문제될 뿐이었다. 이때에는 공무원의 책임확보는 통제, 특히 외부통제에 의존하였다. 그러나 자본주의의 발달이 낳은 사회적 약자의 문제 등 사회적 병폐, 기술과 사회의 발달에 따른 행정환경의 복잡화·전문화는 행정기능의 양적 증대와 질적 변화를 가져와 국민 생활의 거의 모든 분야가 행정의 영향을 받게 되었다. 종전의 소극적인 법적 책임만 가지고는 행정이 그 역할을 다할 수 없게 된 것이다. 종전의 책임의 기준인 법이 규율하기 어려운 이른바 자유재량의 행위가 행정의 대다수를 차지하게 되자, 이를 규율할 수 있는 새로운 책임기준이 필요하게 된 것이다. 국민 다수의 생활에 직·간접적인 영향을 미치는 공공정책이 입법부의 규율 영역을 벗어나 공무원의 고도의 합리적인 판단과 행위에 의하여 결정되고 집행되는 행정국가의 현실에서 그 결정과 집행에 관여한 사람들이 자기의 행위에 책임지게 하는 것은 너무나 당연한 것이다. 이 새로운 책임 기준은 공무원이 주어진 임무를 제대로 이행하였는지 아니하였는지가 되어야 할 것이지, 입법부의 의도인 법대로 행하였는지 여부가 되어서는 안 되는 시대에 우리는 살고 있는 것이다.

현행법상 책임행정의 구현방식

헌법은 국가작용의 존재이유가 헌법 가치의 실현과 보장에 있어야 한다고 보고 개별조항을 통하여 국가에 의무와 책임을 부과하고 있다. 헌법 제10조에서 "국가는 개인이 가지는 불가침의 기본적 인권을 확인하고 이를 보장할 의무를 진다"고 국가의 기본권 보장책임을 명시하고, 제34조에서는 "모든 국민의 인간다운 생활"을 위하여 "국가는 사회보장·사회복지의 증진에 노력할 의무를 진다"고 규정하여 국가에 국민의 생존권 보장의무를 명한 것 등이 그것이다.

특히, 공무원은 국가권력을 실행하는 자로서 그 역할이 막중하므로 헌법 제7조 제1항에서 '공무원은 국민전체에 대한 봉사자'라고 공무원의 존재이유를 밝히고 이어 '국민에 대하여 책임을 진다'고 규정하여 공무원이 책임지고 맡은 바 임무를 수행하여야 함을 명백히 하였다. 이는 공무원이 국민전체에 대하여 봉사해야 하는 것을 단순히 선언하는 데 그치지 않고 이를 이행하지 아니한 경우 국민에 대하여 책임을 짐을 밝혔다는 점에서 큰 의의가 있다. 우리 헌법은 이에 그치지 않고 국가작용의 실현 주체인 공무원이 헌법상의 의무와 책임을 완수하도록 공무원에 대하여는 그 지위와 권한을 남다르게 보장하는 섬세함도 잊지 않았다. 헌법 제7조 제2항에서 "공무원의 신분과 정치적 중립성은 법률이 정하는 바에 의하여 보장된다"고 직업공무원제를 규정하고 있는데 이는 헌법이 공무원의 책임확보를 위하여 선제적으로 마련해 놓은 조치이다.

이와 같이 최고규범인 헌법에서 공무원에게 의무를 직접 명하는 것은 그만큼 공무원의 책임이 막중하기 때문이다. 다만, 헌법이 직접 공무원의 의무를 명하였는데 이를 이행하여야 할 헌법의 하위법에서 이를 구체화하는 노력이 없다는 것은 아쉬운 점으로 남는다. 우리가 헌법을 정점으로 하고 헌법의 내용과 정신을 하위법에 전달하는 형식으로 책임행정을 구현하였다면 종합적이고 체계적인 책임행정시스템이 구축되었을 것이다. 하지만 현행의 책임행정의 구현은 그때그때의 필요성에서 급조한 실정법에 의존하다보니 종합적이고 체계적이지 못하고 모호하고 실효성 없는 규정으로 일관하고 있고, 방법 역시 기존의 실정법의 규제라는 소극적인 방법으로 일관하고 있어 책임행정을 확보할 수 없다는 비난을 받고 있다.

먼저 현행 실정법상 책임구현시스템을 보면, 공무원에게 징계 등 행정상의 책임을 지는 것을 원칙으로 하고 다시 민·형사상의 책임을 물을지 여부를 검토하는 방식을 택하고 있다. 공무원에게 민·형사의 책임이 문제될 경우 공무원이라는 사실로 인하여 책임이 달라진다는 점에서 공무원책임의 특수성이 있다.

민·형사상의 책임

국민이 받는 손해를 당해 공무원이 배상을 해야 한다면 먼저 피해액을 배상할 수 있는지가 문제될 수 있고, 공무원들은 배상을 해야 한다는 불안 속에 행정을 제대로 할 수 없을 것이다. 따라서 공무원의 민사상 책임은 구제의 실효성 차원에서 국가에서 배상을 하고, 원인을 야기한 공무원에게는 직무수행의 안전성과 제재의 필요성을 감안하여 구상책임을 묻는 형식을 취하고 있다.

헌법 제29조에서 '공무원의 직무상 불법행위로 인한 손해배상책임'을 규정하면서 "이 경우 공무원 자신의 책임은 면제되지 아니한다"고 명시함으로써 공무원에게 고의 또는 중대한 과실이 있는 때에는 국가 또는 지방자치단체에게 구상할 수 있도록^{국가배상법 제2조 제2항} 한 것이 그것이다. 이 경우 국가의 구상권 행사를 의무적으로 하지 않고, 경과실의 경우에 있어서 구상을 인정하지 아니한 것은 공무원이 맡은 바 직무를 소신껏 수행하도록 하려는 정책적 고려에 따른 것이라 할 수 있다. 판례가 신의칙상 상당하다고 인정되는 한도 내에서만 당해 공무원에 대하여 구상권을 행사할 수 있다고 보는 것^{대법원 1991. 5. 10. 선고 91다6764 판결}도 같은 취지로 보아야 한다. 이와 달리 「회계관계직원 등의 책임에 관한 법률^{법률 제12687호}」상의 회계관계직원의 책임은 국민이 아닌 국가 또는 지방자치단체에 대한 책임이라는 점에서 보다 엄격한 변상책임를 당해 공무원에게 지우고 있다.

이와 같이 민사에 있어서는 공무원의 책임이 느슨한 데 반하여 형사에 있어서는 공무원이라는 사실로 인하여 무거운 책임을 부과하는 태도를 보인다. 수뢰죄는 대표적인 신분범^{身分犯}으로서 공무원 또는 중재인이라는 신분을 가진 자에게만 성립되지 공무원 또는 중재인이 아니면 범죄 자체가 성립하지 않는다. 공무원의 형사상 책임은 대부분이 공무원의 직무와 관련된 범죄로서 공무원이 직무를 위배^{직무위배죄}하거나 직권을 남용^{직권남용죄}하거나, 뇌물을 수수^{뇌물죄}함으로써 성립한다. 이와 같이 공무원의 직무범죄에 대하여 특별히 규정하는 이유는 공무원의 직무가 막중하므로 이의 오·남용을 막아 국가기능의 공정성을 확보할 필요가 있기 때문이다.

행정책임

위 민형사책임은 본래 일반인에게 책임을 묻도록 한 것인데 공무원이기 때문에 특별한 책임을 묻는 것으로 되어 있다. 이에 반해서 공직자의 책임만을 위해서 만들어진 순수한 행정책임도 있는데, 공직자의 직업윤리를 규정한 '공직자윤리법'이 그 중의 하나이다. 공직자윤리법에서는 공직자의 재산의 등록과 공개, 공직을 이용한 재산취득의 규제와 퇴직공직자의 취업제한 등을 정하고 그 의무위반에 대하여는 징계, 시정, 과태료 등을 부과하고 있다. 그러나 이는 공직을 통한 사적 재산의 취득을 막자는 것을 목적하고 있는데 이와 같은 조치로 공무집행의 공정성을 확보하여 국민에 대한 봉사자로서의 공직자 윤리가 확립될지는 미지수이다. 공직의 윤리는 공직자로서의 바람직한 자세의 확립으로 이루어지는 것인데 재산형성과정을 밝혀서 공직의 윤리를 바로잡는 것이 가능한지 의문이 든다. 현재 공직자 재산등록제도는 형식적으로 누락 여부만을 가리고 있는데 이를 행정윤리 확립 차원에서 다루려면 감사원 등 독립부서에서 철저한 조사·검증이 이루어지도록 하여야 할 것이다. 소리만 요란한 형식적인 규제로 실효도 보지 못하면서 당사자들의 불평만 사고 있는지 재고해봐야 할 것이다.

현재 공무원의 행정책임을 다룬 대표적인 법률로 국가·지방공무원법을 들 수 있다. 동법에서는 공무원의 복무규정을 두고 공무원의 의무를 나열^{선서의무, 성실의무, 복종의무, 직장이탈금지, 친절·공정의 의무, 종교중립의 의무, 비밀엄수의 의무, 청렴의 의무, 품위유지의 의무, 영리업무 및 겸직금지, 정치운동의 금지, 집단행위금지}한 후 이에 위반한 경우 징계책임^{파면·해임·강등·정직·감봉·견책}을 묻는 형식을 취하고 있다. 그런데 징계책임의 기준인 의무의 내용이 막연하고 애매하게 규정되어 있어 실무적으로 적용상의 어려움이 있다. 법상의 징계책임의 기준이 애매하면 시행령과 규칙에서라도 이를 구체화하여야 하는데 이에 관한 규정을 찾아볼 수 없어 징계를 받는 사람 입장에서는 이를 수용함에 있어 논란이 있을 수 있는 것이다. 공무원이 징계책임을 진다는 것은 일반 사회에서 전과자가 되는 것과 같이 심각한데도 이에 대한 구체적이고 명백한 기준을 두고 있지 아니한 것은 공무원 기본권 보장과 관련하여 큰 문제라 할 수 있다. 이외에도 부패방지법에 따라 대통령령인 「공무원 행동강령」이 있으나 이 내용 역시 도덕규범 수준에 머물러 있는 실정이다.

전반적으로 볼 때 공무원의 책임을 규율하는 종합적이고 체계적인 법체계를 구축하지 못하고 그때그때의 상황, 특히 부정부패 방지 차원에서 산발적으로 법령을 제정하고 개정, 운용하고 있는 것이 실정이다. 다행히 민형사책임은 엄격히 규정하고 있으나, 행정책임은 "직무를 태만하였을 때", "공무원의 품위를 손상하는 행위를 한 때" 등 애매하고 모호한 기준을 설정하고 있어 법 규정의 효력 논란이 있을 수 있는 문제점을 안고 있다. 더 큰 문제점은 현행 행정책임에는 공무원이 맡은 바 소임을 다하게 하는 실효적인 담보장치가 없어서 책임행정을 담보할 수 없다는 점이다. 극단적으로 말하면 공무원이 부정부패에 연루되지 않으면 맡은 바 업무를 하는 척만 해도 이를 책임지울 방법이 없다. 국민은 철밥통이니, 복지부동이니, 무사안일이니 하면서 공무원을 비난하여도 당해 공무원이 꿈쩍 않는 것은 이와 같은 허술한 행정책임시스템에 그 문제가 있다는 것을 알아야 한다.

다시 정리하면, 공무원이 헌법상의 의무를 제대로 이행하게 하려면 책임의 기준인 공무원의 업무 수행의 기준을 명확하게 하여야 한다. 헌법이 제103조에서 "법관은 헌법과 법률에 의하여 그 양심에 따라 독립하여 심판한다"고 규정한 것은 단순한 도덕적인 책임의 기준인 양심을 법적인 법조인으로서의 직업적 양심으로 강화시켰다는 점에서 그 의의가 있다. 이는 법관의 직무수행 태도뿐만 아니라 모든 공무원의 바람직한 업무수행 자세라는 점에서 직업적 양심이 책임행정을 구현시키는 최후의 보루 역할을 할 수 있도록 하위법령 등에서 이를 구체화하는 노력을 지금부터라도 하여야 할 것이다.

책임행정의 전제조건

왜 전제조건인가?

앞서 언급한 바와 같이, 우리 행정학 교과서 등은 공무원에게 통제를 가하여 책임행정을 확보한다는 측면에서 행정통제를 강조하고 있다. 행정통제가 필요한 것은 행정기능이 질적·양적으로 변화하고 행정권한의 집중되는 현상이 나타나는 상황에서 재량의 범위가 확대됨에 따라 공무원의 권력남용의 가능성이 많아지고 있는데다 관료제의 한계에서 오는 병리현상을 더 이상 방치할 수 없기 때문이라는 것이 일반적인 견해이다.

그런데 행정을 통제하겠다는 사고는 현대 행정국가에서 생긴 것이 아니라 근대 야경국가의 삼권분립의 기본정신에서 비롯되었다는 것을 알아야 한다. 근대시민국가에서는 시민의 재산과 권리를 보장받기 위해서는 국민의 대표기관인 입법부가 제정한 법을 행정부가 제대로 집행하는지 통제가 필요하였던 것이다.

그러나 현대 행정국가는 행정부에 사회적 약자 보호와 자본주의 병폐를 시정시키는 미션을 주면서 행정부가 이들 미션을 수행하기 위하여 왜곡된 시장에 정의의 칼을 뽑는 적극적 행동을 요구하기에 이르렀다. 행정부를 통제하기보다는 조직의 목표 성취를 위하여 행정부의 등을 밀어줘야하는 상황이 도래하였다. 행정을 통제하기보다는 행정부가 맡은 바 임무를 책임지고 수행하는 책임행정이 요구된 것이다.

우리는 책임행정을 위한 조치도 중요하지만 책임행정을 구현할 수 있도록 하는 책임행정의 전제조건에 관심을 가져야 할 것이다. 무조건 일하라고 다그칠 것이 아니라 일을 할 수 있는 분위기를 만들어 주는 것이 중요하다는 것은 주지의 사실이다. 우리 헌법 제7조 제2항에서 "공무원의 신분과 정치적 중립성은 법률이 정하는 바에 의하여 보장된다"고 직업공무원제를 보장한 것은 중차대한 업무를 맡고 있는 공무원이 그 임무를 다하게 하려면 공무원이 정치에 좌고우면 하지 않고 묵묵히 일을 할 수 있는 분위기를 만들어줄 필요성이 있었기 때문이다. 공무원의 책임확보를 위한 선제조치라 할 수 있다. 이러한 헌법의 취지를 감안하여 책임행정을 확보하는 방법도 종전의 소극적인 행정통제 방식에서 공무원들이 적극적으로 일할 수 있는 분위기를 조성하는 방식으로 변환하여야 할 것이다.

공무원의 역할 완수를 위한 인사제도의 확립

공무원이 맡은 바 임무를 완수하게 하려면 공무원이 이를 수행할 수 있는 능력을 갖추어야 한다. 특히, 현대행정은 복잡하고 전문적일 뿐 아니라 이에 대한 정책결정의 파급효과가 지대한 경우가 비일비재하므로 공무원들이 담당하는 업무에 대한 지식과 업무를 수행할 능력을 겸비하는 것은 필수적이라고 할 수 있다. 따라서 유능한 인재를 확보하고 채용한 인재를 잘 관리하는 것은 책임행정의 시발점이라 할 수 있다. 이를 위해서는,

첫째, 적재적소適材適所의 인사조치가 이루어져야 한다. 흔히들 '인사는 만사萬事'라는 말로 인사의 중요성을 강조하지만 정작 이를 실행하기는 쉽지 않은 것 같다. 정권이 바뀔 때마다 나라를 살릴 인재를 공정하게 뽑겠다고 선언하지만 실제로 이루어진 것을 보면 우리 인사시스템의 낙후성을 다시 한 번 느끼게 한다.

인사의 선진화는 인사권자의 자의성을 얼마나 배제하였나에 달려 있다. 따라서 객관적인 인사의 기준을 확립하는 것이 필요한데, 우리의 인사를 보면 그때그때 그 기준이 다름을 알 수 있다. 특히, 인사의 결과를 보면 인사의 기준이 지역, 학연 등 폐쇄적인 파벌성에 두었다는 뒷소문이 난무하다. 이와 같이 인사의 원칙이 이현령비현령으로 왔다갔다 하는 것은 인사의 원칙을 사람에만 맞추었기 때문이다. '사람이 중요하다'는 등의 말로 미화되어 이른바 '자기 사람'들로 채우는 인사는 망사亡事임을 우리는 많은 경험을 통해 알고 있다.

'사람'과 그 사람이 해야 할 '일'을 맞추는 것, 즉 적재적소의 인사가 인사의 기본이요 원칙이다. 다시 말하면 직무분석을 통하여 어떤 직

책을 수행하기 위하여 필요로 하는 지식, 능력 등을 정해 놓은 다음 이에 적합한 자질을 갖춘 자를 인사배치를 한다면 문제가 없을 것이다. 흔히들 하는 인사평 중에서 "이번 인사는 뛰어난 전문지식과 능력의 소지자를 발탁하였다"는 인사는 수행할 직책을 고려하지 아니한 막연한 기준에 입각한 인사로서 인사권자의 자기합리화에 사용될 수 있는 우려가 있다.

우리가 유의하여야 할 것은 적재적소의 관점에서 보면 직책마다 특수성이 있어 직책마다 이를 수행할 자의 자질이 다르다는 점이다. 같은 직장에서도 실무자에게 요구되는 자질과, 과장·국장·기관장에게 요구되는 자질이 전혀 다를 수 있다는 생각을 하여야 한다. 행정의 전문화 시대에 맞추려면 전문가를 채용한다는 논리가 맞는 것 같은데, 이는 실무자의 자질에 관한 문제이고 리더십, 관리능력 등이 요구되는 기관장까지 전문가를 기용하는 것은 적재적소의 인사라고 할 수 없다. 축구감독이 반드시 탁월한 축구선수 출신일 필요가 없는 것과 같은 이치라 하겠다.

둘째, 진정한 직업공무원제職業公務員制의 구현이다. 공무원 개혁의 필요성을 말할 때마다 '철밥통'의 공무원이라는 말을 사용한다. 철로 만든 밥통이라 깨지지 않고 튼튼하다는 철밥통은 해고의 위험성이 적고 고용이 안정적인 직업을 비유하는 말로 쓰이는데, 그 대표적인 직업이 공직이라는 것이다. 공무원의 봉급은 국민의 세금으로 충당되는데, 세금을 내는 국민은 IMF 등 경제적 위기상황에서 젊은 나이에 실직을 하는 데 반해 공무원은 실직의 위험 없이 정년까지 근무할 수 있으니 이런 말이 나오는 것은 당연하다 할 수 있다.

공직개혁을 하려면 공무원을 철밥통으로 만든 직업공무원제부터 손을 대어야 한다는 목소리가 힘을 받아 이제 직업공무원제는 개혁의 대상이 되었다. 물론 어느 직업이든 채용된 후 정년까지 그 직을 보장한다는 것은 여러 문제가 있고 그렇게 운영되어서는 안 된다. 그러나 현재의 논의는 직업공무원제의 의미를 상당히 왜곡하고 있다는 점에서 직업공무원제를 재조명할 필요가 있다.

먼저, 헌법재판소에서 직업공무원제를 "공무원이 집권세력의 논공행상의 제물이 되는 엽관제도를 지양하고 정권교체에 따른 국가작용의 중단과 혼란을 예방하고 일관성 있는 공무수행의 독자성을 유지하기 위하여 헌법과 법률에 의하여 공무원의 신분이 보장되는 공직구조에 관한 제도이다"^{현재 1989. 12. 18. 80헌마32 등 병합 결정}라고 판시한 것을 잘 살펴볼 필요가 있다. 직업공무원제의 목적이 "정권교체에 따른 국가작용의 중단과 혼란을 예방하고 일관성 있는 공무수행의 독자성을 유지하기 위"함에 있다면 이는 반드시 필요한 제도이다. 대통령과 지방자치단체의 장이 선거로 선임되는 상황에서 조직의 구성원을 선거캠프 등에서 당선에 도움을 준 사람들로 채운다면 국민전체에 대한 봉사자가 되어야 할 공무원이 특정 정당, 특정인을 위하여 일할 수밖에 없는 상황에 직면할 수 있다. 이로 인한 국정 혼란과 낭비는 말할 필요가 없다.

직업공무원제가 공무원의 신분을 지나치게 보장하여 공무원이 철밥통이 되었다는 논리는 이러한 직업공무원제의 취지를 무시한 것일 뿐만 아니라, 신분보장의 헌법적 의미도 알아보지 아니한 것이다. 헌법 제7조 제2항은 공무원의 신분은 법률이 정하는 바에 의하여 보장한다고 규정하고, 국가·지방공무원법 등에서 신분보장의 내용을 다루고 있다. 직업공무원제의 목적, 즉 행정의 독자성을 유지하기 위하여 필요한 범위 내에서 공무원의 신분이 보장되어야지 이를 넘어 지나치게 신분을 보장할 수는 없는 것이다. 국가공무원법 제68조에서 공무원은 형의 선고, 징계처분 또는 동법에 정하는 사유에 의하지 아니하고는 그 의사에 반하여 휴직·강임·면직을 당하지 않는다고 규정한 것이 대표적인 신분보장이라 할 수 있다. 이러한 신분보장의 방법이 직업공무원제의 실현에 도움을 주지 않는다면 이를 합목적적으로 개정하면 될 일이다. 공무원의 정년제도는 헌재도 이를 합헌으로 보고^{헌재 1997. 3. 27. 96헌바86} 있으나, 이것이 직업공무원제의 목적에 비추어 공무원에게 지나친 신분보장이라면 이를 시대적 상황을 감안하여 합리적으로 개정하는 것이 헌법에 합치하는 태도라 하겠다.

이와 같이 직업공무원제를 목적^{행정의 독자성 유지}과 수단^{신분보장}의 합리적 관계 설정의 문제로 본다면 철밥통의 문제는 생길 수 없을 것이다. 요즈음 직업공무원제의 신분보장으로 인하여 공무원 조직이 폐쇄적으로 되어가므로 그 개선책으로 공직이 개방되어야 한다는 주장이 신공공관리 차원에서 나오고 이것이 조금씩 실현되고 있다. 하지만 공직의 폐쇄성^{Job-Blocking}이 직업공무원제에 있다 함은 현시적^{顯示的} 안목에서 나온 생각이다. 앞서 말한 바와 같이 직업공무원제 하에서의 신분보장이란 '정당한 사유' 없이 해임 등 불이익을 당하지 않는다는 것이지 무조건적으로 정년까지 신분을 보장한다는 것은 아니기 때문이다. 직업공무원제를 이렇게 해석하지 아니하고 공무원을 철밥통으로 만드는 도구로 생각한다면 공직의 개방화 명분 하에 밀어닥치는 '낙하산 인사'을 막아낼 방법이 없다.

책임행정의 구현

공무원의 법대로는 직무유기

공무원들이 맡은 업무를 책임지고 완수하게 하려면 먼저, 어떻게 업무를 진행시켰을 때 책임을 다하였다고 볼 수 있는지, 즉 책임성의 판단기준을 확립하는 것이 중요하다. 따라서 이 기준을 달성한 공무원은 포상 등으로 우대하고 이를 달성하지 못한 공무원은 문책 등 불이익 처분을 하고 능력 제고를 위한 조치를 하는 것이 책임행정 달성을 위한 기본 조치라 할 수 있다.

공무원들 중에는 공직자의 임무는 법에서 정해 놓은 것만 하면 책임을 다하였다고 생각하는 이들이 의외로 많다. 책임을 다하지 못하거나 공무원으로서의 행동기준을 일탈한 공무원은 잘못한 정도에 따라 책임을 물어야 할 것이다. 그런데 일부 언론 등에서는 공무원의 책임에 대하여는 '솜방망이 처분'이니 하면서, 처분의 강도를 요구하고 특히 형사책임을 의미하는 사법처리를 하여야 책임을 다 물은 것으로 치부하는 경향이 있는 것 같다. 이런 이유로 공무원 사회에서는 사법처리 대상만 되지 않게 "법대로"만 하면 되지 법에서 규정하지 아니한 업무까지 찾아서 할 필요가 없다는 분위기가 조성되어 있는 것 같다.

법치주의란 통치자의 자의를 배제하기 위하여 국민의 의사인 법대로 국정을 운용하라는 것이다. 따라서 공무원들이 법대로 업무를 수행한다는 것이 바람직한 것인지도 모른다. 하지만 바로 여기에 공무원의 복지부동이라는 함정이 도사리고 있다. 공무원이 법대로만 한다고 말하면 심한 이야기 같지만 이는 합법적인 태업sabotage을 하는 것과 같기 때문이다. 이와 같은 현상이 발생한 것은 현대 행정국가에서 사법과 행정의 역할을 혼동하고 있는 데 기인한 것이므로 먼저 행정과 사법의 역할을 확실히 해둘 필요가 있다.

현대 행정국가에서의 행정의 영역은 법의 영역 안에서 법이 예정하지 못한 사항을 적극적으로 관리 조정하는 행위 전반을 의미하는 복잡하고 고도의 전문적인 영역에 속한다. 따라서 사법은 국민의 권리와 재산을 보호하기 위하여 법을 엄격히 "집행"하는 영역인 데 반하여, 행정은 고도의 정책결정에서부터 세부적인 관리 작용에 이르는 결과보다는 과정을 중시하는 "조성^{또는 조장}과 집행"의 영역이다. 따라서 행정의 영역을 단순한 법집행 작용으로 협소하게 해석하는 것은 행정의 영역을 가능한 한 최소한으로 묶어두려는 근대 입법국가적 발상이라 아니 할 수 없다. 어떤 사항이 사회적 문제가 되었을 경우에 사법 영역에서는 법에서 다루어야 할 문제가 아니라면 논외의 대상이 되는 데 반하여, 행정은 이에 적극 대처하여 더 큰 사회문제가 되지 않도록 필요하면 법적 보완 장치를 하는 등 필요한 조치를 하여야 한다는 점에서 양자는 확연히 다르다. 행정공무원들이 법이 없어 못한다느니 법적 의무도 아닌데 쓸데없이 일을 만드느냐 하면서 팔짱을 끼고 있다면 나라는 안 돌아갈 수밖에 없다. 나라가 제대로 나아가려면 사법 분야는 국민의 권익보호를 위하여 강하되 가능한 작게 소리 없이 진행되어야 하고, 행정 분야는 국민의 고충을 헤아리고 국민이 신바람 나게 살아갈 수 있도록 적극적이고 과감하게 행해져야 할 것이다.

공무의 영역은 조성영역에서부터 관리영역에 이르기까지 법에 근거하지 아니한 영역이 너무나 많다. 근대 입법국가시대에는 행정부는 입법부가 정해준 법대로 집행하는 집행기능이 주가 되었으나, 현대

행정국가에서는 행정부가 나서서 새로운 영역을 조성하고 관여하는 정책결정기능이 강조되고 확대되고 있다. 이제 이 정책결정기능이 어떻게 되느냐에 따라 나라의 흥망이 좌우되는 상황이 되었다. 가족계획제도를 예로 들면, 우리나라의 인구 추이를 잘 살펴보면 핵가족화 등으로 인구 감소가 예측되므로 인구확대 정책이 요구되었음에도 '하나만 낳아 잘 기르자'를 모토로 하는 가족계획제도를 범정부적으로 시행하여 아직도 나라의 근간이 흔들리는 낭패를 보고 있다. 또한 공무원이 도시계획 수립 등을 합리적으로 해놓지 않으면 개인은 물론 사회전체에 큰 문제가 될 수 있다. 이런 정책결정의 책임문제는 공무원의 재량행위에 해당하여 법적으로 해결할 수 없는, 즉 법대로 해서는 안 되는 영역이다. 사정이 이런데도 복잡한 문제에 당면하면 "우리는 법대로 했으니 불만이 있으면 소송하라"는 말을 하고 있으니 속이 터질 일이다. 정부가 국민들로 원성을 듣지 않으려면 이 영역에서의 공무원의 책임을 논할 때 그 기준을 합법성에 둘 것이 아니라 얼마나 합리적인 결정을 하였는가에 중점을 두지 않으면 안 된다. 그런데 합리성을 책임기준으로 삼으려면 이를 구체화하고 계량화 하는 노력이 필요하다. 그러나 행정법 차원에서는 자유재량의 행위에 대한 연구가 국내외에서 진행되고 있으나, 정작 이를 다루어야 할 행정학에서는 해묵은 행정통제만 다루고 있고 책임행정은 기준은커녕 개념도 확립하지 못하고 혼선을 보이고 있는 실정이다. 이제 우리가 해야 할 일은 책임행정의 기준 확립을 위해서 무엇을 하여야 하는지 연구하고 고심하는 것이다.

책임기준의 확립

일의 실행기준 ─ 행정의 매뉴얼 마련

세월호 침몰사건 등 대형사건이 일어날 때마다 느끼는 것은 업무의 매뉴얼이 제대로 마련되어 있었더라면 사고를 예방하고 수습하는 데 좀 더 쉽고 효율적으로 할 수 있었다는 아쉬움이다. 선진한국행정을 운운하는데 업무처리서가 제대로 구비되어 있지 않았다는 것은 말이 안 되는 소리다. 부서마다 업무를 꿰뚫고 있어 '박사'로 통하는 사람이 있는데 마치 비법을 알고 있는 사람과 같이 이 사람에게 물어봐야 일을 제대로 처리할 수 있다. 일을 처리하는 방법을 문서화하여 오픈되어 있다면 다른 사람이 이를 보고 익힐 수 있는데 한두 사람이 이를 독점하고 이를 구전口傳하고 있다는 것은 우리 행정의 후진성을 말해준다. 사정이 이렇다 보니 우리는 '전임前任'과 '후임後任' 사이에 '업무 인수인계' 단계에서 업무를 배워야 하는 어처구니 없는 상황에 직면하게 된다. 업무 담당자가 휴가 등으로 업무를 수행할 수 없는 사정이 발생하여 다른 사람이 임시로 업무를 담당하여도 매뉴얼만 있다면 업무를 처리할 수 있어야 하는데 정식으로 교육을 받고 와도 업무를 수행할 수 없는 것이 우리의 실정이다. 이와 같이 이상하리만치 업무처리가 공식화, 문서화되지 아니한 것은 우리의 행정문화가 상급기관의 지시에 의한 행정에 길들여져 있다는 데 있다. 업무처리 부서가 독자적으로 업무를 진행시키지 못하고 상급부서에 상황보고만 하고 처리방침을 받아 그대로 처리하면 나중에 책임문제가 불거질 때 화禍(?)를 면할 수 있기 때문에 구태여 시간과 돈을 들여 업무매뉴얼을 만들 필요성이 없는 것이다.

또한 업무를 처리하다 보면 업무처리에 자신이 없거나 나중에 책임이 따를 것 같은 건의 경우 상급기관에 갑(甲)설, 을(乙)설 등으로 처리 경우의 수를 나눠 어떻게 하는 것이 옳으냐고 상급기관에 질의회신을 요청하는 경우가 종종 일어난다. 물론 일을 처리하는 데 있어서 여러 곳에 문의하여 처리하는 것이 나쁜 것은 아니지만, 이렇게 일일이 문의하여 업무를 처리하다보면 업무가 상급기관에 종속되어 처리기관을 따로 둔 취지에 반하게 된다. 그뿐 아니라 민원인 입장에서는 처리기관을 믿지 못하고 상급기관에 가서 사정을 하거나 로비를 하는 경우도 생길 수 있으며, 이로 인한 시간과 돈의 낭비는 매우 너무 심하다. 선진행정국의 경우 담당자가 매뉴얼에 따라 업무를 처리하기 때문에 민원인과의 관계가 객관화되고 합리적으로 설정될 수 있다. 매뉴얼과 다른 말을 하는 민원인에게 "그것은 우리 방침에 어긋난다That's against our policy"는 말을 하는 것이 부럽게 느껴지는 것은 우리의 경우 실무자가 안 된다고 한 사항도 높은 기관이나 사람을 만나고 나서는 해결되는 것을 종종 보아왔기 때문이다. 매뉴얼은 기관의 업무처리 방침을 구체화한 것으로 이 범위 안에서 해결하는 것이 가능하기 때문에 처리 담당자 외에 따로 상급기관(또는 상급자)의 의견을 구할 필요가 없는 것이다. 이보다 더 큰 문제점은 현장을 모르는 상급기관의 의견에 따라 업무를 처리할 경우 현장과 유리된 결과를 낳을 수도 있다는 사실이다. 그래서 일부 상급기관의 경우도 이를 의식해서인지 처리기관의 질의에 회신하면서 "관련 법령은 이러저러하게 규정되어 있으니 현장을 잘 알고 있는 귀 기관에서 적의 처리하십시오"라는 취지의 하나마나한 회신을 하고 있으니 묻는 기관이나 답하는 기관이나 한심한 노릇이다.

이를 개선하는 방법은 상·하 기관 간 업무배분을 다시 하여 상급기관은 업무의 매뉴얼을 만드는 일에 매진하고 처리기관은 이 매뉴얼대로 업무를 처리하면서 매뉴얼이 현장과 맞지 아니하다면 이를 개선하도록 상급기관에 요구하게 하도록 하는 것이다. 이렇게 업무를 배분하면 상급기관은 제대로 된 매뉴얼을 만들었는지, 처리기관은 매뉴얼에 입각하여 업무를 처리하고 있는지를 쉽게 가려 낼 수 있을 것이다. 요즈음 상급 감독부서에서 업무처리 부서를 감독하는 것을 보면, 구체적 책임 판단 기준도 없이 감독권이 있다는 사실만으로 감사 등을 통하여 통제를 하고 있는데, 이는 행정의 자율성을 저해하고 감독부서의 자의적인 감독권 행사가 이루어질 수 있다는 점에서 개선되어야 할 것이다. 업무처리의 절차, 방법 등을 매뉴얼로 작성해 놓으면 유권해석을 의뢰할 경우가 줄어들을 뿐만 아니라, 업무가 매뉴얼에 따라 이루어졌는지 쉽게 확인할 수 있어 책임행정을 앞당길 수 있다는 장점이 있다.

일의 평가기준 ― 합리적인 근무평정 척도의 개발

제도가 그 본래의 목적에 맞게 운용되기는 어렵다. 그러나 그 제도가 본래의 의도대로 운용되기는커녕 운용을 안 할 수가 없어 마지못해 운용되는 척만 하여 짐이 되거나 다른 목적으로 악용될 수 있다면 이는 재고해 보아야 한다. 그 중 하나가 **공무원근무성적평가제**[이하 '근평'이라 한다]이다. 우리는 실적주의적 인사행정의 일환으로 5급 이하의 공무원을 대상으로 근무성적평정을 하고 있다. 공무원에게 있어 최대 관심사는 승진이라는 것은 공무원에게 물어볼 필요가 없는 사항이다. 5급이하의 공무원의 경우 승진을 하려면 먼저 승진후보자 명부에 등재되어야 하는데 승진후보자 명부가 근평을 기초로 작성되기 때문에 공무원들의 근평에 대한 관심은 높을 수밖에 없다.

근평의 요소를 얼핏 보면 이를 통하여 공무원이 맡은 바 임무를 완수할 수 있게 할 수 있다고 볼 수 있다. 그 요소도 근무실적·근무수행능력·근무수행태도의 세 범주로 나누고, 이를 다시 세분하여 모두 10개의 요소로 하여 각 요소별로 가중치를 두어 배점하고 있어 공무원에 대한 평가를 종합적으로 한 것으로 보인다. 또 평가의 객관성을 확보하기 위하여 평정자와 확인자를 따로 두고 근평조정위원회를 두는 등 이중 삼중의 조치를 하고 있다.

하지만 동시에 공무원의 불만 중의 가장 큰 것이 근평이라고 말하고 있는 이유는 무엇일까? 물론 공무원의 업무는 계량화 할 수 없는 부분이 많고, 1~3년씩 순환보직을 하는 특성이 있어서 이를 객관적으로 평가하기가 곤란한 면이 있는 것이 사실이다. 그러나 이러한 문제점들은 평가기법의 연구·개발로 상당부분 극복될 수 있다. 더 큰 문제는 현행 근평이 부서별 특성을 무시하고 일률적으로 평가 요소를 정하고 있어 이를 정확히 평가한다고 하더라도 공무원의 책임성을 제대로 판단할 수 없다는 데에 있다. 맡겨진 업무를 제대로 한 자는 포상 등 인센티브를 주고 이를 이행하지 못한 사람은 페널티를 주는 것이 책임행정의 기초이다. 그런데 구체적으로 사무분장표에 나와 있는 임무를 무시하고 실적, 능력, 태도라는 막연하고 애매한 척도로 공무원을 평가함으로써 평가하는 자도 힘들고 평가받는 자도 불평이 나올 수밖에 없는 근평이 된 것이다. 형편이 이렇다보니 못된 상급자는 이를 악용하여 자기 사람위주의 인사를 가능하게 하는 도구로 근평을 사용하고 있는 사례마저 나오는 등 이래저래 원성이 잦아 손을 볼 때가 이미 넘었다고 보아야 할 것이다.

근평제도가 이렇다 보니 인사담당부서에서 일하는 공무원으로 만들겠다는 취지로 도입한 성과급제를 운용함에 있어 근평자료를 사용하지 아니하고 새로운 척도를 만들어 S → A → B → C 등급으로 성과급을 차등지급하고 있다. 그런데 이 역시 공무원에게 배정된 임무와 상관없이 평가자가 정성평가하고 있어 '나눠먹기'식이라는 비난을 받고 있는 실정이기도 하다.

현재 근평제에 대한 불만은 근평의 작성이 주관적이고 공정하지 못하다는 데 있는 것 같다. 이는 근평 척도의 신뢰성이 낮고 근평의 척도가 근평의 목적과 유리되어 있기 때문이다. 공무원을 애매하게 실적·능력·태도를 측정할 것이 아니라 맡겨진 업무, 즉 분장된 업무를 기준으로 평가하면 평가하기도 쉬울 뿐만 아니라 평가의 객관도도 높아져 근평대상자의 불만도 줄어들 수 있을 것이다. 단, 현재와 같이 조직의 일을 직급, 경력에 따라 즉흥적으로 배분하여 사무분장을 하고 이를 근거로 근평을 한다면 이에 대한 불공정 시비는 사라지지 않을 것이다. 이러한 시비를 막으려면 먼저 직무분석을 하고 그 결과를 갖고 구성원의 능력에 맞추어 업무를 배분하는 절차를 거쳐 사무분장이 이루어져야 할 것이다.

행정의 투명성 확보

일반적으로 행정의 투명성이라고 한다면 독일의 비정부 국제기구인 국제투명성기구^{TI: Transparency International}에서 발표하는 국제투명성지수인 부패인식지수^{CPI: Corruption Perception Index}가 부패방지를 위한 방안의 하나로 인식되고 있다. TI는 CPI 외에 뇌물공여지수^{BPI: Bribe Payers Index}를 개발
하여 일반인이나 기업인이 공무원과 정치인들이 얼마나 부패했다고
느끼는지를 나라별로 수치화하여 이를 공개하고 있다. 이로써 각 국
가가 부정·부패에 대한 인식을 다시 갖게 하고 반부패 활동에 나서게
된 것은 참으로 다행스러운 일이다.

행정을 투명하게 하는 것은 음성적 뒷거래를 없앨 수 있다는 점에
서 부정·부패를 예방하는 데 반드시 필요하다는 것은 분명하다. 그런
데 우리가 여기서 알아야 할 것은 행정의 투명화는 이러한 반부패
anti-corruption 기능뿐만 아니라 행정의 예측가능성을 높여 행정의 신뢰를
높일 수 있고 이로 인하여 국정운영을 안정화시키고 민주행정과 책임
행정을 확보할 수 있다는 점이다. 행정의 투명화는 행정의 비밀주의
를 막기 위하여 행정을 공개한다는 말이다.

지방자치제 실시이후 재정여건을 고려하지 않고 호화청사 건립, 각
종 축제 등 각종 전시성 행정이 행해지고 있어 이렇게 나가다가는
2006년 7월 파산을 선언한 일본 홋카이도의 유바라^{夕張}시와 같은 길을
걷지 않겠냐는 우려가 우리를 불안하게 하고 있다. 이보다 더 큰 문제
점은 일부 지자체의 문제이긴 하지만 부채 등 재정의 어려운 점을 주
민에게 있는 그대로 밝히지 않고 있어 지자체의 재정의 실체를 제대
로 알 수 없다는 것이다. 그동안 분식회계는 기업에서만 감행되는 모
럴헤저드^{Moral Hazard}로 알고 있었는데, 수도권의 한 지자체가 분식회계
를 통하여 재정상황을 감추고 운동장 건설 등 무리한 재정투자를 감
행하였다는 사실이 2012년 감사원 감사를 통하여 밝혀지면서 우리
사회를 충격에 빠뜨렸다. 이는 행정의 투명화는 행정의 민주화뿐만
아니라 재정의 건전성 확보를 위한 선행조치로서 지자체를 살리고 나

라를 부도의 위기에서 구할 수 있는 행정의 필수적 절차임을 인식하게 해준 사건이라 할 수 있다.

우리나라는 그동안 '밀실행정'의 병폐를 막고 행정의 민주화를 위하여 국민의 행정참여와 행정공개를 위한 조치를 꾸준히 해왔다. 특히, 「공공기관의 정보공개에 관한 법률^{이하 정보공개법}」의 제정과 시행은 국민의 알권리를 보장하고 행정의 민주화를 위한 조치였다는 점에서 높이 평가할 만하다.

그러나 정보공개법은 국민의 알권리를 보장하기 위하여 '공공기관이 직무상 작성 또는 취득하여 관리하고 있는 문서 등에 기록된 사항을' 공개할 것을 청구하도록 한 것이다. 다시 말해 행정의 민주화를 달성하고 개인의 권익을 보장하기 위하여 행정기관이 보유하고 있는 정보·자료에 대한 접근을 보장한다는 것이다. 정보공개법은 제1조에서 밝힌 바와 같이 국민이 정보공개를 청구해야 공공기관에서 보유·관리하는 정보를 공개하는 소극적인 투명성 확보 방법을 제시하고 있다는 점에서 행정의 투명화를 이루기 위한 단계적 조치, 즉 반쪽짜리 공개행정이라는 점을 명확히 하여야 한다. 물론 국민이 행정기관이 보유하고 있는 정보·자료의 공개를 청구할 수 있다는 사실만으로 정보·자료의 왜곡을 막고 자의적 사용을 막을 수 있다는 점에서 국민을 위한 행정, 국민에 대하여 책임을 지는 행정에 일조할 수 있다.

하지만 이와 같이 정보공개를 청구해야 이를 공개하는 '마지못해하는 공개행정'으로는 진정한 민주행정, 책임행정을 달성할 수 없다. 적극적으로 행정의 과정과 내용을 투명하게 공개하여 국민들이 공무를 담당하는 공무원이 무슨 일을 하고 있는지를 알고 이를 통제하도록 하는 것이 민주행정이고 책임행정인 것이다. 그렇다고 모든 행정을 공개하여야 하는 것은 아니다. 행정의 영역 중에는 공개가 제한되어야 할 영역은 분명히 있어야 하므로 이는 현재의 정보공개법의 정보공개의 제한에 준하여 제한하고, 공개가 필요한 분야는 그 과정과 내용이 투명하게 공개되어야 한다. 특히, 인·허가 등 민원처리는 접수에서 처리까지의 과정을 과정마다 즉시 민원인에게 알려야 민원인이 이 나라의 국민의 한 사람으로서 헌법 등 법률이 보장한 권리를 제대로 행사하게 할 수 있다. 이런 과정뿐만 아니라 인·허가 기준을 구체적으로 자세하게 공개하는 것은 행정의 투명성을 확보할 수 있을 뿐만 아니라 예측가능성을 높여 행정의 신뢰를 높일 수 있다는 큰 장점이 있다.

행정의 투명화 방법과 관련하여 우리의 건축법과 미국의 건축법인 Building Code를 비교해 설명해보자. 미국의 Building Code는 민원인이 이에 따라 건축이 가능하도록 자세하게 기술記述이 되어 있을 뿐만 아니라 건축물의 색채, 높이 등이 자세하게 기술되어 있어 민원인이 이에 맞추면 나중에 인·허가 부서에서 문제될 것이 별로 없다. 그런데 우리의 건축법은 너무 간단하고 포괄적으로 규정되어 있어 이를 따라 건축을 할 수 없고 따라서 건축사 등 전문가에 의존할 수밖에 없는데다 건축사가 아무리 건축설계를 잘 해도 인·허가 부서의 애매모호한 심의에 따라 설계를 이리저리 바꿀 수밖에 없어 이로 인한 시간적, 금전적 손실은 이루 말할 수 없다.

요즈음 규제개혁이 이슈화 되고 있는데 우리나라의 대표적인 규제를 꼽으라면 건축 규제를 꼽을 수 있다. 우리는 규제개혁이라고 한다면 단순히 국민에게 부담을 주는 규제를 완화하거나 철폐하는 것이라고 생각하고 있는 것 같다. 그런데 보이는 규제보다 보이지 않는 규제가 국민에게 주는 부담은 훨씬 심각하다는 사실을 알아야 한다. 특히, 행정의 재량권이 광범위하게 인정되는 분야를 아무런 규제 없이 두는 것은 행정의 자의적인 권한 행사의 가능성을 높이고 행정권 행사의 불확실성을 초래한다는 점을 유의해야 한다. 행정의 재량권이 인정된다하여 행정권의 임의행사를 의미하는 것이 아니다. 행정의 분야 중에는 전문적이고 기술적이어서 이를 법적으로 통제하기가 어렵다는 것이지 법적으로 자유로운 영역으로 존재하라는 말이 아니다. 행정권 행사의 기준을 가능한 한 성문화시키고 이를 공개하는 것이 행정국가 시대의 책임행정의 요체라는 점을 강조하고 싶다.

이러한 맥락에서 대륙법의 연역법의 영향을 받은 우리 법제를 전면적으로 개정하여 행정국가 시대의 막대한 행정부의 재량권이 자의적으로 남용되지 않고 합리적으로 행사하도록 행정의 투명화에 우리의 역량을 다 바쳐 행정의 책임성을 높여야 할 것이다. 다행히 우리는 IT 기술의 발달에 따라 SNS를 통하여 국민과 공무원이 서로 소통할 수 있는 시대에 살게 되었다. 이제 무엇을 숨기고 비밀스럽게 하는 행정은 더 이상 통하지 않는다는 사실을 명심하여 행정의 투명화를 위한 노력에 박차를 가하여야 할 것이다.

책임행정의 확보 수단

많은 학자들이 행정통제를 통하여 방대해진 행정의 책임을 확보하여야 한다는 주장을 하고 있다. 그러나 행정통제의 방법 등 그 내용을 들어가 보면 행정통제를 통하여 어떻게 책임행정을 이룰 수 있는지 잘 이해가 되지 않는다. 상당수의 행정학 교과서에서는 입법국가에서 행정국가로 넘어오면서 행정의 영역은 넓어지고 그 대상도 복잡하고

전문적이라 이를 체계적으로 통제할 필요성이 있음을 언급한 후 그
방법으로 **외부통제**^{입법부, 사법부, 옴부즈만 등}와 **내부통제**^{자체, 상급기관, 감사원 등}를 나
누어 설명하고 있다. 하지만 이와 같이 헌법이나 법률에 의하여 인정
된 행정의 견제장치를 나열하는 방식으로는 행정통제의 작동원리를
건드리지 못하고 통제주체만 밝히고 있다는 점에서, 헌법이 규정한
데서 한 걸음도 나아가지 못하고 있다. 이들 통제조직이 어떠한 수단
과 기준을 갖고 행정의 책임을 확보할 것인지에 대해서는 아무 말이
없는 하나마나한 이야기는 책임행정을 달성하는 데 아무런 도움이 되
지 않고 오히려 혼선을 초래할 수 있다.

　우리나라는 법치주의를 헌법의 기본원리로 하고 있다. 따라서 법치
행정의 원칙상 행정은 법에 의한 통제를 받아야 함은 당연하다. 그러
나 현대 행정국가의 전문화·기술화로 인해 모든 행정을 모두 법에 근
거해서 할 수 없는 이른바 행정의 고유 영역이 점차 확대되면서 이들
영역에서의 책임행정을 확보할 수 있는 방법의 중요성이 부각되었다.
행정의 자유로운 영역이라고까지 불리는 이들 영역은 행정의 자유재
량성이 강하고 상당부분이 정책결정, 계획수립 등 사실적인 행위로
이루어지고 있어 전통적인 법률에 의한 입법부·사법부 등의 통제는
큰 의미를 가질 수 없게 되었다. 그렇다고 이들 행정의 법으로부터의
자유로운 영역이 행정권의 자의적인 행사가 가능하도록 방치된 영역
은 아닐 것이다. 이 영역이야말로 공무원법상 성실의 의무가 있는 공
무원이 상식에 반하는 행정행위를 할 경우 엄중한 책임을 물어야 한
다는 점에서 행정상식, 즉 조리법적 행정원칙이 엄중히 적용되어야
할 것이다. 그렇다면 행정책임 확보의 방법을 전통적인 법률에 의한
방법과 성실의무에 의한 방법으로 나누어 알아보는 것이 변화된 현대

행정상황에 맞는 행정책임을 확보할 수 있는 방안이라고 생각한다.

법률에 의한 책임확보

우리나라의 헌정사는 진정한 의미의 입헌주의를 정립하기 위한 역사라고 할 수 있다. 최고의 법인 헌법의 개정이 집권자의 장기독재를 위하여 수차례 행하여지자, 아예 독재자의 장기집권을 원천적으로 막자는 취지에서 대통령 단임제라는 극단적인 조항까지 둔 것이 우리 헌법이다. 이러다보니 법을 국민의 대표기관이 국민을 위하여 만들었다는 인식보다는 집권자가 자신의 통치를 정당화하기 위하여 내지 국민을 통제하기 위하여 만들어졌다는 인식이 널리 퍼져 있다. 이런 '법도구주의'의 인식에 '악법도 법이다'라는 법실증주의적 사고가 더 해져 법을 통제적·억압적인 도구로 사용되는 것마저 당연시되는 풍조가 되었다. 이와 같이 민주성이라는 법의 정당성이 결여된 형식적 법치주의는 우리의 행정 깊숙이 파고들어 법만능주의를 낳게 된다. 그 결과 책임행정의 확보 방안으로서의 행정통제도 행정을 법의 테두리 안에 철저히 가두고, 만일 이를 벗어나면 엄히 다스리는 억압적인 방법이 우선적으로 사용된 것이다.

법의 성격, 목적, 역할을 어떻게 규정하느냐에 따라 법의 기능은 달라지고 그 효과도 달라진다. 그런데 법을 단순히 통제적 목적으로 사용한다면 통제대상은 억압되어 순종하거나 무시 또는 반발의 양상을 보일 것이다. 순종하는 것 같이 보이지만 순종하는 척하는 것이다. 더구나 공무원의 적극행정이 요청되는 현대행정에서 억압하고 통제를 강화하면 공무원을 소극적으로 뒤로 물러나게 만든다는 점에서 이런 X론적 통제는 악수 중의 악수惡手라 할 수 있다. 오히려 공무원이 맡은 바 업무를 완수하도록 독려하고 유도하는 조치가 필요하다.

국유재산 업무를 담당하는 공무원에게 수시로 처리상황을 보고하게하고 이를 철저히 감시·통제하는 방법을 동원하지 않고 숨겨진 국유재산을 찾아낸 공무원을 포상하게 하는 방안을 시행하였더니 국유재산 회수율이 높아졌다는 사례는 현대행정에서 우리가 책임행정을 어떻게 확보하여야 할 것인지를 잘 보여준다 하겠다. 강조하건대, 책임행정의 확보 방안으로서의 법이 그 목적을 다 하게 하려면 행정을 무조건 억압하고 통제한다는 사고에서 벗어나 공무원이 맡은 바 업무를 완수하도록 독려하고 지원하도록 법의 적극적 기능을 살리는 것이 실질적 법치주의의 정신이고 우리 행정을 구하고 나라를 살리는 길이다. 이런 맥락에서 볼 때 입법과정에 말도 많았던 「부정청탁 및 금품 등 수수의 금지에 관한 법률」은 시대를 거스르는 입법이라 할 수 있는데 이러한 법이 나오게 된 시대적 상황이 안타까울 뿐이다.

다음으로 법적 통제와 관련하여 행정실무에서 자주 쓰고 있는 행정규칙의 문제를 다뤄보자. 헌법은 제75조에서 "대통령은 법률에서 구체적으로 범위를 정하여 위임받은 사항과 법률을 집행하기 위하여 필요한 사항에 관하여 대통령을 발할 수 있다"고 규정하고 제95조에서 "국무총리 또는 행정각부의 장은 소관 사무에 관하여 법률이나 대통령령의 위임 또는 직권으로 총리령 또는 부령을 발할 수 있다"고 규정하여 우리의 실정법적 체계가 헌법 → 법률 → 시행령大統領令 → 시행규칙部令 또는 행정규칙으로 구성됨을 밝히고 있다自治立法은 제외. 따라서 법규명령인 시행규칙은 법률의 위임 또는 법령의 집행을 위하여 발하는 것이기 때문에 크게 문제될 것이 없다. 그러나 국무총리 또는 행정각부의 장이 소관 사무에 관하여 직권으로 발하는 행정규칙은 그 입장과 역할이 다르다. 강학상으로는 행정입법이 법규명령과 행정규칙으로 구분되면서 행정규칙은 법령의 수권 없이 행정권의 발동 차원에서 행정내부에서만 구속력을 가진다는 점에서 법규명령과 다르다고 설명하고 있다. 이런 원칙적인 설명에도 불구하고 내용적으로는 행정기관 내부의 일반적 기준에 해당하는데도 시행령이나 시행규칙의 형식을 취하고 있거나, 형식적으로는 훈령 등 행정규칙의 형식을 취하고 있으나 일반 국민을 기속하는 법규명령의 성격을 지닌 변태적 형태의 행정입법이 나타나자 그 성격이 문제되고 있다.

　이에 대하여 전자, 즉 법규명령 형식의 행정규칙에 대하여는 "부령인 시행규칙으로 정한 행정처분의 기준은 행정청 내의 사무처리준칙을 규정한 것에 불과하"다^{대법원 1995. 10. 17. 선고 94누14148 판결}고 하여 법규성을 부인하는 판례도 있으나, 대통령령인 시행령은 법규명령에 해당된다고 보고 있고, 후자, 즉 행정규칙 형식의 실질적 법규명령에 대하여는 근거법령으로 위임을 받았다는 논리를 들어 대외적인 구속력이 있는 법규명령으로서의 효력을 가진다^{대법원 2008. 3. 27. 선고 2006두3742 판결}고 판시하고 있다. 하지만 전자의 경우, 비록 부령인 시행규칙으로 정한 행정처분의 기준이 대외적으로 적용되는데 이를 대통령령과 달리 법규성을 부인하는 것은 논리적으로 맞지 않다고 본다. 또한 후자의 경우도 근거법령의 위임에 의하여 법규성이 인정된다고 하나, 헌법 제95조에 근거한 직권으로 발한 총리령이나 부령의 경우에는 어떻게 되는지 알 수가 없다. 판례는 법적 체계에 중점을 두어 부령으로 대외적 효력을 갖게 하려면 적어도 상위법에 의한 위임이 있어야 한다는 취지이다. 그러나 이러한 견해는 행정규칙이 현대 행정국가에서 왜 필요하고 어떠한 작용을 하는지에 대한 검토가 부족한 데서 나온 것이 아

닌가 한다. 앞서 언급한 바와 같이 야경국가인 입법국가에서 복지국
가인 행정국가로 넘어오면서 법으로 모든 행정을 통제하겠다는 사고
는 더 이상 통하지 않게 되었다. 법으로 통제가 어려운 행정의 고유 영
역의 존재를 인정하지 않을 수 없게 된 것이다. 위임의 논리에 따라 상
위법이 하위법을 통제하려 해도 위임할 수 없거나 위임이 곤란한 영
역이 엄연하게 존재하고 오히려 이 영역이 확대되고 있는 현실에서
법의 위임론만 강조하는 것은 애처롭기까지 하다. 우리 헌법이 제95
조에서 위임을 배제한 직권명령을 인정한 이유를 다시금 생각해볼 때
이다.

성실의무에 의한 책임확보

헌법 제95조가 행정권의 독자적 규율 영역을 인정하였다는 것은
종전의 법치행정의 원리가 수정되고 있음을 의미한다. 그렇다고 이런
현상을 두고 섣불리 법치행정의 후퇴를 운운하는 것은 바람직하지 않
다. 오히려 행정의 자의적인 행사를 막아 국민의 기본권을 보장한다
는 법치주의 기본이상을 실현시킬 필요가 있는 분야가 바로 이 영역,
즉 행정의 고유 영역이다.

앞서 말한 바와 같이 현대행정에서는 시장의 왜곡·도시화의 문제
점 등을 시정하기 위하여 각종의 정책결정이 이루어지고 계획수립이
수립되는데, 이들 행위는 법률로 위임할 수 없는 전문적이고 기술적
인 사실행위인 것이 대부분이다. 그런데 어떤 정책이 결정되고 어떤
계획이 수립되느냐의 문제는 단순히 한 개인의 문제가 아니라 이해집
단을 넘어 전 사회에 미치는 영향이 막대하다는 점을 고려할 때 이를
정부가 마음대로 할 수 있는 영역으로 둘 수 없음은 이론이 있을 수 없

다고 본다. 그런데 행정법학계나 판례는 이들 자유재량의 영역에서 재량권이 남용되거나 일탈의 경우^{대법원 1984. 1. 31. 선고 83누451 판결 등}만 관심이 있고 정작 이 영역에서의 행동기준, 즉 책임기준의 확립 문제는 소홀히 다뤄지고 있다는 느낌이다. 행정의 고유영역이라 함은 입법권과 사법권으로 부터의 고유영역이라는 것이지 행정 업무를 수행하는 데 있어서 지켜야 할 일반원칙으로부터 배제된 영역이 아니다.

국가공무원법 제56조는 "모든 공무원은 성실히 직무를 수행하여야 한다"고 성실의무를 규정하고 이에 위반한 공무원에게 책임을 지우고 있다. 이렇게 공무원은 법 규정이 없다고 하더라도 맡은 바 직무를 성실히 수행할 의무가 있으므로 이를 근거로 행정의 고유 영역에 있어서 행정의 수행기준을 정하고 이에 따라 책임을 지우게 한다면 자유재량 등 책임행정의 사각지대를 없앨 수 있을 것이다. 이와 같이 공무원의 성실의무가 공무원에게 책임을 물을 수 있는 책무라는 점에서 공무원의 성실의무를 구체적이고 실천적인 개념으로 명백히 할 필요가 있다. 따라서 이를 일부 교과서와 같이 '공무원이 양심에 따라 전 인격을 바쳐 직무에 충실하여야 하며 국가이익을 도모하여야 한다'고 설명하는 것은 책임의 전제인 의무를 막연하고 선언적으로 만들어 있으나마나한 규정이 될 수 있다는 점에서 재고해봐야 한다. 적어도 민법에서의 '선량한 관리자로서의 주의의무'와 같이 구체적으로 책임지울 수 있는 실천적 개념으로 만드려는 노력이 필요하다. 여기서는 이러한 노력의 일환으로 공익의 관리자로서의 책무인 성실의무를 상위개념으로 하고 이에 근거한 행정의 원칙들 중 판례 등에서 자주 등장하는 신의성실의 원칙^{신뢰보호의 원칙}과 비례의 원칙을 언급하고자 한다.

신의성실의 원칙

인간관계에 있어서 신뢰만큼 중요한 것이 없을 것이다. 특히 국가에 대한 국민의 신뢰는 국가 존립의 근거가 된다는 점에서 역대 정권에서부터 정부는 국민의 신뢰를 얻기 위하여 전력을 다하고 있다. 오늘날 사법^{민법 제2조 참조}에서 발전한 신의성실의 원칙은 사법의 영역을 넘어 법의 일반원칙이 되었다고 봄이 일반적인 견해이다. 이제 신의성실의 원칙은 행정의 원칙으로 채택되어 그동안 법의 사각지대로 알려진 행정의 고유영역에서 법 보충기능을 수행하고 있다. 특히, 행정절차법 제4조 제1항 외에 국세기본법 제15조, 관세법 제6조 등에서 공무원이 직무를 신의에 좇아 성실히 하여야 한다는 명문규정을 둔 것은 국세나 관세공무원의 경우 납세자의 권리의무에 직접적으로 영향을 미칠 수 있는 위치에 있기 때문에 책임행정의 확보차원에서 재량행위의 행사의 기준 내지 한계를 설정한 것이다.

이러한 신의칙은 실무적으로는 국민의 행정에 대한 신뢰보호의 문제를 다루는 신뢰보호의 원칙이 행정수행의 기준이 되고 있는 것은 다행스러운 일이다. 이 신뢰보호의 원칙은 새로운 해석 또는 관행의 소급적용금지의 원칙으로서 국세기본법 제18조 제3항에 도입되고, 행정절차법 제4조 제2항에 명문화되기에 이르렀는데, 판례에 의하여 구체적으로 확립되어 업무수행의 기준이 된 것은 재량행위라는 망망대해에 등대를 세운 것으로 책임행정 구현을 향한 큰 걸음이라 하겠다. 판례는 신의성실원칙과 관련하여 "행정상의 법률관계에 있어서 행정청의 행위에 대하여 신뢰보호의 원칙이 적용되기 위하여는, 첫째 행정청이 개인에 대하여 신뢰의 대상인 공적인 견해표명을 하여야 하고, 둘째 행정청의 견해표명이 정당하다고 신뢰한 데 대하여 그 개인에게 귀책사유가 없어야 하고, 셋째 그 개인이 그 견해표명을 신뢰하고 이에 따라 어떠한 행위를 하였어야 하고, 넷째 행정청이 그 견해표명을 신뢰한 개인의 이익이 침해되는 결과가 초래되어야 하는 것이며, 이러한 요건을 충족할 때에는 행정청의 처분은 신뢰보호의 원칙에 반하는 행위로서 위법하다고 볼 것이다^{대법원 1992. 5. 26. 선고 91누10091 판결}"라고 판시하고 있다. 동 판례는 '신뢰보호'라는 추상적인 개념을 구체적인 직무수행 기준, 즉 책임기준으로 만들었다는 점에서 그 의미가 크다.

요즈음 행정의 신뢰성과 관련하여 행정법상 확약^{確約}, 즉 행정청이 어떠한 행정처분을 앞으로 하거나 하지 아니할 것을 약속하는 행위를 어떻게 보아야 하는지 문제가 되고 있다. 확약은 한때 행정절차법에 규정하는 안^案까지 존재하였으나 우리 실정법에는 확약에 관한 규정이 없어 이를 허용할 것인지 여부에 대하여 논할 실익이 있다. 특히, 행정청에서는 민원인으로부터 인가신청이 있는 경우에 '내인가^{內認可}'를 하는 것과 같이 본행위에 앞선 선행행위를 하고 있는데 이를 확약으로 볼 것인지, 예비결정 또는 가^假행정행위 등으로 볼 것인지 여부에 대하여 아직 합의가 안 된 상태이고 그의 법적 성격 역시 여러 설로 나뉘고 있다. 대법원은 확약과 관련하여 "어업권면허에 선행하는 우선순위결정은 행정청이 우선권자로 결정된 자의 신청이 있으면 어업면허처분을 하겠다는 것을 약속하는 행위로서 강학상 확약에 불과하고 행정처분은 아니므로, 우선순위결정에 공정력이나 불가쟁력과 같은 효력은 인정되지 아니하"는 것으로 판시^{대법원 1995. 1. 20. 선고 94누6529 판결}하고 있으나, 내인가에 대하여는 이를 확약과 다른 독자적인 처분성을 인정하는 것으로 보인다^{대법원 1991. 6. 28. 선고 90누4402 판결 참조}. 그러나 내인가, 우선순위결정 등 각종 인·허가의 발급 약속, 공법상 계약에 있어서의 우선협상대상자 선정 등 행정청의 편의에 의한 각종 약속행위가 우리의 행정현실에 엄연히 존재하는데도 고전적인 행정처분성을 따지는 것은 민주주의 시대에서 책임지는 행정의 자세라고 할 수 없다. 행정청의 약속을 믿은 자의 기대권은 신뢰보호의 원칙 또는 행정자기구속의 법리에 따라 적극적으로 보호해주는 방향으로 가도록 하는 노력이 아쉽다.

비례의 원칙

신뢰보호의 원칙과 함께 실무적으로 유용한 가이드 역할을 하는 것으로 비례의 원칙이 있다. 비례의 원칙은 공권력으로부터 개인의 권리와 자유를 보호하기 위하여 경찰^{질서}행정에 있어서 경찰권의 한계를 설정하기 위한 법원칙으로 자리잡았으나, 요즈음에는 거의 모든 행정의 가이드 역할을 하는 실무적으로 유용한 원칙이 되고 있다. 따라서 비례의 원칙의 법적근거로 헌법 제37조 제2항, 행정규제기본법 제5조 제3항, 「경찰관 직무집행법」 제1조 제1항 등을 들고 있으나, 굳이 이에 한정할 필요가 없이 법적 규정이 없는 행정의 고유영역을 규율하는 행정의 일반원칙으로 이해하는 것이 좋을 것이다.

판례는 비례의 원칙의 근거를 헌법 제37조 제2항의 과잉금지의 원칙에 두고 "과잉금지의 원칙은 국가작용의 한계를 명시하는 것인데 목적의 정당성, 방법의 적정성, 피해의 최소성, 법익의 균형성을 의미하는 것으로서 그 어느 하나에서라도 저촉되면 위헌이 된다는 헌법상의 원칙이다"^{헌재 1989. 12. 22. 88헌가13}라고 판시하고 있다. 동 판례는 경찰^{질서 또는 침해}행정에서는 유용한 지침이 될 수 있으나 이를 급부행정 등 행정 전반에 적용하기 위하여는 보호의 대상, 침해의 대상, 규제의 정도에 따라 비례의 원칙의 적용완급을 달리하는 독일연방헌법재판소의 결정례[BVerfGE 29, 260, 267; 39, 210, 225 등]를 참조하여 우리 판례의 적용범주를 넓힐 필요가 있다. 아무튼 목적과 수단의 관계가 비례적이어야 한다는 비례의 원칙은 행정의 합리화를 이루는 데 중요한 역할을 한다는 점에서 동 원칙을 적극 발전시킬 필요가 있다.

먼저, 우리 헌법재판소가 독일연방헌법재판소와 달리 목적의 정당성正當性을 들고 있는 것은 잘된 것이다. 하지만 그 목적이 헌법 제37조 제2항의 "국가안전보장·질서유지 또는 공공복리를 위하여"라고 한정함으로써 다른 행정 목적의 경우에는 적용할 수 없다는 점이 문제가 될 수 있다. 이 세 가지 목적 중 공공복리를 확대해석하면 다른 행정 목적을 위한 경우에 적용가능하나, 동 조항이 국민의 자유와 권리라는 기본권제한의 문제를 다룬다는 점에서 여전히 적용의 한계가 있다. 정부가 부당한 목적을 할 수 없으므로 정부가 하는 모든 일은 목적에 있어서 정당하여야 함은 말할 필요가 없다. 따라서 목적의 정당성을 위 헌법 제37조 제2항의 세 가지 목적에 한정할 필요가 없다. 정부가 경제에 관한 규제와 조정을 하려면 헌법 제119조 제2항의 "균형있는 국민경제의 성장과 안정과 적정한 소득의 분배를 유지하고, 시장의 지배와 경제력의 남용을 방지하며, 경제주체간의 조화를 통한 경제의 민주화를 위"할 목적이 있어야 하듯이 정부의 조치는 정당한 목적을 추구하여야 한다는 데 이론이 있을 수 없다.

둘째, 방법의 적정성適正性은 독일에서는 적합성Eignung의 원칙이라고 하는데, 일정한 행정목적을 실현하기 위하여 사용되는 수단, 즉 행정조치는 행정목적을 달성하기에 적합하여야 한다. 따라서 방법의 적정성의 원칙은 완벽한 행정을 요구하는 것은 아니지만 행정목적을 달성에 도움이 되는 방향으로 행정을 하여야 한다는 행정의 합리성을 요구한다는 점에서 행정의 기준으로 제격이다. 하지만 첫 번째 원칙인 목적의 정당성과 같이 적정성의 개념이 좀 막연하고 추상적이기 때문에 이를 책임의 기준으로 삼으려면 좀 더 체감 가능한 실천적 개념으로 만들 필요가 있다. 적정성, 적합성 또는 적절성 등으로 용어가 나뉘는 것도 개념이 모호하기 때문이라고 생각한다.

이에 반해서 세 번째 개념인 피해의 최소성最少性은 실무적으로 적용하기에 용이하다는 장점이 있다. 정당한 행정목적의 달성을 적정한 수단이라고 하더라도 가능한 상대방에게 피해가 최소한이 되도록 하여야 한다는 피해의 최소성의 원칙 또는 필요성의 원칙이야말로 구체적이고 객관적인 책임기준이 될 수 있기 때문이다. 그러나 피해의 최소성이라는 원칙은 이른바 침해행정의 경우에는 비록 공익 목적이 있다고 하더라도 당해 국민의 침해를 가능한 적게 하는 조치를 하는 것이 바람직하므로 이를 그대로 적용할 수 있으나, 강학상 수익적 행정행위의 경우에는 이를 수정하든지 탄력적으로 적용하여야 할 것이다. 위 독일연방헌법재판소의 결정에서 '보호의 대상'을 둘로 나누어 경제적 영역의 경우에는 조치권자의 자유재량을 넓게 하여 인정비례의 원칙을 탄력적으로 적용하도록 하고, 국민의 자유권적 기본권 보장의 영역에서는 비례성의 원칙을 엄밀하게 적용하도록 한 취지를 감안하면 동 원칙의 수립 및 적용에 도움이 될 것이다.

마지막 원칙인 법익의 균형성均衡性은 상당성의 원칙이라고도 하는데, 행정조치로 보호하려는 이익이 이로 인한 불이익을 비교 형량하여 공익이 클 것을 요구하는 원칙이다. 조치로 인한 이익이 이로 인한 불이익보다 클 때 조치의 기대가능성^{Zumutbarkeit}이 있다고 하며, 독일에서는 이를 기대가능성의 원칙이라고 하고 과잉금지의 원칙이라고도 한다. 법익의 균형성의 원칙은 계획수립에 있어서 행정주체가 가지는 형성의 자유를 규율한다는 점에서 행정재량영역에서의 책임성 확보에 중요한 역할을 하는 행정의 원칙이라 할 수 있다. 현대행정은 계획의 행정이라는 말이 나올 정도로 도시계획 등 장래의 일정 시점에 있어서 예정된 질서를 실현하기 위한 활동이 행정의 주요 행위 형식이 되었다. 그러나 미래에 대한 예측 행위인 행정계획은 수립주체의 고도의 전문적인 판단이 요구되는 이른바 형성적 자유의 영역으로서 고전적인 법적 규율이 아닌 전문가의 직업적인 재량규율이 필요한 영역이다. 이와 같이 동 영역에서는 행정계획의 주체에게 폭 넓은 계획재량이라 불리는 형성적 자유를 인정하되, 법익의 균형성 차원에서 공익과 사익 상호간, 공익 간·사익 간에 비교형량할 것이 요구된다고 할 수 있으니 이것이 독일의 연방행정법원에서 말하는 **형량명령**衡量命令이다. 우리 법원에서도 이러한 형량이론을 도입하여 "행정주체가 도시계획을 입안·결정함에 있어서 이익형량을 전혀 하지 않거나 이익형량의 고려대상에 마땅히 포함시켜야 할 사항을 누락한 경우 또는 이익형량을 하였으나 정당성·객관성이 결여된 경우에는 그 행정계획 결정은 재량권을 일탈·남용한 처분이라 할 수 있고, 또한 비례성의 원칙^{과잉금지의 원칙}상 그 행정목적을 달성하기 위한 수단은 목적달성에 유효·적절하고 또한 가능한 한 최소 침해를 가져오는 것이어야 하며 아울러 그 수단의 도입으로 인한 침해가 의도하는 공익을 능가하여서는 아니 된다^{대법원 1998. 4. 24. 선고 97누1501 판결}"고 판시하여 행정계획의 수립 주체가 지켜야할 원칙이 비례의 원칙, 특히 법익의 균형성임을 밝혔다.

동 판결은 비교적 넓은 계획재량을 갖은 행정주체의 형성적 재량을
인정하면서도 이를 행사함에 있어서는 형량명령을 이행할 의무가 있
음을 명백히 함으로써 계획재량권 행사 기준을 제시하였다는 점에서
책임행정에 청신호 같은 판례라 할 것이다. 이에 반해서 행정법 이론
은 행정계획 등을 행정주체의 재량권과 통제 차원에서 다루지 않고,
재량행위는 행정행위의 종류로 다루고 행정계획은 그 밖의 행정의 주
요 행위형식으로 다루어 독자에게 혼선을 주고, 행정의 일반원칙은
행정법통론에 열거하고, 정작 중요한 재량행위의 통제에서는 통제원
칙인 행정의 일반원칙은 언급조차 하지 아니 하고 입법적·행정적·사
법적 통제만을 논하고 있다. 통제를 하려면 통제의 기준, 즉 책임기준
이 있어야 하는데 무엇을 가지고 입법적·행정적·사법적 통제를 한단
말인가? 계획재량, 정책재량 등 재량행위는 형식적 의미의 법치주의
로부터 자유로운 영역이라는 점을 직시하여 법령에 상응하는 조리법
적 책임기준을 행정주체에 제시하고 이를 이행하도록 하는 것이 책임
행정의 길임을 명심하자.

책임행정의 일탈

이는 공무원의 무사안일, 부정부패의 문제로 이를 다음 '죽은 행정'
에서 따로 다루어 논의한다.

7

죽은 행정

공직자의 무사안일·부정부패로 행정이 죽어가고 있다. 공직사회로 퍼져가는 이 전염병을 초기에 제거하지 못하면 전이된 암과 같이 국가발전에 치명적인 악성종양이 될 수 있다. 우리 모두 이러한 책임 일탈행위를 용납하지 않는 공직문화 조성에 매진하여야 우리가 살 수 있다.

제7장
죽은 행정

행정체질 개선론

요즈음 공무원 관련하여 고질적이면서 반드시 해결되어야 할 사항으로 두 가지만 언급하라면 부정부패와 무사안일을 들 수 있을 것이다. 이 둘을 고질적이라고 한 이유는 공무원의 부정부패와 무사안일은 오래 전부터 관료제의 문제점으로 지적되어 범정부적으로 이를 없애려고 온갖 노력을 하였으나 악성종양과 같이 척결되기는커녕 계속 번져나가고 있기 때문이다. 그런데도 반드시 해결되어야 할 사항이 되어야 하는 이유는 이를 해결하지 않고는 국가가 바르게 나아가지 못하고 앞으로도 더 나아가지도 못하기 때문이다. 암이 고질적인 악성종양이 된 이유는 암의 외형은 알고 있으나 암이 생기고 전이되는 이유를 정확히 모르기 때문이다. 그런데 분명한 것은 암이 발생하고 전이되기 쉬운 체질이 있다는 사실이다. 이와 같은 암과 체질과의 관련성에서 우리는 부정부패와 무사안일이 공직의 사회의 체질, 즉 행정문화와 밀접한 관련이 있지 않나 유추해 볼 수 있다.

무사안일 등의 책임행정의 일탈행위는 전염병 같이 이를 발생초기에 제거하지 못하면 "남들은 다 이러는데 나만 못하면 바보 아냐?"는 식으로 조직의 물을 흐려놓는다. 이것이 바로 공직기강의 문제로 공직자가 대충대충 일하고 사적인 전화나 인터넷을 하고 있는 등 흐트러진 느낌의 분위기를 갖고 있는 조직이 담당자가 맡은 바 일을 완수하겠다는 의욕이 넘치고 상관 역시 일을 챙기는 일 중심의 조직보다 부정부패와 무사안일이 만연할 확률이 높음은 말할 필요가 없다. 따라서 부정부패와 무사안일로 인한 폐해를 막으려면 이러한 책임행정의 일탈행위를 용납하지 않는 공직문화, 즉 건강한 행정체질을 만드는 것이 무엇보다 중요하다.

그동안 정부에서는 '부정부패 척결 없는 국가발전은 없다'는 슬로건을 내걸고 사정을 범정부적으로 추진하여 왔으나, 국제투명성기구의 발표에 따르면 여전히 부정부패의 나라라는 오명을 벗지 못하고 있는 실정이다. 이는 공직의 체질을 건전하게 만들기 보다는 사정이 시작되면 숨어 있다가 잠잠해지면 다시 출몰하는 비리의 속성을 모르고 부패공직자 처벌 등 비리공직자 적출 위주의 두더쥐 때려잡기 식으로 일관하고 있기 때문이다. 여기서는 공직사회에서 부정부패와 무사안일의 행위를 추방하기 위해서는 이를 용납하지 않는 행정체질의 조성이 중요하다는 점을 강조하고 싶다.

무사안일과 이에 대한 대처방안

한때 자본주의국가에 크게 위협적이었던 공산주의국가가 그 힘을 잃고 이제는 명목적으로만 소수로 존재하게 된 이유를 관료사회에서 찾는다면 공산국가 관료의 무사안일·복지부동을 들 수 있을 것이다. 이와 같이 무사안일·복지부동은 국가를 멸망시키는 주요 요인이 되기 때문에 우리나라에서도 모든 국가역량을 결집하여 행정개혁, 사정 등을 통하여 근절하고자 하였으나, 아직도 공무원이라 하면 민중의 지팡이라는 긍정적인 단어보다 무사안일, 철밥통, 복지부동이라는 부정적인 단어가 더욱 많이 떠오르는 이유는 무엇 때문일까?

결론부터 말하자면, 그동안의 무사안일에 대한 근본적인 대응이 잘못되었다고 할 수 있다. 무사안일의 사전적 의미는 아무 일 없이 편안하고 한가하다는 것인데, 공무원이 이런 상태에 있다면 이는 무사안일한 공무원 개인의 문제가 아니라 이런 공무원을 존재하게 한 국가 운영시스템이 잘못된 것이다. 다시 말하면 공무원이 맡은 바 업무에 사명감을 갖고 일하도록 하는 책임행정이 구현되지 않는데도 이를 방치하기 때문에 이런 일이 벌어지는 것이다. 책임행정의 부재는 나라를 망하게 하는 주된 요인이 되므로 책임행정을 확립시킬 수 있는 방안이 절실한 상황이다. 무사안일은 공무원이 일하는 행태의 문제이기 때문에 이를 일거에 없앨 수 있는 방법이 있는 것이 아니라 이를 용납하지 않는 행정문화를 조성하는 것이 필요하다. 이러한 문화는 책임행정시스템을 어떻게 구축하느냐에 따라 달라질 수 있으므로 여기서는 무사안일을 낳는 우리 공직사회의 몇 가지 행정문화에 대해서 논의하고자 한다.

전례를 답습하는 행정

오늘의 행정은 하늘에서 갑자기 떨어진 것이 아니다. 하나하나 축적된 행정의 체험이 오늘의 행정을 낳은 것이다. 이와 같이 전례는 현재의 일을 하는 데 있어서 매우 중요한 역할을 한다. 특히, 법률의 세계에서 대법원의 판결은 당해 사건에서 하급심을 직접 기속하는 효력을 가졌을 뿐만 아니라 판결에 나타난 법관의 법리는 사실상 장래의 분쟁에 있어서 판단의 기준이 된다는 점에서 무시할 수 없는 권위를 갖고 있다.

하지만 행정의 경우에는 상황이 다르다. 행정 중에서도 집행적인 면에서는 행정의 선결례 등 전례가 존중되지만, 앞으로의 상황이 어떻게 전개될지 몰라 예측에 의존하는 상황에서 선제적 대응을 하여야 하는 경우가 많은 현대행정의 영역에서 전례는 단순한 참고자료에 불과한 경우가 대부분이다. 윈도우 시대에 도스^{DOS}에 대한 지식이 효용이 없듯이 요즈음 행정환경의 변화는 속도가 빠를 뿐만 아니라 차원을 달리하고 있어 행정의 전례는 자칫하다간 쓸모없는 구닥다리가 될 수 있다. 그런데 구닥다리 행정은 단순히 쓸모가 없는 쓰레기가 아니라 국민에게 불편을 초래하고 나라의 발전을 가로막는 암적인 존재가 된다는 점에서 문제의 심각성이 있다. 우리나라를 비롯해서 많은 나라에서 규제개혁을 외치고 있는 이유가 여기에 있다. 그런데도 우리 공무원 사회는 아직 전례를 금과옥조와 같이 중시하며 새로운 일은 하려고 하지 않는다는 불평이 여기저기 터져 나온다. 이와 같이 우리 공무원은 왜 전례를 답습하고 있는 것일까? 이에는 여러 가지 이유가 있겠지만 행정개혁 등을 추진하는 측에서 전례답습의 위험성을 잘 모르거나 대안이 없어 그대로 방치하는 것이 아닌가 하는 생각이 든다.

행정을 외부에서 법적으로 심하게 통제하려고 하면 공무원들이 창조적으로 적극적으로 일하려 하지 않고 오히려 전례답습 속에 숨어버린다는 사실을 지적하고 싶다. 세월호 침몰과 같은 대형사건이 터지면 종국적 사안처리를 무사안일하고 부패한 공무원 때문에 일이 터진 것이라고 몰아붙인 다음, 이런 문제가 다시 발생하지 않기 위해서는 문제된 공무원들을 형사처벌하는 등 강력한 사정이 필요함을 강조하면서 공무원을 잠재적 공공의 적으로 취급하는 것이 요즈음의 현실이다. 문제를 사정으로 해결하는 이런 방법은 민심을 달래는 일시적인 효과가 있을지는 모르겠으나 장기적으로는 문제점을 행정 깊숙이 끌고가 행정을 썩게 할 수 있다. 형사처벌 등의 극약처벌을 갖고 사정을 하다보니 공무원들은 처벌만 면하고 보자는 심리가 작용하여 최소한의 행정, 즉 법이 규정한 것만하고 실패 등 위험 요인이 있는 것은 아예 쳐다 보지도 않고 안전하게 전례만 따르려는 것이다.

사정이 이렇다보니 요즈음 공무원들 사이에서는 국가발전과 국민복리에 기여하여야 한다는 소신에 따라 적극적으로 업무를 처리하기보다는 소극적으로 법대로만 업무를 처리하여 사정의 칼날을 피하는 것이 낫다는 자조적 의식이 팽배하게 되었다. 행정이 사라진 것이다. 사법만 살고 행정은 죽은 것이다. 작금의 돌아가는 상황을 보면 우리 국정운영의 체계가 현대 행정국가에서 근대 사법국가로 회귀하는 것이 아닌가 하는 생각이 들 정도인데, 한편으로는 이러한 현상이 과거 불균형 성장론이 낳은 인과응보적인 측면도 있을 수 있겠지만, 과연 그것이 바람직하냐는 점에 대해서는 다시 생각해봐야만 한다. "억울하면 소송으로 해결하라고 하는데 그럼 공무원은 무엇때문에 있는 거야?"라고 하면서 담당 공무원에게 소리치는 어느 민원인의 푸념은 우리 행정을 속내를 본 것 같아 씁쓸하다. 우리나라는 법치국가이다. 따라서 공무원들이 법대로 업무를 수행한다는 것은 당연한 것이다. 그런데 공무원이 법대로 전례에 따라 업무를 수행하였다 하여 그의 임무를 다한 것은 아니라는 데 문제가 있다. 좀 과장된 이야기일 수도 있지만 공무원이 법대로만 한다고 하면 행정은 손을 놓는 것과 같다. 그는 형법상의 직무유기죄는 저지르지 않았는지는 모르지만 사실적으로는 직무유기를 하고 있는 것이다. 다시 말하면 '합법적인 태업sabotage'을 하는 것과 다를 바 없다. 이러한 전례답습행위는 보신주의의 한 표현임에도 이를 개선하려는 노력이 없는 것 같아 안타깝다. 오히려 문제가 생기면 문제 속에서 해결의 실마리를 찾지 않고 안전하게(?) 전례를 찾고 다른 나라의 사례를 물어보고 그에 따르도록 하는 상관들이 많아지고 있다.

행정의 진면목은 변화하는 상황에 선제적으로 대응하는 데 있다. 요즈음 저출산으로 인한 인구감소 문제가 큰 국가적 문제가 되고 있다. 우리나라는 1962년도부터 늘어나는 인구를 억제하기 위하여 범정부적으로 가족계획정책을 추진한 바 있다. 인구의 문제는 1~2년 내에 해결할 수 있는 단기적인 문제가 아니다. 이 당시 인구 업무를 담당하는 사람이 자기 업무를 주의 깊게 살펴봤다면 장기적으로 우리의 인구가 감소한다는 것을 예측할 수 있었을 터인데, 전임자가 인구축소를 위한 가족계획정책을 수행하였다 하여 그대로 인구축소정책을 수행함으로써 가족계획정책을 시작한 지 30년도 안 되는 1990년도부터 인구확대정책으로 급선회하는 등 우리나라를 곤경에 빠뜨리고 있지 않은가?

이러한 보신주의적 전례답습행위가 우리행정에 만연하여 행정을 무기력증에 빠지게 한 데는 책임행정의 부재에 그 원인이 있다. 그동안의 책임행정의 기준이 법률 등 통제지향적이고 결과책임의 성격을 띠고 있어 행정이 앞으로 나아가지 못하고 전례라는 방패에 숨어버린 것이다. 이런 측면에서 볼 때 근자에 성안과정에 말이 많았던「부정 청탁 및 금품 등 수수의 금지에 관한 법률」의 기조를 부정부패의 엄벌에 두고 그동안 행정책임의 대상이 되었던 행위를 형사책임으로 하는 것이라면 공무원의 보신행위를 가속시킬 우려가 있다는 점에서 바람직한 것은 아니다. 그런 방법보다는 행정평가의 기준을 과거지향적인 전례답습행위를 없애고 창의적이고 미래지향적인 행위를 조장하는 데 두는 것이 효과적이라고 본다. 업무를 감독하고 지시하는 행정의 지도자는 행정이 뒤로 가지 말고 앞으로 나아가도록 행정의 방향을 잘 조정해야 할 책무가 있다. 서산간척지 공사가 난관에 부딪쳤을 때 소극적인 직원에게 했다는 현대그룹의 故 정주영 회장의 "임자! 해봤어?" 식 독려의 소리가 전례답습에 빠진 공무원에게 울려 퍼지길 기원한다.

전례답습에 빠지는 이유 중의 다른 하나로 공무원의 담당업무에 대한 전문성 부족을 들 수 있다. 새로 맡은 업무를 빨리 습득하는 방법 중의 하나는 전임자의 자문을 받거나 전례를 익히는 것이다. 따라서 업무를 습득하는 과정에서의 전례답습은 필수적이라 할 수 있는데 문제는 행정환경의 다양성과 복잡성으로 인하여 사례에 알맞은 전례를 찾기 어려운 경우가 태반이라는 점에 있다. 행정의 수행자인 공무원은 변화된 환경에 맞게 행정의 틀을 새로 짜는 것이 중요하게 되었다.

어느 때보다도 공무원의 업무의 대한 높은 전문성이 요구되는 상황에서 전문성 제고를 위한 업무연찬을 아니하고 전례에만 의존하는 무사안일적 행정문화를 일소하는 작업이 필요한 시점이다.

이와 같이 공무원들이 새로운 일을 하지 않고 전례를 따르는 행태를 없애려면 행정의 평가기준이 달라져야 한다. 비록 어떤 정책 수행 시 실패가 있었다 하더라도 그 당시 상황에서 업무담당자자가 최선을 다하였다면 이를 책임을 묻기 보다는 '실패를 한 데 대한 적절한 보상'이 이루어져야 할 것이다.

칸막이 행정(sectionalism)

종합건설회사의 일하는 모습을 보고 의외로 일하는 사람들이 적어 '이런 조직으로 어떻게 대형 건축물 축조 프로젝트를 수행할 수 있을까' 하는 생각을 한 적이 있었다. 그러나 '종합'건설회사라는 것이 협력업체라고 불리는 단종회사인 '전문'건설업체를 특정 프로젝트 수행이라는 목적 하에 유기적으로 결합시키는 조직이라는 사실을 알고나서는 '종합'의 의미를 깨닫게 되었다. 정부 역시 국정전반을 운영하는 종합행정법인이다. 행정수요가 다양화되고 전문화 될수록 정부를 구성을 다양하고 전문적으로 나누어 맞춤형 서비스를 하여야 하므로 정부부처를 나누어 놓았다. 따라서 종합건설회사가 맡은 프로젝트를 성공적으로 수행하려면 협력업체의 유기적인 협력이 필요하듯이 국정을 제대로 운영하려면 정부를 구성하는 단위체 간의 유기적인 협력이 필요하다.

그런데 공무원이 자신이 속한 부서나 자신의 업무분장만을 챙기고 다른 부서나 다른 사람의 일은 나 몰라라 한다면 전체 조직의 목표를 제대로 달성할 수 있을까? 실례로 어떤 지자체에서 도로를 신설·확장하는데 그 지자체의 경계까지만 공사를 하고 중단하여 민원이 생겼던 적이 있는데, 도로는 연결되어야 도로이지 행정구역이 끝났다고 하여 도로가 끊기면 이를 도로라 할 수 있을까? 그 지자체 주민은 다른 지자체로 갈 수 없단 말인가? 또 경찰서가 관할 구역에서 일어난 범죄가 아니라는 이유로 범죄 신고를 묵살하였다는 보도내용을 보면 이 사람들이 대한민국 공무원이 맞는지 의문이 든다.

하나의 부서가 독단적으로 수행이 가능한 단일행정은 효율적으로 업무를 수행하면 큰 문제가 발생하지 않는다. 그러나 오늘날 정부가 나서서 해야 할 업무는 다수의 이해관계가 복잡하게 얽혀 있는 것이 대부분이기 때문에 관련부서 간 유기적인 협력이 필요하다. 그런데 부서가 자기 업무만 고집하고 다른 부서와의 협력에 미온적이라면 조직의 목적을 달성할 수 없을 것이다. 국세행정을 예로 들어보자. 국세징수행정이 제대로 되려면 세원税源 파악이 제대로 되어야 한다. 정확한 세원을 파악하려면 금융정보분석원Financial Intelligence Unit의 특정금융거래정보 또는 지자체의 인허가 자료 등이 유기적으로 연결되어야 한다. 그런데 이중 한 기관이 다른 기관에 자료를 줄 수 없다고 고집을 부리면 어떻게 되겠는가? 이러한 이기적인 행태야말로 "공무원들이 하는 일이 다 그렇지"라는 관배척官排斥사고를 낳을 수 있을 뿐만 아니라 나라를 망하게 하는 무책임하고 무사안일한 보신행위이므로 이를 뿌리 뽑을 강력한 조치가 필요하다.

앞서 언급한 바와 같이 행정은 전문적으로 분업하기 위하여 나누어 놓은 조직을 기능적으로 결합해 놓아야 시너지 효과를 발휘할 수 있다. 정부에서는 부처할거주의가 다른 부서에 대한 이해가 부족한 데

있다고 보고 고위 공무원을 중심으로 부서 간 인사교류를 시행하고
있다. 물론 부처할거주의가 다른 부서의 이해부족도 주요 원인이긴
하지만, 일부 직원의 인사교류로는 부처할거주의를 막는 데 한계가
있음이 드러났다. 오히려 업무를 모르는 자가 주요 정책부서를 담당
하게 하여 공무원도 힘들고 조직도 힘이 드는 결과를 낳고 있지 않나
생각이 든다. 부처 간 인사교류를 하여도 여전히 할거주의가 고쳐지
지 않자 정부에서는 부서 간 칸막이를 허물어 협업協業을 하여야한다
고 강조하고 있다. 백 번 맞는 말이긴 하나 강조만 해서는 이를 해결할
수 없다. 동맥경화의 경지에 이른 현재의 칸막이 행정을 근원적으로
해결하려면 행정시스템을 협업이 가능하도록 만들어야 한다. 민원인
이 여러 번 관청에 오지 않고 한번 방문으로 민원을 처리해준다는 '원
스톱one stop 민원처리제'를 시행하였는데, 이에 대한 대대적인 홍보에
비해 그 성과는 미흡하다. 이를 위해 관련 부서 간 합동회의를 하곤 했
는데 이를 시스템화 하지 않고 그때그때 상황에 따라 진행하다 보니
원점으로 돌아가고 만 것이다.

행정의 불협화음을 낳고 있는 칸막이 행정을 협업행정으로 전환시
키려면 먼저, 조직 단위 간 직무분석을 전면적으로 시행하여 상호 연
계가 필요한 업무를 분석하여 이들을 상호 연결시키는 협업체계를 구
축하는 작업이 선행되어야 한다. 그 후 이런 협업시스템이 제대로 작
동되는지를 책임행정차원에서 모니터링 하는 노력이 병행되어야 함
은 물론이다. 종전의 직무분석은 담당자가 처리할 수 있는 업무의 양
을 측정하는 데 치중하고 업무 간 연결의 필요성에 대한 분석은 상대
적으로 부족하였다. 따라서 이를 직무분석의 범주에 넣어 추진한다면
효과적인 협업체제를 구축하는 데 큰 도움을 줄 것이다.

둘째, 부서할거주의를 막는 방법의 다른 하나는 직무범위를 명확히 하는 것이다. 무사안일 행정에 대한 불만·비난의 또 하나는 "내 소관이 아니니 다른 곳에 알아보라"는 '소관타령'이다. 소관이 불분명한 경우 '책임전가'로 이어질 수 있다. 특히, 쓰레기 소각장 설치와 같이 민원이 생길 소지가 많은 업무의 경우 업무의 영역이 불분명한 경우 서로 책임지기가 싫어 업무를 미루는 경향이 의외로 많으므로 직무분석을 할 때 업무 조정차원에서 직무범위를 명확하게 할 필요성이 있다. 부처 간 갈등의 대부분이 소관 업무를 애매하게 해놓은 데 그 주요 원인이 있으므로 갈등의 원인을 선제적으로 제거한다는 차원에서 소관 업무를 명백히 정하여할 것이다. 또한 행정수요는 행경환경의 변화에 따라 달라지고 있는데 공공기관이 이를 따라가지 못하는 경우 이를 처리할 부서가 없어 민원인이 고충을 겪게 될 수 있다. 이런 경우를 대비하여 직무분석을 정기적으로 하여 직무처리 부서를 업데이트하는 작업도 게을리 해서는 안 될 것이다.

셋째, 부서할거주의를 막는 시스템을 구축하는 데 중요하는 것은 정책이나 사업을 주도하는 이른바 '컨트롤 타워'의 설정 문제이다. 행정이 단순할 때는 각 부서가 맡은 바 업무를 하면 문제가 없었다. 그러나 행정의 환경이 급격히 변하여 업무의 소관이 변할 필요가 있거나, 소관이 없는 업무도 생기는 것이 다반사가 되었다. 또한 행정이 전문화되고 복잡해짐에 따라 업무가 여러 영역에 나누어 있을 수 있게 되었다. 이에 따라 행정기관 간에도 님비[NIMBY: Not In My Back Yard], 핌피[PIMPY: Please In My Back Yard]현상이 나타나 어려운 일은 가능한 남의 부서에 미루고, 유리한 일은 내 밥그릇 지키기 차원에서 공다툼이 벌어지고 있다. 이로 인하여 정책이나 사업이 표류하게 되면 그 피해는 고스란히 국민에게 돌아가게 될 것이다. 이를 위해서 정부 업무를 조정하는 권한을 가진 국무조정실은 부서 간 업무 영역 다툼이 불거질 가능성이 있는 분야에 대한 모니터링을 철저히 하여 사전에 이를 예방하는 조치를 시스템적으로 구축해놓는 작업을 하여야 할 것이다.

형식주의 행정(red tape)

무사안일을 낳는 또 다른 하나는 책임을 모면하고 보자는 심리가 작용한 행정의 형식주의이다. 이는 일찍이 관료제의 병폐의 하나인 번문욕례繁文縟禮, red tape 행정이라 불리는 것으로, 공무원이 문제의 실체를 찾아 해결하기 보다는 까다롭고 복잡한 규칙, 절차 등을 거치게 하여 민원인을 불편하게 하고 부담을 주는 것을 말한다. 우리도 공장을 짓는 데 담당 공무원의 도장을 수백 개 찍어야 한다면서 이를 간편하게 하는 규제개혁을 하여야 한다는 주장에 국민들이 공감을 하고 지지를 보낸 적이 있다.

그러면 공무원들은 왜 이런 절차나 규칙을 만들고 있을까? 민원인을 애먹이려고 이렇게 하지는 않을 것이다. 공무원들이 이런 규칙, 절차를 가능한 많이 만드는 것은 나중에 자신이 처리한 일로 인하여 문제가 발생하더라도 나만 살면 된다는 책임모면 심리가 근저에 자리잡고 있기 때문이다. 자기가 책임지고 처리할 일도 사후에 문책 등을 면하기 위하여 불필요하게 상급자의 결재를 받아두거나 불필요한 부서의 협조를 받아오라고 하든지 형식적으로 각종의 자문회의를 거치는 일이 비일비재 일어나고 있는 것이다. 어떤 지자체에서는 아파트 건축을 위한 건축심의를 하면서 심의위원의 만장일치제로 운영하고 있어 한 심의위원이 무심코 던진 말 한마디로 사업이 장기간 진척되지 못하다가 결국에는 시행업체가 부도가 났다는 말을 공무원들은 남의 이야기라고 흘려버려서는 안 될 것이다. 물론 공무원이 해야 할 일을 민원인을 위한다고 하지 않는 것도 안 될 일이다. 하지만 공무원이 자신의 책임을 모면하기 위하여 민원인을 어렵게 한다면 이는 공무원의 존재이유를 망각한 행위이다. 이런 공무원을 공직사회에 그대로 둬서는 안 된다.

국민의 생활에 정부는 가능한 개입하지 말아야 하고 개입하더라도 최소한에 그쳐야 한다는 것이 민주헌법의 기본원칙이다. 이러한 행정편의주의 사고에 입각한 행정의 형식주의는 국민에게 '그림자 규제'가 되어 행정의 비효율을 낳고 국민에게 겪지 않아도 될 고통을 준다. 이러한 '그림자 규제'가 횡행하는데도 규제개혁의 대상을 법령 등 제도에 둔다면 이를 막을 방법이 없다. 그 보다는 각종 제도가 어떻게 운용되고 있는지 살펴 이들 제도가 당초의 취지 또는 목적을 벗어나 '그림자 규제' 같은 부작용을 낳지 않도록 하여야 할 것이다.

지금부터라도 위임전결운영실태, 행정업무 협조실태, 각종 위원회 운영실태 등에 대한 점검을 하여 우후죽순으로 퍼지고 있는 행정의 형식주의를 바로잡아야 할 것이다. 위임전결 운영과 관련하여 위아래 관련자를 같이 책임지우는 연대책임제는 재고되어야 한다. 담당자와 상급 감독자의 책임의 한계를 명백히 하여 책임질 사항이 아닌데도 결재과정에 참여하였다는 사유만으로 연대책임을 지우는 것은 책임 행정의 본질에 반하는 후진적 책임추궁 방식이다. 헌법 제13조 제3항에서 연좌제連坐制를 금지한 취지를 생각해 볼 대목이다. 이런 연대책임은 품의稟議제라는 결재시스템상 부득이하게 나타나는 현상이므로 품의제를 업무처리의 효율성과 책임의 명확성 차원에서 개선하여야 할 것이다. 또 행정업무 협조는 행정의 협업체계가 구축되면 자연스럽게 해결될 것이므로 효율적인 협업체계 구축에 전력하여야 할 것이다. 위원회는 행정처리의 전문성과 정당성을 높여주지만 책임이 분산되어 책임행정 차원에서는 가능한 적게 운영되는 것이 좋다. 이와 함께 위원회의 부작용을 적게 하려면 심의기관의 의결기관화를 막고 한시적인 위원회가 상설기관이 되지 않도록 하는 방안을 강구하여야 할 것이다.

연공서열(年功序列) 중시 행정문화(직업공무원제와 무사안일의 상관관계 문제)

공공부문 뿐만 아니라 사기업들도 고임금 – 저효율 체제를 변경시키기 위하여 성과급제를 확대 적용하고 임금피크제를 도입하거나 하려고 있다. 조직의 모든 구성원들이 전력을 다하여 조직을 위하여 일한다면 문제될 것이 없다. 그러나 그런 드림dream팀을 발견하기가 쉽지 않다. 항상 조직에는 일하는 사람은 열심히 일하는데 한편의 사람들은 베짱이 같이 일은 않고 승진 타령만을 하고 있다. 이 베짱이는 자기만 일하지 않는 것이 아니라 남들까지 일하지 않는 분위기를 조성하는 훼방꾼이라는 점에서 책임행정 차원에서 특단의 대책이 필요하다. 이런 상황을 지켜보는 국민들은 공무원을 철밥통 등으로 비아냥거리지만 이들을 조직에서 내보려고 해도 공무원의 신분보장제 때문에 어찌할 수 없어 교육훈련 등을 실시하고 있으나 이마저도 성과가 없다.

이런 연고로 요즈음에는 이처럼 놀고먹는 공무원을 없애려고 성과급제를 도입하여 실적에 따라 받는 보수를 달리하고 있다. 이 성과급제가 성공하려면 설적평가가 정확하고 공정하게 이루어져야 하는데 공무의 상당 부분이 계량화가 곤란하고 객관적인 평가문화가 정착되지 않아 실제는 '나눠먹기'식으로 운영되는 경우가 많아 공정성에 대한 시비가 사라지지 않고 있다.

한편, 오래 근무한 공무원에게 유리한 호봉제의 문제점을 해소하기 위하여 상위 직급을 중심으로 연봉제를 도입하고 있다. 하지만 연봉제의 기본 취지는 일률적으로 똑같이 월급을 줄 것이 아니라 실적 등을 고려하여 수급자별로 차등지급하자는 것인데, 현행의 연봉제는 월급제와 별반 다르지 않게 운용되고 있어 그 효과가 크지 않다.

보수제도뿐만 아니라 승진 등 공무원 인사제도도 연공서열을 바탕으로 이루어지고 있어 놀고먹는 그룹에 대한 대책이 먹혀들어가지 않고 있는 실정이다. 본래 우리나라는 장유유서長幼有序의 전통이 있는데다 공동체 의식이 강하여 고용시장이 상당히 경직되어 있다. 특히, 공직의 경우에는 정치권으로부터 영향을 받지 않고 중립적으로 업무를 수행할 필요가 있어 공무원의 신분을 보장할 필요가 있어 우리도 헌법 제7조 제2항에서 "공무원의 신분과 정치적 중립성은 법률이 정하는 바에 의하여 보장된다"고 규정하여 직업공무원제도를 운용하고 있다. 그런데 이 직업공무원제가 공무원을 철밥통으로 만들고 있다는 비판이 거세지고 있다. 그러나 판례가 판시한대로 "직업공무원제를 규정한 헌법 제7조 제2항은 공무원으로 하여금 정권교체에 영향을 받지 아니하게 함과 동시에 동일한 정권 하에서도 정당한 이유 없이 해임되지 아니하도록 신분을 보장하여 국민 전체의 봉사자로서 흔들림 없이 공무를 수행할 수 있도록 하기 위한 규정"^{헌재 1990. 6. 25. 89헌마220}이라면 직업공무원제를 비난할 수 없을 것이다. 왜냐하면 "공무원은 임용주체가 궁극에는 주권자인 국민 또는 주민이기 때문에 국민 전체에 대하여 봉사하고 책임을 져야 하는 특별한 지위에 있고, 그가 담당하는 업무가 국가 또는 공공단체의 공공적인 일이어서 특히 그 직무를 수행함에 있어서 공공성·공정성·성실성 및 중립성 등이 요구되기 때문에 일반근로자와는 달리 특별한 근무관계에 있는 사람"헌재 1992. 4. 28. 90헌바27 등이기에 신분보장을 법으로 강하게 보호할 필요가 있어 직업공무원제를 둔 것이기 때문이다. 오히려 직업공무원제는 공무원의 채용과 승진에 있어서 엽관주의를 배제하고 실적주의를 그 내용으로 한다는 점국가공무원법 제26조, 지방공무원법 제25조의 성적주의 참조에서 무사안일에 대한 대처방안으로 사용될 수 있다.

문제는 신분보장을 어떻게 하고 있느냐에 따라 직업공무원제가 역할의 방향이 달라질 수 있다는 것이다. 국가공무원법 제68조에 따르면 공무원은 형의 선고, 징계처분 또는 동법에 정하는 사유에 의하지 아니하고는 그 의사에 반하여 휴직·강임·면직을 당하지 않는다. 현행의 관행은 작위책임을 주로 징계사유로 들고 있으나 징계처분의 사유에 부작위·소극적 책임 등 무사안일한 행태를 포함시키면 공무원의 신분보장이 무사안일한 공무원의 방패막이가 되지는 않을 것이다. 무사안일이라는 막연한 개념을 책임기준으로 할 경우 공무원의 신분보장을 침해할 수 있으므로 무사안일의 평가척도를 개발하여 구체적이고 실천적인 개념으로 만들어야 함은 물론이다.

이와 관련하여 공무원의 징계시효가 종전보다는 길어져 징계사유 등의 사유가 발생한 날로부터 3년금품 및 향응수수, 공금횡령·유용의 경우에는 5년이 되었으나, 공무원의 특수한 지위 등을 고려하여 징계시효를 더 늘리는 조치가 필요하다 하겠다. 징계의 종류 중 파면, 해임 등 배제책임의 경우는 중대한 책임을 진 공무원에게 계속 맡기는 것이 합당치 아니하므로 책임공무원을 공직사회에서 배제하는 것이고, 정직, 견책, 주의 등은 잘못을 한 공무원이 향후 잘못하지 않도록 경계하는 데 그 목적이 있다. 그런데도 3년이나 5년 내에 징계사유를 발견하지 못하였다하여 잘못이 있는 공무원에 대하여 아무런 조치를 아니하는 것은 책임행정에 반하고 공무원제도의 운용 목적에도 반한다. 한때 공사 담당공무원의 성명을 건축물 등에 남겨 후일의 평가를 받도록 하였는데 이는 책임행정의 실현에도 크게 도움되는 제도라고 생각한다. 이런 실명제를 공사에 한할 것이 아니라 각종 정책의 수립과 집행자도 이를 남겨 후일에 평가받도록 하여야 할 것이다.

부정부패와 이에 대한 대응

부정부패의 본질

무사안일과 부정부패는 책임일탈이라는 점에서는 같지만 무사안일이 공무원이 자신이 해야 할 일을 제대로 하지 않는 보신주의補身主義형 행동양식이라면, 부정부패는 자신에게 주어진 권한을 잘못 사용하는 권한남용權限濫用형 행동양식이라는 점에서 구별할 수 있다. 이러한 부정부패는 민주행정과 책임행정에 대한 도전일 뿐만 아니라 나라를 망하게 하는 암적 존재라는 점에서 세계 각국은 오래 전부터 부패와의 전쟁을 수행하고 있으나 아직도 많은 나라에서는 이 때문에 골머리를 앓고 있다. 우리나라도 부정부패가 크게 사회적 문제가 되지 않을 때에는 남 보다 앞서 가기 위하여 담당자에게 '급행료', '촌지' 등을 찔러 주는 공정치 못한 행위를 막기 위하여 감시·감독을 강화하였다. 이때 적발된 자의 변명은 박봉에 살다 갑자기 집안에 우환이 있어 실수를 하였다는 등의 동정심을 유발하는 것이었다. 실제로 부정부패를 이론적으로 연구하는 사람들은 이들 범죄를 '생계형 범죄'로 분류하기도 하였다. 그런데 바늘도둑이 소도둑 된다고 이러한 비리가 업무처리의 관행으로 굳어지고 비리의 성격이 악덕·고질화 되는가 하면, 규모도 커 '기업형 비리'라고 할 정도로 심각해지자 부정부패가 정상적인 경제질서를 왜곡시켜 국가발전을 해하는 단계까지 오게 되었다. 이에 따라 부정부패 척결의 기치를 걸고 범정부적으로 사정을 실시하고 있으나 고위직이 관여된 대형 비리 사건이 터지는 등 부정부패가 전 사회에 전이轉移되어 손 쓸 수 없는 단계가 아닌가 하는 위기감마저 들게 하는 것이 오늘의 현실이다.

이와 같이 부정부패가 근절되지 않는 이유는 여러 가지가 있을 수 있으나 사정당국 등에서 부정부패의 실체, 즉 본질을 제대로 파악하지 못하고 이에 대처하고 있는 것도 큰 이유라고 보여지므로 이를 좀 더 알아보자.

「부패방지 및 국민권익위원회 설치 및 운영에 관한 법률」^{이하 "부패방지법"} 제2조 제4항에서 부패행위를 규정하기를,

"가. 공직자가 지위와 권한 남용, 법령을 위반하여 자기 또는 제3자의 이익을 도모하는 행위, 나. 공공기관의 예산사용, 재산 취득·관리·처분 또는 계약 체결과 이행 시 법령을 위반하여 공공기관에 재산 상 손해를 가하는 행위, 다. 가목과 나목에 따른 행위 및 그 은폐를 강요, 권고, 제의, 유인하는 행위"라고 정의하고 있다.

부정부패는 그 용어부터 막연한데도 이를 정의하였다는 것은 법치주의의 진보라고 할 수 있다. 같은 법에서 규정한 부패행위를 들여다보면 가목의 행위는 "타인의 사무를 처리하는 자가 자기 임무에 위배

하는 행위로써 재산상의 이익을 취득하거나 제3자로 하여금 취득하게 하여 본인에게 재산상의 손해를 가"함으로써 성립하는 범죄인 배임죄^{형법 제355조 제2항}와 구성요건이 비슷하고, 나목의 행위는 "고의 또는 중대한 과실로 법령이나 그 밖의 관계규정 및 예산에 정해진 바에 위반하여 국가의 재산에 손해를 끼친 경우"에 해당하는 회계관계직원의 변상책임^{「회계관계직원 등의 책임에 관한 법률」 제4조 제1항}과 유사하게 규정하고 있다. 그렇다면 부패행위가 배임의 죄를 저지르거나 변상책임을 져야하는 행위를 의미한다는 말인데, 과연 이렇게 부패행위를 한정한 것이 그 실체를 규명하는 데 도움이 되는지 의문이 든다.

한편, 위 부패방지법 제8조에서는 공직자가 준수하여야 할 공직자 행동강령을,

"1. 직무관련자로부터의 향응·금품 등을 받는 행위의 금지·제한에 관한 사항, 2. 직위를 이용한 인사관여·이권개입·알선·청탁행위의 금지·제한에 관한 사항, 3. 공정한 인사 등 건전한 공직풍토 조성을 위하여 공직자가 지켜야 할 사항, 4. 그 밖에 부패의 방지와 공직자의 직무의 청렴성 및 품위유지 등을 위하여 필요한 사항"으로 규정하고 있다. 이들 금지·제한 사항이 법 제2조 제4항의 부패행위 정의와 어떤 관련성이 있는지 따져보자. 먼저 이들 금지·제한 사항은 위 부패행위의 정의 범주에 해당되지 않는 것으로 보임을 알 수 있다. 그렇다면 이를 왜 이들 사항을 금지·제한하고 공직자의 행동강령으로 규정하고 있는가? 오히려 행동강령상의 금지·제한 사항이 우리가 보통 말하는 부패행위로 보인다. 국민들이 체감하고 있는 공무원의 부정부패는 단순히 위 형사법상의 범죄뿐만 아니라 공무원이 직무를 수행함에 있어서 저지르는 각종의 비리를 포괄하고 있는데 이를 막으려고 제

정한 부패방지법이 부패행위의 본질을 제대로 꿰뚫어보지 못하고 다른 법령의 규정을 이리저리 가져와 졸속으로 정의내린 것은 유감이다.

형법상 공무원의 직무에 관한 주요 범죄는 직무유기죄, 직권남용죄, 뇌물죄 등이 있는데, 이들 직무범죄 외에 횡령죄, 배임죄 등도 공무원이 흔히 저지르는 범죄로 문제되고 있다. 공무원은 이들 형사상의 범죄를 저지르지 않고도 비리에 대한 책임을 지는 경우가 있는데 공무원의 징계책임과 변상책임이 그것이다. 일반인이 인식하는 부정부패라 함은 이런 형사상의 처벌의 대상이 되거나 행정상으로 책임 있는 행위를 포괄하고 있다고 보아야 할 것이다. 우리가 흔히 보는 부정부패는 공무원이 뇌물이나 특혜 등을 받고 직무를 수행하면서 지켜야할 것을 위배하여 이를 제공한 자 등에게 이익이나 편의를 주는 행위를 말한다. 이와 같이 공무원의 부정행위는 직무수행의 원칙을 위배하였다는 점에서 행정책임이 기본이 되는데 여기에 뇌물이나 특혜를 받거나 받을 약속을 하였을 경우 형사상의 범죄를 저지르게 되는데 행정책임과 형사상의 책임은 같이 이루어져도 별개로 처벌받는 점이 특이하다.

부패방지법이 정의에 실패한 것은 부정부패는 다양한 양태를 내포하고 있는 추상적인 개념이라는 것을 간과하고 부정부패의 일면만 보고 이를 전부인양 개념화 하였다는 것이다. 따라서 이런 혼선을 막기 위하여 부정부패의 양태樣態를 나열하는 방식보다는 왜 우리가 이를 금하려고 하는지 그 사유를 알아내어 개념화하는 것도 한 방법이라고 생각한다. 즉, 부정부패로 우리가 무엇을 잃는가를 알아보는 것이다. 이에 관하여는 부정부패로 나라가 썩어가기 시작하여 결국 나라는 멸망의 길로 이를 것이라고 좀 막연하게 생각하는 것이 일반적인 태도인데, 구체적으로 무엇이 손상되어 나라를 망치게 하는 것인지를 알아보자. 다행인 것은 우리 형사법학계에서는 뇌물죄의 보호법익과 관련하여 국가기능의 공정성, 직무행위의 불가매수성 등이라는 논의가 상당히 진전되어 있다는 점이다. 이러한 논의를 종합적으로 고려하면 우리는 부정부패는 공직자가 사익을 얻기 위하여 담당하고 있는 직무를 왜곡한 행위라는 것을 알 수 있다. 이렇게 부정부패의 개념을 상황적 개념으로 파악할 때 우리가 부정부패에 대하여 어떻게 대응할지가 도출되는 것이다. 다시 말하면, 이와 같은 같은 시각에서 부정부패를 바라보면 부정부패야말로 국가기능의 적정성 확보에 결정적 장애가 되므로 반드시 척결되어야 할 대상이라는 결론에 이르게 된다. 따라서 우리가 부정부패의 문제를 공직기강의 차원에서 접근하는 이유가 여기에 있다는 사실을 명심하고 이에 대한 대처 방안을 마련하는 데 집중하여야 할 것이다.

공과 사의 구별은 부정부패 예방의 시작

위와 같이 부정부패를 '사익을 얻기 위한 직무의 왜곡행위'로 정의해 보면 부정부패는 공公과 사私의 구별이 불분명하지 아니한 데서 발생하는 상황적 문제임을 알 수 있다. 따라서 부정부패를 막으려면 먼저 공과 사를 구별하는 태도의 확립이 필요하다 할 것이다. 유교문화의 영향을 받아서 그런지 우리는 정을 중시하고 의리를 따지고 연고를 고려하다 보니 공과 사가 뒤엉켜 행동하는 경우를 흔히 볼 수 있다. 어떤 일을 하더라도 계약으로 명확히 하는 사람보다는 '좋은 것이 좋다'는 식으로 상대방을 믿고 행동하는 사람이 사회적으로 좋은 평가를 받기도 한다. 그리고 아는 사람에게 편의를 봐줄 수 있는 위치에 있는데 모른 체하고 다른 사람들과 같이 대하면 몹쓸 사람으로 주위 사람들에게 낙인찍히기 십상이다. 이래선 안 된다. 근무시간 중에 사적인 인터넷이나 전화를 한 것이 뭐 그리 나쁜 짓을 한 것이냐고 생각할지 모르지만 공물公物의 사적 사용은 공인으로서 분명 잘못된 것이다.

공무를 담당하는 사람은 이 단계를 넘어서야 한다. 공직자가 공무를 담당하는 순간, 그동안의 나라는 사私를 버리고 공익만을 추구하는 위대한 사람이 되어야 한다. 공직이라는 일은 아무나 맡겨지는 일이 아니다. 공직이라는 직책은 공직에 몸 바칠 준비가 되었고 본인이라는 사를 희생할 자에게만 맡겨져야 하는 신성한 것이다. 사욕으로 채워진 자에 의하여 성스러운 공직이 왜곡되어서는 안 된다. 따라서 부정부패를 막기 위한 전제조치로 공직자들이 신성한 업무를 수행한다는 자부심을 갖고 공익실현이라는 미션을 반드시 달성한다는 사명감을 갖게 하는 것이 무엇보다 중요하다.

그러나 공과 사를 구별하라는 말이 사를 완전히 없애라는 말로 잘못 이해하는 사람들이 의외로 많다. 공무원도 사회생활을 하는 사람이다. 따라서 사적인 생활을 하지 않을 수는 없다. 여기서 공과 사를 구별하라는 것은 공적인 직무를 절대 사적인 이해관계에 얽매여서 수행하지 말라는 말이지 사적 생활을 접어두라는 말이 아니다. 그런데 공무원법상 공직자에게 부여한 의무를 보면 공직자는 국민들이 존경하는 정도의 고매한 인격의 소유자가 되어야 한다고 법적으로 강요한다. 국가공무원법 제63조지방공무원법 제55조의 '품위유지의 의무'가 그것이다. "공무원은 직무의 내외를 불문하고 그 품위가 손상되는 행위를 하여서는 아니 된다"는 규정이 과연 적정한 규정인지 생각해 보아야 한다. 특히, 품위유지의 의무를 도덕적 의무가 아닌 법적 의무로 하는 것이 맞는지도 고려해봐야 한다. 사적인 생활을 하는 데서까지 공무원 법상의 의무를 지켜야 하는지 의문이 든다. 이는 엄밀히 말해서 사적인 영역에 공적인 사항을 결합시킨 것으로 공과 사를 구별하여야 한다는 논리에 역행되는 사고가 아닌가 하는 생각이 든다. 공무원이 공적이 업무를 수행할 때는 공적인 것만 생각하고 사적인 행동은 사적인 생활을 할 때 하라는 식의 접근이 부정부패를 우리의 행정문화에서 완전히 추방시키는 첩경이라고 본다.

부정부패를 공직사회에서 몰아내는 방법의 하나로 공직자의 의무를 재설정한다면 공과 사의 구별을 직무수행의 의무로 하는 것도 좋은 방법이라고 생각한다. 공무원법에는 "공무원은 법령을 준수할 의무를 진다"^{국가공무원법 제56조, 지방공무원법 제48조}고 규정하고 있다. 공직수행의 중대성을 강조하기 위하여 규정한 것으로 보이나, 법령준수의 의무는 대한민국 국민이면 지켜야 하는 의무이므로 이를 굳이 공무원법의 의무로 둘 필요는 없다고 보인다. 대신 공·사 구별의 의무를 공무원의 법적 의무로 하는 것이 직무집행의 공정성을 담보하고 이를 통한 행정의 왜곡을 막을 수 있다는 점에서 부정부패를 사전에 예방하는 데 효과적이라고 생각한다.

부정부패를 낳게 하는 요인

범죄 없는 세상은 원초적 범죄를 가진 우리에게는 요원한 꿈일 수도 있다. 범죄 중에서도 공직자의 범죄는 그 침해대상이 공익^{公益}이라는 점에서 다른 범죄와 같은 선상에서 논할 수 없을 정도로 심각한 문제이다. 더구나 공직자의 부정부패가 한두 건도 아니고 공직사회에 만연해 있다면 이는 나라의 기강이 무너지는 현상이므로 이를 바로 잡아야 한다. 이를 위해서는 부정부패의 원인을 알아야 하는데 부정부패라는 것이 대놓고 하는 것이 아니기 때문에 그 원인을 알기가 상당히 어려워 잘못하면 장님 코끼리 만지기식 진단이 되기 쉽다. 한 가지 확실한 증상은 사회전반에 '법을 지키면 손해 본다'는 의식이 만연해 있다는 것이다. 법보다는 담당자에게 영향력을 행사할 수 있는 사람을 찾기에 골몰한다. 근무시간에 만나 일을 처리하기 보다는 퇴근 후에 술집 등 사석에서 흥정을 하여 일을 처리하려고 한다. 이렇게 맺어진 인연을 자신을 뒤에서 봐주는 배경^{sponsorship}으로 발전시켜 배경뻑^(?)이 공무원을 아바타로 만들어 이리저리 조종하는 세상이 된다. 이러한 지경이 되어도 안 망하는 나라가 있다면 그것이 이상할 노릇이다. 이런 세상을 만드는 요인은 여러 가지가 있을 수 있으나 여기에서는 제도적인 측면에서 어떠한 요인으로 인하여 부정부패가 독버섯 같이 자라게 되는지를 알아보고자 한다.

'갑(甲)'을 존재하게 하는 수직 문화

앞서 언급한 바와 같이 민주국가인 우리나라의 거래질서는 이른바 '갑'이 결정하는 사회가 되었다. 인·허가권을 쥔 공무원은 민원인의 갑이 되고, 대기업은 하청업체의 갑이 되어 '을'을 지배하는 수직사회가 형성되고 있는 것은 역사의 흐름에 역행하는 것이다. 이로 인해 많은 부작용을 낳고 있다는 것이 문제이다. 갑과 을이 계약 당사자로 되는 계약이 문제되는 것은 법률상으로는 대등한 당사자 계약이지만 사실상으로는 갑이 자기에게 계약서를 유리하게 작성하고 을은 이를 따르도록 하는 불공정 계약이라는 점이다. 그런데 이 불공정한 계약을 무효로 할 수 없고 이를 감내해야 하여야 한다는 점에서 문제의 심각성이 있다. 이런 거래 관계는 관행이 되어 '갑'은 심리적으로 '을'의 주인이 되어 이것이 외형적으로 표현되는 것이 우리가 말하는 '갑질'이다. 사정이 이러다 보니 을은 갑의 눈치를 보지 않을 수 없게 되고 갑에게 성의 표지를 하게 되는데 이것이 '촌지'이다. 명절을 그냥 넘어가면 괘씸죄가 될 것 같아 '떡값'을 주게 되는 것이다. 한국 사회에서 을로 살아가기가 어렵다는 말이 나오는 이유가 여기에 있다. 문제는 공무원인 갑의 결정이 업무처리 기준에 반하고 그로 인하여 을에게 돌아오는 특혜의 규모가 클 때 갑과 을은 유착하게 되고 공직사회는 부패되어 썩은 냄새가 진동한다는 사실이다.

이를 막기 위하여 수의계약의 요건을 엄격히 하고 전자입찰 등을 실시하고 있으나 이를 악용한 갑과 을의 비리는 계속 발전하고 있는 실정이다. 우리가 이러한 갑을 관계를 개선시키지 않는 한 부정부패는 잠복하고 있다가 기회다 싶으면 다시금 나타난다는 사실을 알아야 한다. 갑이 된다는 것은 갑이 독점적 지위에 있고 을은 다수라 치열한 경쟁관계에 있는 상황이라는 것을 말해준다. 이런 구조를 만드는 상황에서는 언제든지 갑을 간에 부패의 연결고리가 형성될 소지가 있다는 것을 명심하고 이러한 수직관계가 만들어지지 않도록 노력하여야 한다. 그런 방법 중의 하나가 행정절차의 투명화이다. 행정절차 하나하나가 공개되어 민원처리 과정 등 행정의 과정과 결과를 여러 사람들이 검증하게 되면 갑의 일방적 우위가 유지되는 반(反)민주적인 행정문화는 퇴출될 수밖에 없을 것이다.

견제와 균형 원칙의 부재

'권력은 부패한다Power tends to corrupt'는 Acton의 말을 빌릴 것도 없이

공권력 담당자라는 완장을 차면 권력 남용의 유혹을 버리기 힘든 것 같다. 몽테스키외의 권력분립론이 빛나는 것은 이런 권력의 속성을 간파한 원리라는 점이다. 부정부패가 만연된 곳에서 종종 목격되는 것은 권한이 특정인에 집중되어 있는데도 별다른 통제 없이 그 권한이 행사된다는 사실이다.

부정의 유형을 업무 담당자에 의한 비리와 기관장 등 상위 직급에 있는 자에 의한 비리로 나누어 보면 서로 다른 양상을 보임을 알 수 있다. 담당자에 의한 부정은 이를 감독하여야 할 상급자가 전문지식의 부족 등으로 이를 살펴볼 능력이 없거나 아예 담당자에게 맡기고 방치한 경우에 주로 발생된다. 이에 반해 상급자에 의한 부패는 본인에게 권한이 집중되어 있는 제도 등을 터 잡아 이루어지는 특색이 있다. 특히, 후자의 경우는 부정부패의 규모가 크고 구조화되었다는 점에서 심각성이 크다 하겠다. 계약관련 비리를 예로 들면, 실무자의 경우에는 공개경쟁을 거치지 않고 임의로 계약상대방을 정하는 수의계약隨意契約(「국가를 당사자로 하는 계약에 관한 법률」 제7조 등)으로 공사 등 일을 맡겨달라는 업체의 로비를 받고, '분리발주' 등으로 수의계약 조건을 맞추는 편법으로 범죄를 저지르는 경우가 많다. 업무를 잘 알고 있기 때문에 편법을 동원하여 비리를 범하는 것이다. 반면에 상급자의 경우에는 로비 업체 측에서 수의계약의 조건 등에 맞출 생각을 않고 현행 제도가 불합리하니 제도 자체를 자신들에게 유리하게 바꿔달라는 로비를 받고 비리를 행하기 때문에 비리의 정도와 성격이 실무자에 의한 것과는 비교가 되지 않는 것이다.

전자의 경우는 '전문가에 의한 비리'라 할 수 있는데 이는 담당자가 한 자리에 오래 있어 그 사람만이 업무를 처리할 수 있는 경우에 종종 발생한다. 이 때문에 부정부패를 막기 위하여 '순환보직제'를 실시하고 있으나 이는 업무의 전문성의 후퇴를 가져올 수 있다는 약점이 있다. 따라서 담당자의 전문성을 확보하면서 담당자의 부정을 견제할 수 있는 제도의 마련이 시급하다.

후자의 경우는 '최종 결재권자에 의한 비리'로 담당자가 해당 사항을 정하지 아니하고 결재권자가 임의로 결정할 수 있을 때 발생할 수 있는 비리이다. 현행 법령 등 제도를 자신들에게 유리하게 하는 '입법 로비'도 상급자에 의한 비리 유형의 하나라 할 수 있다.

지자체 실시 후에 급증하고 있는 비리의 하나가 내인가內認可 제도를 악용하는 경우이다. 내인가는 정식 인가를 받기 전에 잠정적으로 받는 인가로 인가부서는 인가 사항을 시간을 갖고 신중히 검토할 수 있고, 민원인은 내인자로서의 지위를 인정받을 수 있어 좋은 호응을 받고 있다. 그런데 처리부서가 하급부서의 경우 처리부서에서 인가 여부를 결정하기 전에 상급 부서장에게 내인가를 받도록 하는 사례가 종종 목격되고 있다. 이렇게 되면 처리 전담 부서가 아닌 상급부서에서 처리 가부可否권을 쥐고 있어 민원인 입장에서 보면 이중의 허가를 받는 셈이다. 민원인으로서는 속내를 알 수 없는 단계가 새로 추가됨에 따라 업무와 상관없이 상급부서의 자의적 판단에 자기의 민원이 좌우될 수 있다는 걱정이 생긴 것이다. 그러다보니 처리부서보다는 여러 인맥을 동원하여 상급부서의 장에게 접근하려고 많은 시간과 노력을 들일 수밖에 없다.

그래서 그런지 우리 사회에는 높은 사람을 아는 것을 자기의 힘으로 과시하는 사람들이 상상 외로 많다. 문제를 해결하려고 하면 담당자와 상의하기에 앞서 힘 있는(?) '장長'을 찾아가 적당히 해결하려고 한다. 이것은 우리나라의 각종 제도가 담당자보다 기관장에 권한을 집중시키기 때문이다. 기관장은 인사권과 예산권을 거의 독점적으로 행사할 수 있기 때문에 담당자는 기관장의 눈치를 보지 않을 수가 없고 설사 지시가 부당하더라도 거절하기가 어렵다. 또한 우리의 품의稟議제라는 결재시스템상 담당자는 기안 책임자에 지나지 않고 최종 결재권자가 업무처리권자가 되기 때문에 민원인의 관심은 담당자 보다는 결재권자에게 향하여 있다. 이러한 상황에서는 비리를 내부에서 인지하더라도 이를 외부에 신고하는 것이 사실상 불가능하다. 내부고발을 활성화하기 위하여 「국가를 당사자로 하는 계약에 관한 법률」 제7조에는 "신고자는 신고행위와 관련하여 어떠한 인사상의 불이익을 받지 아니한다"고 규정하여 내부고발자의 신분보장을 규정하고 있다. 하지만 인사권이 기관장에게 있는데 기관장 또는 기관의 비리를 어떻게 신고한단 말인가? 우리는 행정조직으로 자체감사실을 두고 있는데 인사권자를 상대로 감사를 한다는 것이 가능하단 말인가? 이런 구조적 요인으로 인하여 부정부패는 먹이사슬과 같이 구조화되고 외부에 노출되지 않는 경향이 있다. 우리는 담당자와 상급자가 업무처리라는 같은 업무를 수행하도록 되어 있다. 이런 시스템은 업무를 여러 사람이 간여하기 때문에 업무를 신중히 처리할 수 있는 장점이 있는 반면에, 업무처리권이 집중되어 업무통제가 잘 안 되는 약점이 있다. 상급자의 업무통제를 강화시키기 위하여 품의제를 도입하였으나 이는 상급자도 업무처리자가 되어 자기가 자기를 통제하여야 한다는 문제가 생긴다. 이러한 문제점을 해소하기 위해서는 담당자의 업무와 상급자의 업무를 나누어 재배정하는 개선책을 생각할 수 있다. 현재는 업무분장을 할 때 업무를 분야별로 나누어 개개 구성원에게 맡기는 방법으로 업무 배정을 하기 때문에 실무자 개개인의 업무가 다르다. 이와 같이 실무자는 동료와 함께 업무를 처리하지 않고 차상위자에게 자기가 기안한 업무를 검토하여 결정하여 달라는 과정을 거치게 된다. 이것이 경험이 많은 차상위자까지는 실질적인 검토가 이루어질 수 있으나 그 위의 단계에서는 업무 폭주로 제대로 검토도 못하고 일이 결정되는 경우가 허다하다.

따라서 앞으로 업무분장을 할 때에는 팀별로 업무를 맡겨 업무의 속성과 체계, 담당자의 적성 등을 고려하여 기능별 업무협조가 가능하도록 하는 업무배정을 하여야 할 것이다. 상급자의 업무는 담당자들이 업무를 책임감을 가지고 수행하도록 하는 시스템을 구축하는 업무를 맡겨야 한다. 좋은 예로 미국의 초중고 교장의 업무를 들고 싶다. 미국의 학교에서 학생을 가르치는 업무는 전적으로 교사에게 맡겨져 있다. 교장은 학교의 관리 업무를 총괄하되 수업에 관여할 수 없게 되어 있다. 물론 교사의 평가 등 교육 방침을 정하는 데는 많은 권한을 행사할 수 있지만 교육권과 관리권을 분리한 것이 특징이라고 할 수 있다.

우리의 업무처리도 업무처리권은 담당자에게 전적으로 맡기고 상급자는 담당자에 대한 평가·감독권을 주는 것이 합리적이라고 생각한다. 앞의 계약업무를 들어 업무처리권과 관리권 통합의 문제점을 알아보자. 현재는 발주관서가 계약을 하려면 주무관이라는 담당자가 계약관련 서류를 만들어 팀장인 분임재무관의 결재를 거쳐 국장인 재무관사안에 따라 기관장이 재무관이 될 수 있음의 결재를 받는다. 이와 같이 한 업무를 여러 단계를 거치도록 하는 것은 담당자를 통제하기 위함인데 분임재무관이나 재무관이 업무를 통제할 수 있는 전문지식이 없거나 과다한 업무 등의 이유로 이를 방치할 경우 담당자의 의견대로 집행되면서 시간만 끄는 상황이 된다. 이때 상위 결재권자가 결재권이 있음을 핑계로 부당한 개입을 하게 될 수 있는 상황이 발생할 수 있다. 문제가 생기면 "국장의 업무가 한 두 가지라 아니라 계약 업무는 담당자를 믿고 할 수밖에 없다"고 오리발을 내밀고 책임을 지려하지 않는다. 국장의 업무가 과다하여 재무관의 업무를 제대로 처리할 수 없다면 재무관의 업무를 내려놓아야 한다. 이런 변명이 어는 정도 통하는 것은 우리의 시스템이 업무와 권한을 상위직으로 집중시켜 놓았기 때문이다. 견제와 균형의 원리가 작동될 수 있는 행정시스템을 만드는 것이 부정부패를 막고 책임행정을 구현할 수 있는 첩경이라는 점을 상기할 필요가 있다.

느슨한 제도, 복잡하고 막연한 규정

부정부패는 아무 때나 생기는 것이 아니다. 국가의 기강이 무너졌을 때에 암처럼 돋아나는 것이 부정부패인 것이다. 기강이 무너졌다는 것은 긴장이 풀려 있다는 말이다. 부정부패는 '쥐새끼 한 마리 들어올 수 없다'는 철통방비의 태세가 갖춰진 곳에서는 발생할 수 없다. 업무의 프로세스상 부정이 들어올 수 없도록 하여야 한다. 앞서 언급한 바와 같이 우리는 업무매뉴얼이 없거나 있어도 별 도움이 안 되는 경우가 허다하다. 업무매뉴얼이 잘 정비되어 있으면 업무를 처음 담당하는 사람도 업무를 쉽게 익힐 수 있고 업무 수행의 적정성을 평가하는 데도 도움이 된다. 또한 업무의 매뉴얼화는 업무처리의 투명성을 높일 수 있어 부정부패 척결에 큰 도움을 줄 수 있다.

그런데 우리의 경우 업무의 매뉴얼화는 그만두더라고 법령 등 제도가 느슨하게 되어 있는 경우가 많다. 부정부패는 이 느슨한 틈을 뚫고 기생하는 것이므로 실효적인 제도를 위한 지속적인 정비 노력가 필요하다. 세상을 떠들썩하게 했던 비리 중의 하나로 '도시계획 관리지역이 세분화되지 않은 것'을 터 잡아 저지른 토지개발행위 비리를 들 수 있다. 「국토의 계획 및 이용에 관한 법률」에 규정된 관리지역은 옛 「국토의 이용에 관한 법률」상의 준도시지역과 준농림지역으로 건설교통부는 관리지역의 난개발亂開發을 막기 위해 지역 특성에 맞춰 세분화하도록 하였다. 그런데 해당 지자체에서는 민원이 발생할 수 있다는 등의 사유를 들어 세분화 조치를 차일피일 미루고 있었는데 건설업자와 관계 공무원들이 이를 악용한 사례가 발생한 것이다. 관련법과 조례 등의 규정에 의하면 관리지역을 보전·생산·계획관리지역으로 세분화되면 보전관리지역과 생산관리지역은 건폐율 20%, 용적률 80%의 조건으로 건축이 가능하지만 음식점과 숙박시설 등의 건축은 허용이 안 되었다. 이에 반하여 계획관리지역은 건폐율 40%, 용적률 100%로 건축할 수 있어 건축규모를 크게 할 수 있는데다 음식점과 숙박시설, 교육연구시설 등의 건축까지 허용된다. 땅 주인 입장에서 보면 본인의 땅이 계획관리지역으로 되는 것이 개발행위를 하는 데 유리하도록 되어 있는 셈이다. 그런데 보전·생산·계획관리지역의 결정은 땅의 형상, 이용현황 등에 따라 이루어지는 것이기 때문에 보전·생산관리지역으로 될 땅의 소유자는 관리지역의 세분화 결정 전에 개발하는 것이 유리하다. 상황이 이러하다 보니 세분화로 개발행위가 제한되는 땅 소유자는 관리지역이 세분화가 되지 않도록 세분화 결정 부서에 로비 등을 하게 된다. 부정부패의 씨앗은 이와 같이 허술한 제도에서 잉태되고 발아되는 것이다.

이렇게 법령의 허점을 악용하는 가하면 법령 등이 일반인이 알 수 없을 정도로 복잡하고 난해하거나 이현령비현령耳懸鈴鼻懸鈴 식으로 막연한 경우에도 비리가 발생할 수 있다. 우리의 건축법을 보면 법령은 건축 전문용어가 많은데다가 간단하게 서술되어 일반인이 이해하기가 힘들다. 그런데 이를 해설한 책을 보면 분량도 많은데다 전문적으로 되어 있어 이 또한 알기가 어려운 실정이다. 상황이 이러다보니 건축을 하는 사람들은 건축법령의 해석을 업무 담당자에 의존할 수밖에 없고, 담당자의 말이 법이 되는 경우가 허다하다. "담당자에게 물어보니까 안 된다고 하더라"는 말이 업무처리과정에서 자주 나오는 것이 바로 이 때문이다.

　법령을 일반인들이 보더라도 이해할 수 있게 단순하면서 명확하게 기술하는 것이 민주행정의 출발점이라는 사실을 알아야 한다. 우리의 건축법에 비해서 미국의 건축법Building Code은 건축을 하려는 사람이 법규정에 따라 건축을 할 수 있을 정도로 쉽고 자세하게 기술되어 있다는 사실을 상기하여야 한다. 또한 우리의 경우 법령이 애매한 경우가 많아 담당부서에서도 이를 처리하지 못하고 법령 운용부서인 중앙행정기관에 '유권해석有權解釋'을 의뢰하는 경우가 빈번하다. 업무 담당부서도 알기 힘든 법령을 만드는 이유는 무엇인가?

　흔히들 부정부패가 발생하는 이유로 담당자의 자유재량이 너무 많다는 사실을 지적한다. 담당자의 자유재량이 많으면 업무의 결정이 법보다는 담당자의 자의적인 판단에 좌우될 수 있으므로 민원인 입장에서는 어떤 수단과 방법을 동원해서라도 담당자의 우호적인 결정을 받아야겠다는 유혹을 쉽게 떨쳐낼 수 없을 것이다. 문제는 이런 자유재량은 통제한다고 해서 통제가 되는 것이 아니라는 것이다. 앞서 언급한 바와 같이 업무의 매뉴얼화 등으로 담당자의 자유재량권이 투명하고 합리적으로 행사되도록 하는 시스템을 구축하는 것이 유용하다는 점을 다시 한 번 강조한다. 그런데 우리의 경우에는 공무원의 자유재량의 여지를 많이 주면서도 업무 처리의 가이드라인 역할을 하는 법령마저 복잡하고 난해하게 되어 있거나 애매하게 되어 있어 법치행정에서 멀어지는 행정이 되어가고 있다. 현행 법령의 기술태도와 그 운용이 법치행정의 확립에 장애물이 되고 부정부패의 유혹에 빠지게 하고 있지 않은지를 대대적으로 점검할 때이다.

비현실적인 제도

현실에 맞지 않은 제도가 비리의 온상이 될 수 있음은 규제개혁의 장에서 이미 언급한 바 있다. 대부분의 제도는 일률적인 시행을 목적으로 하므로 구체적인 상황에서는 잘 맞지 않는 상황이 종종 발생한다. 그런데도 법령 등이 고쳐지지 않는 한 따라야 한다고 하면 일을 진행시켜야 하는 민원인 입장에서는 억울하지만 비공식적인 방법을 동원해서라도 해결할 수밖에 없다. 공무원은 각종의 제도가 어떤 문제점이 없는지 수시로 모니터링을 하여 제도를 고쳐야 하는데 이를 빙자하여 비리를 저지르고 있다면 민주행정 시대에 맞지 않는 공무원이다.

요즈음 공무원들은 법이 없어서 할 일을 제대로 할 수 없다는 말을 종종 한다. 그런데 우리 주변을 보면 법은 많은데 법 구실을 못하는 형식적인 법이 많다. 교통신호 위반 등 단속의 어려움 때문에 법이 있으나 마나한 경우도 있지만 위와 같이 현실적으로 지키기가 어려워 대다수의 사람들이 지키지 않는 법들이 우리 생활에 너무 많다. 상황이 이러다 보니 법을 지키는 사람은 손해고 법망을 이리저리 피해가는 사람이 유리한 경우가 발생한다. 사회가 이 지경이 되면 원칙 없는 사회가 되어 부정과 비리가 난무하게 된다는 사실을 알고 법을 제정하고 집행하여야 할 것이다.

부정부패 방지 시스템의 구축

요즘 시내 곳곳에 설치된 CCTV와 각종 차량에 설치된 블랙박스 영상으로 범법자의 검거율이 높아지고 있다. 범행 현장이 그대로 영상에 보존되고 있어 이른바 '오리발'도 소용없게 되었다. 또 모바일폰 등으로 찍힌 장면이 인터넷에 순식간에 유포되어 잘못하고 살기 어렵게 되었다. 이로 인하여 사생활침해 등 일부 문제점이 없는 것은 아니지만 부정부패를 없애려는 입장에서는 참 잘된 일이다. 여기서 우리가 유념할 것은 이런 부정부패를 잡는 기술이 발달할수록 부정부패의 기술도 날로 발전되어 간다는 점이다.

그런데 현재 우리의 부패방지 정책은 이런 첨단 기술을 활용하기보다는 법적 통제 강화 등 고전적인 방법에 의존하고 있어 실제적인 성과를 보고 내지 못하고 있는 것이 아닌가 한다. 최근에 부정부패 대책의 하나로 사회적 이슈가 된 「부정청탁 및 금품 등 수수의 금지에 관한 법률」의 개정이 바로 단적인 예이다. 공직자 등이 100만원 상당의 금품 등을 받은 경우에 직무집행의 대가 관계가 없다 없다하더라도 형사처벌을 하겠다는 것이 법률의 주된 취지이다. 현재의 형법상 뇌물죄로 처벌하기 위하여는 뇌물 등을 받은 것으로 의심되는 자가 받은 금품이 직무 관련해서 받은 것이라는 것을 수사기관에서 입증을 하여야 하는데 현실적으로 이를 입증하기가 어렵다는 애로사항이 있었다. 이른바 '심증은 가는데 물증이 없다'는 상황이 비일비재하자 이래서는 비리공직자를 근절할 수 없다고 판단하여 이의 입증 없이도

형사처벌하겠다는 의지를 보인 법이라고 보여 진다. 오죽하면 입증책임에 대한 일반원칙의 예외를 인정하는 법률까지 만들었나 하는 입법의 상황을 인정도 되나, 한편으로는 이렇게 몰아붙인다고 부정부패가 근절될까하는 의구심도 든다.

부정부패는 은밀하게 이루어지는 특색이 있다. 형사처벌을 강화한다면 단기적으로는 움찔하는 효과는 있을 수 있는데 그럴수록 비리의 수법은 고도화되어 밖에서 인지하기가 어려워질 수 있다. 그보다는 비리의 원천을 막는 방법을 알아내는 것이 중요하다. 1994년 인천에서 발생하여 전국으로 번져 큰 사회적 이슈가 된 지방세 횡령 사건인 '세도稅盜'사건의 경우, 지방세무공무원이 체납세를 납세자로부터 직접 징수하는 과정에서 수기手記로 납입세액을 영수領收하는 관행을 악용하여 발생한 비리였는데, 이 사건 이후 세무공무원이 직접 세금을 받지 못하도록 제도를 고친 바 있다.

이와 같이 비리는 시스템의 허점을 뚫고 들어온다. 다행히 현재는 IT 기술이 발달하여 중복 점검double check 또는 교차 점검cross check 기법으로 담당자의 실무적 비리는 어느 정도 통제가 가능하다. 특히 인터넷의 발달로 업무처리를 투명하게 할 수 있게 되어 여러 방면에서의 견제가 가능하게 되었다. 문제는 담당 업무를 어디까지 개방하느냐의 문제인데 우리의 경우에는 전산화가 주민등록 등초본 등 '즉시 민원'의 경우에만 전산화가 되어 있는 문제점이 있다. 예를 들면, 건축은 건축법상 대지垈地에서만 가능하므로 임야 등에 건축을 하려면 지자체로부터 형질변경形質變更 허가를 받아야 하는데 민원인은 신청하는 행위에만 관여하고 허가의 주요 단계인 심의 과정에는 이해관계인이 배제되어 있다. 이해관계인은 고작해야 '공람 절차'를 통하여 열람 등만 할 수 있을 뿐이다. 동 민원의 경우 처리기한은 언제까지인데 현재 어떤 단계를 진행하고 있고 이 단계에서 무엇이 문제가 되고 있다는 것이 컴퓨터상으로 확인할 수 있으면 좋겠는데 이를 확인할 바가 없다. 인터넷이 발달하지 않은 때에는 인허가 부서에서 처리 상황을 민원인에게 알려주고 민원인으로부터 의견을 듣기는 것이 용이하지 않았는데 인터넷의 발달로 실시간으로 의견을 주고받을 수 있는 세상이 되었다. 심의과정을 포함하여 처리과정 중 공개가 가능한 것은 SNS를 통하여 이해관계인과 교류가 된다면 업무처리도 신중해지고 은밀한 접촉으로부터 발생할 수 있는 비리가 터 잡을 수가 없게 될 것이다. 문제의 해결은 정책당국이 담당 업무를 얼마나 투명화를 할 것인지에 대한 의지에 달려있다. 부정부패는 투명화 되지 아니한 은밀한 곳에서 이루진다는 것을 명심하고 업무를 투명화 시키고 중복·교차 점검이 가능한 시스템을 구축하는 것이 부정부패 예방의 첩경이라는 생각을 하자.

글을 마치며

이 책을 쓰면서 작은 다짐을 한 것이 있다면 남이 다루지 않은 소재를 다루어 행정학의 발전에 도움이 되자는 것과 일선 행정에서 고민하였던 것을 끌어내어 행정 업무를 하는 분들께 도움을 드리자는 것이었다. 하지만 이를 행하려면 의욕만 있을 것이 아니라 그에 상응하는 능력이 있어야 하는데 역시 이 면에 대한 과신이 문제인 것 같다.

필자가 공직의 업무를 수행하면서 항상 머리와 가슴에 품고 다녔던 것이 우리 헌법 제7조가 규정한 민주행정과 책임행정이었는데 이를 막상 문자화하려다 보니 막히는 곳이 한두 군데가 아니었다. 가장 힘든 것은 자료의 빈곤이었는데 이는 끝내 해결하지 못한 채 그동안의 행정 경험을 바탕으로 하여 제도와 법령 중심으로 서술하여 나갈 수밖에 없었다. 따라서 이 책에는 주석, 인용서적 등이 첨부되어 있지 않다. 남의 책의 일부분을 인용하는 것이 필자의 의도와 맞는 것인지 모르겠고 이왕 책을 쓴다고 하였으면 다른 사람의 주장을 천편일률적으로 모아놓기보다는 나의 생각과 견해를 밝히는 것이 학문을 하는 사람으로서 당당한 태도라고 생각했기 때문이다. 종국적으로는 이러한 태도와 방식이 학문의 발전에 도움을 준다고 믿는다.

그렇다고 수필처럼 생각나는 대로 글을 쓰고 싶지는 않아서 민주행정과 책임행정의 이론적 틀 속에서 현재 행정의 제도와 문제점, 행정행태 등을 담으려고 했다. 하지만 행정의 현상과 논의 중에는 너무나 많은 분야에서 학문적 합의가 안 되어 있고, 설사 많은 이론서에서 다루고 있는 분야라도 현재의 행정을 이해하는 데 도움이 되지 않는다고 생각하는 분야는 과감히 다루지 않았다. 그러다 보니 책의 두께가 다른 이론서들에 비해 너무 얇은 것이 사실이다. 앞으로 더 쓸 분야가 있다면 보완하겠다는 막연한 각오를 하며 이만 펜을 놓는다.

잃어버린 한국행정
— 한국행정의 재설계 —

사항색인

저자 소개

김정하(金貞河)

저자는 감사원 사무총장을 역임하고 현재 서울대학교 행정대학원 행정학과 객원교수로 재직하고 있는, 행정에 대한 실무와 이론을 겸비한 행정개혁 전문가이다.

제28회 행정고시 합격 후 개발연대에 충청남도에서 지역경제계장, 유통계장 등의 보직을 받고 발전행정의 현장에서 공무를 수행하면서 국민을 위한 행정의 필요성을 절감하였다. 감사원으로 전직 후에는 실무 감사자인 부감사관에서 과장, 심의관, 국장, 제2사무차장을 거쳐 실무 감사책임자인 사무총장의 보직을 수행하면서 공공기관의 회계검사와 공직자의 근무기강 확립을 위하여 국정운영에 대한 감사에 참여하고 감사를 지휘하였다. 공직자의 무사안일과 부정부패를 방지하고 책임행정을 구현하는 업무로 국민에 봉사할 수 있는 기회를 가진 것에 대해 감사의 마음을 갖고 산다.

미국 위스콘신－메디슨대학교 법학대학원에서 법학석사 학위를 받고 미국 뉴욕주 변호사 자격을 취득하면서 행정의 발전을 위해서는 행정법학과 행정학의 이론적 융합이 필요함을 체감하였다. 그 후 러시아 극동연방대학교에서 명예법학박사 학위를 받은 것을 계기로, 연세대학교 행정학과 특임교수를 거쳐 현재 서울대학교 행정대학원 행정학과 객원교수로 한국행정운용체계의 발전방안에 대하여 연구하며 강의하고 있다.

잃어버린 한국행정 — 한국행정의 재설계

초판발행	2016년 5월 15일
중판발행	2017년 8월 5일
지은이	김정하
펴낸이	안종만
편 집	이승현
기획/마케팅	조성호
표지디자인	조아라
제 작	우인도·고철민
펴낸곳	(주)**박영사**
	서울특별시 종로구 새문안로3길 36, 1601
	등록 1959. 3. 11. 제300-1959-1호(倫)
전 화	02)733-6771
f a x	02)736-4818
e-mail	pys@pybook.co.kr
homepage	www.pybook.co.kr
ISBN	979-11-303-0305-5 93350

copyright©김정하, 2016, Printed in Korea

정 가   18,000원